Ekkehard Schreiter

Verkehr bei Robert Musil

Kulturwissenschaftliche Studien zur deutschen Literatur

Herausgegeben von
Dirk Grathoff, Günter Oesterle und Gert Sautermeister

In der Reihe „Kulturwissenschaftliche Studien zur deutschen Literatur" werden Forschungsarbeiten veröffentlicht, die eine Erweiterung der tradierten germanistischen Arbeitsgebiete anstreben. Neben dem traditionellen Kanon ästhetischer Literatur sollen vernachlässigte Textgenres, etwa journalistische Prosa, Briefe und Berichte sowie Darstellungs- und Diskursformen technisierter Medien wie Radio, Film und Fernsehen berücksichtigt werden.
In methodisch-theoretischer Hinsicht werden im Rahmen literaturwissenschaftlicher Analysen unterschiedliche Ansätze – z.B. der kulturwissenschaftlichen Anthropologie und der Psychoanalyse, des Strukturalismus und der Gesellschaftswissenschaften – integrativ verbunden und auf ihre Ergiebigkeit für die traditionellen hermeneutischen, literarästhetischen und -historischen Verfahren erprobt.

Ekkehard Schreiter

Verkehr bei Robert Musil

Identität der Form und Formen der Identität im „Mann ohne Eigenschaften“

Westdeutscher Verlag

Die Deutsche Bibliothek – CIP-Einheitsaufnahme

Schreiter, Ekkehard:
Verkehr bei Robert Musil: Identität der Form und Formen der Identität im „Mann ohne Eigenschaften" / Ekkehard Schreiter. – Opladen: Westdt. Verl., 1994
(Kulturwissenschaftliche Studien zur deutschen Literatur)
ISBN 3-531-12673-3

Der Westdeutsche Verlag ist ein Unternehmen der Bertelsmann Fachinformation GmbH.

Umschlaggestaltung: Horst Dieter Bürkle, Darmstadt
Druck und buchbinderische Verarbeitung: Weihert-Druck, Darmstadt
Gedruckt auf säurefreiem Papier
Printed in Germany

ISBN 3-531-12673-3

Danksagung

Für Kritik und Hilfe beim Zustandekommen dieser Arbeit danke ich den Mitgliedern des Oldenburger Doktorandenkolloquiums und ganz besonders Professor Dirk Grathoff. Dank für Untertützung unterschiedlichster Art schulde ich darüber hinaus Hartwig Akkermann, Christine Hempel, Gisela und Winfried Schreiter sowie Timm Ulrichs.

Inhaltsverzeichnis

Einleitung

Die vorliegende Arbeit stellt einen Versuch dar, literarische Mehrdeutigkeit zu akzeptieren.[1] Sie beschäftigt sich mit einer bisher nicht untersuchten Seite des "Mann ohne Eigenschaften" (im folgenden abgekürzt als MoE) und spürt innerhalb Musils nicht abgeschlossenem Roman vorrangig den Beziehungen, Korrespondenzen, Bewegungen und Konstellationen nach, die sich unter dem Begriff "Verkehr" subsumieren lassen.

Einen ersten Zugang zur Vielschichtigkeit dieses in der Literaturwissenschaft nicht allzu gebräuchlichen[2] Nomens bietet ein Blick auf die Etymologie des Ver-

---

1 "Mancher wird fragen: Welchen Standpunkt nimmt denn nun der Autor ein u[nd] welches ist sein Ergebnis? Ich kann mich nicht ausweisen. Ich nehme das Ding weder allseitig (was unmöglich ist im Roman), noch einseitig; sondern von verschiedenen zusammengehörigen Seiten [V,1937]." Zur Zitierweise: Zitiert wird im folgenden nach: Robert Musil, Gesammelte Werke in neun Bänden, hrsg. von Adolf Frisé, Reinbek 1978. Die römische Zahl gibt den Band an, die arabische (falls ihr ein Komma vorangeht) die Seite oder das Kapitel (falls sie auf einen Punkt folgt). Entstammt das Zitat den Tagebüchern Robert Musils (hrsg. Adolf Frisé, Reinbek 1983[2]) so steht dem Seitenhinweis das Kürzel TB nebst einer Bandangabe voran, im Falle eines Briefzitats wird das Kürzel B verwendet. Jegliche Kursivierung sowie alle eckigen Klammern stammen, sofern nicht ausdrücklich anders vermerkt, vom Autor der vorliegenden Arbeit. Anführungszeichen verweisen im folgenden auf wörtliche Zitate und Schulterminologien, einfache Anführungsstriche auf Formulierungen, die in Ermangelung besserer Alternativen verwendet wurden. Die Kursivierung dient zum einen der generellen Herausstellung, wird aber zuweilen auch als Hinweis auf Mehrdeutigkeit eingesetzt.

2 In einer literaturwissenschaftlichen Veröffentlichung taucht der Verkehrsbegriff erstmals 1990 im Titel eines Sammelbandes zum Oeuvre Franz Kafkas auf, allerdings bleibt er dort explizit beschränkt auf die Schrift (Kittler/Neumann 1990). Innerhalb der Musilforschung wird das Nomen erstmals bei Meisel 1991a verwendet, die damit verbundene Überführung von Literatur in Naturwissenschaft wird in dieser Arbeit allerdings abgelehnt und der Verkehrsbegriff im folgenden mit generell konträrer Ausrichtung benutzt. Am nahesten kommt der hier vorgeschlagenen Begriffsverwendung

bums "verkehren" anhand des Grimmschen Wörterbuches. Zunächst fällt eine fundamentale semantische Ambiguität ins Auge:

> Verkehren [...], die Bedeutung des Zeitwortes geht nach zwei Richtungen, einerseits bedeutet verkehren "zu etwas hinkehren", [andererseits] [...] "etwas umkehren", aus diesen [kontroversen] Grundanschauungen entspringen die Einzelbedeutungen.[3]

Die älteste und verbreitetste Bedeutung des Wortes kann laut Wortgeschichte mit "umkehren, anders kehren" (so schon mhd.) wiedergegeben werden. In dieser Nuancierung wird das Verb in geistigem wie sinnlichem Zusammenhang benutzt. Es ist synonym zu: "in etwas anderes (das Gegenteil) verwandeln", "durch falsche Wiedergabe bzw. Auslegung entstellen", "zerstören", "sich verkleiden" oder "jemandem etwas zu seinem Schaden auslegen". Auffällig in der sprachhistorisch älteren Verwendungsweise ist die theologische Komponente im Sinne ketzerisch fälschlicher Bibelüberlieferung (so z.B. von Luther verwandt). Je problematischer es historisch allerdings wird, von der eindeutigen Wahrheit einer Sache zu sprechen, desto unauslotbarer wird auch die Zuschreibung der Eigenschaft "verkehrt (zu) sein".

In seiner heute geläufigen Bedeutungsnuance von "Verkehr haben", "umgehen", ist das Verb im Mittelhochdeutschen noch nicht nachweisbar, es entwickelt sich erst im 18. Jahrhundert aus seiner kaufmännischen Bedeutungs-

---

der Sprachgebrauch des Literaturwissenschaftlers Dirk Grathoff, insbesondere in seinen Oldenburger Kleistvorlesungen der achtziger Jahre. Die hier vorliegende Arbeit folgt allerdings anderer Differenzierung. Darüber hinaus ist sie in ihrer Systematik insofern eigenständig, als ein spezifisches Interesse an der Problematik des unabgeschlossenen Kunstwerkes aus ihr resultiert. Abschließend sei der Vollständigkeit halber an die Arbeiten des Dromologen Paul Virilio (speziell 1978 und 1980) erinnert, bei denen es sich aber nicht um Literaturwissenschaft im engeren Sinn handelt, eine thematische Berührung mit der vorliegenden Arbeit ist überdies nur außerordentlich bedingt zu konstatieren.

3 Dieses Zitat sowie alle weiteren Bestimmungen zur Wortgeschichte innerhalb dieser Einleitung entstammen Grimm 1956: 12. Bd, I. Abteilung, S. 625-35.

komponente und wird erstmals in "Adelungs Deutsche[r] Sprachlehre" von 1781 explizit nachgewiesen.

Bei "Verkehr" handelt es sich also sowohl um einen spezifisch bürgerlichen als auch um einen ausgewiesenermaßen polysemen Begiff, zwei Eigenschaften, die ihn zur Interpretation bürgerlich mehrdeutiger Literatur, insbesondere des MoE,[4] prädestinieren.

Im Vorfeld der vorliegenden Untersuchung ist allerdings eingeschränkt zu bemerken, daß im folgenden Begriffe wie "Verkehren" oder "Verkehrsform" dem MoE weder als geheimes aber eigentliches Zentrum noch dem Autor Musil als sinnstiftende Kategorien der Welterfahrung untergeschoben werden sollen. Ein solcher Versuch ließe sich an einem Text, der zum einen den Begriff "Verkehr" statistisch sicherlich nicht öfter als andere zeitgenössische Romane anführt, andererseits aber einen ungeheueren Perspektivenreichtum aufweist, gar nicht ernsthaft in Angriff nehmen. Und was den Autor privat betrifft: Die eher seltene Verwendung von Verkehrsbegriffen in Briefkorrespondenz, Tagebuch und Privatarchiv ist auch bei näherer Betrachtung nicht allzu ergiebig.

In der vorliegenden Arbeit kann es daher nur darum gehen, "Verkehr" als heuristisches Modell nutzbar zu machen. Es soll entwickelt werden, was sich mittels eines solchen Modells über die ästhetische Organisation sprachlichen Materials im MoE aussagen läßt.[5] Dabei ist anvisiert, die Identität der Romanform (des

---

4 In seinen Tagebüchern hebt Robert Musil im Zusammenhang mit seinem eigenen Schreiben deutlich hervor: "Mehrdeutige Welten sind denkbar." [TB I,819 und TB I,839] Eine lapidare Äußerung ähnlicher Tendenz findet sich auch im Nachlaß: "Übrigens kann man in der Kunst von allem auch das Gegenteil tun [V,1941]."

5 Robert Musil selbst sah den Sinn seiner künstlerischen Tätigkeit programmatisch darin, "Beiträge zur geistigen Bewältigung der Welt zu geben". Das geht zumindest aus der Schlußbemerkung Robert Musils in einem Interview mit Oskar Maurus Fontana hervor, welches am 30.04.1926 in der Zeitschrift "Die Literarische Welt, (2), Nr. 18, erschienen ist. [VII,942]. Bereits um diese Selbsteinschätzung auf ihre Angemessenheit zu überprüfen, wäre es notwendig, den MoE nicht nur bezüglich seines Inhaltes, sondern vor allem bezüglich der ästhetischen Organisation seines sprachlichen Materials zu untersuchen, um mit dem aufzuzeigenden Verhältnis beider, einer Beurteilung überhaupt erst eine Grundlage zu verschaffen.

MoE), falls und soweit überhaupt möglich,[6] in ihren Umrissen sichtbar zu machen.

Von diesem Bemühen geleitet, trifft die Untersuchung ebenso umstandslos wie gleichzeitig auf eine Vielzahl von Identitätsformen innerhalb des MoE. Neben dem Protagonisten Ulrich tritt eine Fülle von Figuren auf, denen gegenüber man sich gezwungen sieht, trotz aller Problematik des Begriffs, jeweils eigene Identität zuzubilligen. Daß sich diese Identitäten bereits bei flüchtigem Hinsehen als außerordentlich problematisch, pluralisiert, widersprüchlich und fragwürdig erweisen,[7] würde den Beobachter zunächst mit vollem Recht in die Lage versetzen, von

6 Vor knapp zwanzig Jahren konnte Jochen Hörisch, damals noch in expliziter Zustimmung zu Habermas "[v]orbereitende[n] Bemerkungen zu einer Theorie des kommunikativen Handelns", umstandslos reklamieren: "Die Sicherung des Anspruchs reiner Zuständlichkeit und Selbständigkeit ist der Wahrheitsgehalt des Romans. Seine Sachgehalte (z.B. psychoanalytische Theoreme) dürfen hinter dem Stand einzelwissenschaftlicher Einsichten nicht zurückfallen, wenn der erkenntnistheoretische Anspruch des Romans sich nicht selbst dementieren will. Umgekehrt aber *insistiert* er auf seiner genuinen Leistung, daß eine Verständigung über den Anspruch von Sachgehalten nur möglich ist unter der Bedingung einer gleichzeitigen *Metakommunikation, die den Wahrheitsgehalt des Romans ausmacht.*" (Hörisch 1975: S. 361) Ähnlich rigoros auch die folgende Äußerung: "Damit verweist [Ulrich ...] die Möglichkeitsbedingung jener narzißtisch-inzestuösen Selbständigkeit, die seinen aporetischen Autismus zur Selbständigkeit verhält, auf ein Drittes, auf ein Medium. Erst *dieses Medium vermag* über die Angemessenheit von Ansprüchen eines Sachgehaltes *zu entscheiden*; und der Ulrich wie Agathe umfassende *Zustand, der Autonomie* erst *ermöglichen kann, ist der ästhetische.*" (ebenda, S. 360) Derartige sprechakttheoretisch abgefederte Unterstellungen einer Schiedsrichterfunktion sind von der neueren Literaturwissenschaft inzwischen eingehend kritisiert worden. Dementsprechend soll in der hier vorliegenden Arbeit vorrangig darüber nachgedacht werden, ob Musil, anstatt zu "insistieren" bzw. zu "entscheiden", nicht vielmehr grundlegende Fragen nach den Bedingungen und Möglichkeiten von "Wahrheitsgehalten" stellt und welche Konsequenzen dies für die Identität des Romanes haben könnte.

7 Etwa in der 'Oligophrenie-Passage' auf I,34: "[E]s ist immer falsch, die Erscheinungen in einem Land einfach mit dem Charakter seiner Bewohner zu erklären. Denn ein Landesbewohner hat mindestens neun Charaktere, einen Berufs-, einen National-, einen Staats-, einen Klassen-, einen geographischen, einen Geschlechts-, einen bewußten, einen unbewußten und vielleicht auch noch einen privaten Charakter; er vereinigt sie in sich, aber sie lösen

einer Nicht-Identität dieser Figuren zu sprechen. Dieser Sprachregelung steht allerdings eine entscheidende Erfahrung entgegen: Ohne Probleme ist es bisher noch jedem Leser gelungen, die Figuren des MoE auseinanderzuhalten.

Die vorliegende Untersuchung bemüht sich, diesem Umstand methodisch Rechnung zu tragen, indem sie der Frage nachgeht, ob sich die wichtigsten Figuren im Ensemble des MoE einzelnen Verkehrsformen zuordnen lassen. Sie gliedert sich dazu in sechs Kapitel, die sich jeweils mit einer bestimmten 'Form des Verkehrens' auseinandersetzen. Solche "Verkehrsformen" können zunächst ganz generell verstanden werden als Formen der Bezugnahme auf (bzw. der Vermittlung von) etwas oder jemanden(m). Zudem sind sie qualitativ voneinander unterschieden, d.h. nicht ohne Verluste ineinander zu übersetzen. Sie werden in der hier vorgelegten Arbeit des weiteren anvisiert als historisch entstandene, also nicht prinzipiell anthropologische,[8] Arten, "Kontakte" zu gestalten und dadurch Identität auszubilden. Auf höchster Abstraktionsstufe wären sie daher beschreibbar als mögliche Verhältnisse zwischen Entitäten.

Hält man sich kritisch vor Augen, daß der Umgang der Figuren im MoE alles andere als einer harmonischer Verbundenheit ist,[9] wird deutlich, warum die hier

---

ihn auf [...]. Deshalb hat jeder Erdbewohner auch noch einen zehnten Charakter, und dieser ist nichts als die passive Phantasie unausgefüllter Räume; er gestattet dem Menschen alles, nur nicht das eine: das ernst zu nehmen, was seine mindestens neun Charaktere tun und was mit ihnen geschieht; also mit andern Worten, gerade das nicht, was ihn ausfüllen sollte." Analoge Erfahrungen von Nichtidentität verarbeitete Musil in "Der Mensch ohne Charakter" aus dem "Nachlaß zu Lebzeiten" [VII,533-539]. Bereits in diesem kurzen Prosastück läßt sich eine m. E. spezifische Verschaltung von Figuren- und Gattungsidentität ausmachen: "Der Mensch ohne Charakter" findet sich unter der 'nichtidentischen' Rubrik "Geschichten, die keine sind".

8 Zahlungsverkehr und Technik gehören im Gegensatz zu Fühlen, Denken, Sprechen und Bewegen nicht zur anthropologischen Grundausstattung.

9 I,34 führt dazu aus: "Denn nicht nur die Abneigung gegen den Mitbürger war dort [in Kakanien] bis zum Gemeinschaftsgefühl gesteigert, sondern es nahm auch das Mißtrauen gegen die eigene Person und deren Schicksal den Charakter tiefer Selbstgewißheit an." Ebenso deutlich wird auf II,513 von einem "atmosphärisch verteilten, zwischen allen Geschöpfen schwingenden Haß" gesprochen, "der für die gegenwärtige Zivilisation so kennzeichnend [sei] und die vermißte Zufriedenheit mit dem eigenen Tun durch die leicht erreichbare Unzufriedenheit mit dem der anderen ersetz[e]."

zu leistende Untersuchung in ihrem Schwerpunkt auf Probleme der Vermittlung abzielt. Damit ist allerdings kein emphatisches Ideal harmonisch gelungener Zusammenführung impliziert, dem steht auf einer formellen Ebene letztlich auch die mit Musils Tod faktisch gegebene Gestalt des MoE, d. h. der Fragmentcharakter des Romans, entgegen. Anders gewendet: Es soll zunächst einmal gefragt werden, ob und gegebenenfalls auf welche Weise in Musils Roman "Fremdes", "Diskretes" oder gar "Widerständiges" in eine zeitlich befristete Existenzform gebracht wird, die es erlaubt, von "Identität" bzw. "Charakter" zu sprechen.

Das so umschriebene Interesse an Vermittlungen beschränkt sich, wie aus dem Untertitel der vorliegenden Arbeit bereits hervorgeht, nicht nur auf eine (Nicht-)Identität von Figuren. Es bezieht sich gleichermaßen auf die (Nicht-)Identität des MoE selbst, geht dabei aber bis auf weiteres davon aus, daß die spezifischen Identitätsprobleme der Figuren entscheidend in die Identitätsproblematik des Gesamtromans einfließen. Diese Überlegung geht parallel mit einem diese Untersuchung leitenden Inter-esse, das sich dem Wortsinn nach als "Dazwischensein" charakterisieren läßt, ein Dazwischensein in den Widersprüchen von (Nicht-)Identität und Vermittlung. Ein Dazwischensein, das sich möglicherweise auch in der literaturwissenschaftlichen Einordnung des hier vorzutragenden Ansatzes widerspiegelt, der beständig darum bemüht ist, sich den zwanghaft subjektsetzenden Implikationen der Hermeneutik ebenso zu entziehen wie der radikalen Subjektvernichtung (post-)strukturalistischer bzw. systemtheoretischer Ansätze.

Dieses Bemühen verdankt sich nicht zuletzt einer Beobachtung, die man seit vielen Jahren anhand der Sekundärliteratur zum MoE machen kann: Während hermeneutische Methodik tendenziell eher geneigt ist, den Roman als vollendet, virtuell abgeschlossen, letztlich also als "Werk" zu apostrophieren, entwickeln (post)strukturalistische Diskurse in gleicher Intensität Thesen der Unabschließbarkeit und des Fragmentarischen. Greifen die Hermeneutiker auf den Musilschen Nachlaß zurück, um die im autorisierten MoE[10] entdeckte Werkkonzeption zu bestätigen, so benutzen Diskursanalytiker und Poststrukturalisten die (insbesondere nach der Computeredition des Musilschen Nachlasses) ungeheuer

10 Diese Chiffre bezieht sich hier wie im folgenden auf die Kapitel I.1-III.38.

zahlreichen, vom Autor nicht freigegebenen Schriften, Entwürfe und Notizen mit umgekehrter Stoßrichtung. Ihr Ziel ist, die Werkthese zu falsifizieren.

Die hier vorliegende Arbeit konzentriert sich angesichts dieses Dilemmas in besonderer Weise auf den Text, der von Robert Musil unwiderruflich zum Druck frei gegeben wurde und daraufhin auch gedruckt worden ist.[11] An einigen Stellen dieser Arbeit wird sogar versucht, eine Begründung dafür zu geben, warum bestimmte Nachlaßentwürfe in den autorisierten MoE nicht aufgenommen wurden bzw. nicht hätten aufgenommen werden können. Die Tatsache, daß dem Textkorpus des autorisierten MoE auf diese Weise eine immense Wichtigkeit zukommt, wird allerdings nicht dazu eingesetzt, eine geschlossene Werkkonzeption und mit ihr das Identitätsideal gelungener Synthese als glücklich vollbracht zu feiern. Es wird vielmehr versucht, deutlich zu machen, wie und mit welchen Mitteln sich *gerade der autorisierte* MoE der Identität des geschlossenen Werkes zu entziehen sucht.

Die konkrete Untersuchung der Verkehrsformen gliedert sich in sechs einzelne Kapitel,[12] deren erstes sich der "Technik" widmet. Es beginnt mit einer kurzen methodischen Bestandsaufnahme zur Sekundärliteratur und macht es sich zur Aufgabe, auf recht allgemeine Weise die Erzählerposition im MoE zu bestimmen. Was als traditionelle Textanalyse zu beginnen scheint, stößt bei der Reflexion einzelner Erzählbedingungen auf eine Vielzahl methodischer Schwierigkeiten, deren Implikationen in einigen wichtigen Fällen nachgegangen werden soll. Es stellt sich dabei verhältnismäßig schnell die Frage, ob gängige literaturwissenschaftliche Kategorien der Erzählsituation des MoE gerecht werden können und ob es andererseits möglich ist, neue Einordnungen zu präsentieren. Zu diesem Zeitpunkt taucht bereits erstmalig das Problem auf, inwieweit die Auseinandersetzung mit dem MoE eine Auseinandersetzung mit literarischen Traditionen sein muß.

---

11 Diese etwas umständliche Formulierung trägt dem Faktum Rechnung, daß Robert Musil 1937/38 zwanzig Kapitel [IV.39-58] zum Druck freigab, in den Korrekturfahnen indes weiterbearbeitete und letztlich wieder zurückzog.

12 Die volle Evidenz der nun folgenden Ausführungen entwickelt sich selbstredend erst mit Lektüre der jeweiligen Kapitel. Seine Legitimation findet der hier vorliegende Problemaufriß allerdings in seiner Funktion, *vermeidbare* Mißverständnisse von vornherein auszuräumen.

Das zweite Kapitel ist dem "Geld" gewidmet. Es beginnt mit einigen biographisch angereicherten Notizen zur zeitgenössischen Finanzsituation. Der reiche preußische Industrielle Paul Arnheim ist diejenige MoE-Figur, an der die Problematik dieser Verkehrsform genauer bearbeitet wird. Die vermittelnde Funktion dieser wie jeder anderen Verkehrsform bleibt dabei aber nicht auf die Figur Arnheim beschränkt, es wird gleichzeitig untersucht, ob und gegebenenfalls wie eine inhaltliche Bindung identitätsstiftenden "Geldes" Verweise auf andere literarische Vorlagen nahelegt. In einem kurzen Textvergleich soll anschließend nach Rückschlüssen auf eine mögliche Vermehrung von "Geldidentitäten" gesucht werden.

Nach dem nicht ohne innere Logik außerordentlich abrupt endenden Arnheimkapitel steht im folgenden Abschnitt Ulrichs Freundin Bonadea und mit ihr die Verkehrsform "Gefühl" im Zentrum der Analyse. Anhand der Bonadeafigur werden Fragen gestellt, die darauf abzielen, formale Bestimmungen zu Konstituierung und Permanenz von Identität im MoE zu gewinnen. Bestimmungen, die gleichzeitig darum bemüht sind, das vermittelnde Potential des Verkehrens methodisch ins Beobachtungsfeld zu setzen.

Anschließend richtet sich das Untersuchungsinteresse auf Probleme der "Handlung und Bewegung". Im Mittelpunkt steht dabei die außergewöhnlich vielschichtige Clarissefigur. Gegen gängige psychoanalytische Interpretation soll zunächst mit und gegen Freud eine methodisch pointierte Einordnung erfolgen. Erst danach kann versucht werden, Clarissens eigentümlichen Charakter aus einer Spannung zwischen absoluter Starre und unkontrolliertem Bewegungssturm mittels zweier literarischer Rückgriffe näher zu kennzeichnen. Liefert das verkehrstechnische Bild einer "Brücke" Aufschlüsse zur Clarissekonzeption innerhalb des MoE, so legt ein über das Motiv des "Irrenhauses" motivierter Exkurs zu Alfred Döblins "Berlin Alexanderplatz" Gründe für ein möglicherweise notwendiges Verschwinden der Clarissefigur aus dem Roman nahe.

Das fünfte Kapitel widmet sich anhand der Figur des Prostituiertenmörders Christian Moosbrugger den Verkehrsformen des Denkens, bzw. des Geistes. Ausgehend von der Frage nach Moosbruggers eventueller Zurechnungsfähigkeit, entwickeln sich Probleme von Zurechnungsfähigkeit überhaupt. Bei der Bemühung, den prinzipiellen Simulationscharakter des Geistes näher zu bestimmen, ergeben sich Hinweise auf das Theater. Diese Verweise aufgreifend, wird untersucht, inwieweit Dramenspezifisches in die Gestaltung des MoE eingeflossen sein könnte. Insbesondere in Form eines zweifach vermittelten Rückgriffes wird dabei über die formale Entstehung der Gattung Roman nachgedacht.

Den Schluß stellt eine Untersuchung der Verkehrsform "Sprache" dar, im Falle eines "schwarz auf weiß" fixierten Textes geht es dabei in erster Linie um das naheliegende Thema "Schrift". Logischerweise stößt der Leser hier auf den Protagonisten des MoE. In einem etwas weiter gefaßten Sinn allerdings auch auf sich selbst. Dies insbesondere deshalb, weil die Autoren- und Leserinstanzen vermittelnde Funktion der Schrift Begegnungen derartiger Auserlesenheit geradezu zwangsläufig nahelegt. Darüberhinaus werden zwei Frauenfiguren in die Fragestellung des Schlußkapitels einbezogen. Zum einen Ulrichs Schwester Agathe, zum anderen seine 'Kusine' Diotima. Das Untersuchungsinteresse richtet sich dabei vorrangig darauf, im Rückgriff auf antikes Textmaterial der Frage nachzugehen, ob sich das Leib/Seele-Problem im MoE nicht als Schreib/Sprech-Problem gespiegelt findet. Von dieser Konstellation aus wird anhand von Textstellen, deren Auswahl und Reihenfolge sich einer Maßgabe der Schrift verdankt, zu genaueren Bestimmungen von Protagonist und 'Werk' zu kommen sein. Die Implikationen dieser Sentenzen geben letztlich der Frage Raum, ob 'Selbstreflexion' nicht generell nur zu einer Rückkehr *an* niemals aber *in* den Grund führen kann.

Ein methodischer Hinweis soll diese Einleitung beschließen: Die vorliegende Untersuchung arbeitet über weite Strecken mit dem Verfahren eines ebenso häufigen wie ausführlichen Zitats. Sie versucht, damit in Rechnung zu stellen, daß es (wie oben angedeutet) zwischen einzelnen Verkehrsformen wie z.B. "Fühlen" und "Denken" signifikante Unterschiede gibt, die aber bei abstrakter Formulierung zwangsläufig verloren gehen. Allzu oft ist der Literaturwissenschaftler gezwungen, Identitätsfragen in Vokabeln wie "Polarität", "Dilemma", "Zwiespalt" respektive "Bewegung", "Umschlagen", "Vermittlung" abzuhandeln, egal ob es sich dabei nun um Geld, Technik, Gefühle, Sprache, Gedanken oder Handlungen handelt. Hiergegen wendet sich methodisch das ausführliche Beispiel. (Neben-)Bei-Spiele, verstanden als Sprachspiele im Sinne Wittgensteins "Philosophische[r] Untersuchungen", bewahren einerseits die Eigenschaft der Originalität, zeichnen sich andererseits aber auch durch eine Art von "Familienähnlichkeit" aus.

1. Technik im "Mann ohne Eigenschaften": Der Erzähler als Kippfigur

Man könnte die menschlichen Tätigkeiten nach der Zahl der Worte einteilen, die sie nötig haben; je mehr von diesen, desto schlechter ist es um ihren Charakter bestellt [I,245].

> Die uns teuersten Aufgaben, die der Nation, des Friedens, der Menschheit, der Tugend und ähnlich teuere tragen auf ihrem Rücken die billigste Geistesflora. Das wäre eine sehr verkehrte Welt; aber wenn man annimmt, daß die Behandlung eines Themas desto unbedeutender sein darf, je bedeutender dieses Thema selbst ist, dann ist es eine Welt der Ordnung. [I,399]

Falls man diese Aussagen radikal ernst nähme, stünde es mit dem MoE nicht zum allerbesten.[1] Man könnte aber auch behaupten, die zitierten Textstellen seien satirisch aufgeladen, müßte dazu allerdings wissen, was jeweils ernst und was satirisch gemeint sei. Eine Unterscheidung zu deren Fundamentierung gern ein sogenanntes 'Textganzes' konstruiert wird, ein Verfahren, das tendenziell auf Vollendung des Romantorsos hinausläuft. Durch eine bisweilen umstandslose Verlängerung der zahlreichen Nachlaßarbeiten und stilisierten Tagebuchäußerungen Musils erreicht die Sekundärliteratur das, was der Autor selbst nicht geschafft hat: Die Produktion eines geschlossenen Werkes.[2] Unvollendbarkeit gerät diesem Ver-

---

1 Bei ca. 9,465 Worten pro Zeile und 43 Zeilen pro Seite, abzüglich jeweils 6,5 Leerzeilen bei Kapitelüberschriften, plus 1350 Überschriftsworte kommt der autorisierte MoE immerhin auf die stolze Zahl von 375.354 Wörtern. Die immense Nachlaßproduktion ist von dieser Rechnung unberührt.

2 Paradigmatisch die Behauptungen von Dinklage 1985: S. 228: "Es ist also eine unabdingbare Tatsache, daß Robert Musil das 52. Kapitel des 2. Buches, "Atemzüge eines Sommertages", in der durch die "Reinschrift" der Kapitel 47-57 (Nachlaß-Mappe V 6) überlieferten Fassung zum Schlußkapitel seines Romans machte und den "Mann ohne Eigenschaften" damit zu Ende brachte." Außerordentlich aufschlußreich ist Dinklages Begründungs-

fahren notwendig zur Form des Scheiterns, und eine solche Depotenzierung des poetischen Schöpfers darf es nicht geben. Nicht zufällig erinnern die Abmahnungen Karl Dinklages an traditionelle Kirchenrhetorik:

> Wenn es aber Musilinterpreten gibt, die glauben behaupten zu dürfen, Musil sei mit seinem "Mann ohne Eigenschaften" gescheitert, so haben wir dieser von oberflächlichen Schreiberlingen leichthin ausgestoßenen Blasphemie die Umstände entgegenzuhalten, die den Dichter zwangen, seinen Roman mit der handschriftlichen Reinschrift des "Atemzüge"-Kapitels in einer den "Schwärmern" als Vorstufe kongenialen Weise zu vollenden, ja zu vollenden, wenn auch unter Verzicht auf vieles, was noch hätte hineinkommen sollen."[3]

Dinklages Werkstilisierung enthält auf engstem Raum all die Momente, die ihre Gattung kennzeichnen: Tiefe, Handschrift, geschlossenes und vollendetes Künstlerleben, fortschreitende Werkverbesserung, Ankündigungscharakter des Frühwerkes, Augenmerk auf das Dichterleben und Desinteresse an Formproblemen. Der Kulminationspunkt ist eindeutig: Wer dem nicht zustimmt, der lästert (den Dichter-)Gott.[4]

Solche Nachhilfe am Autor Musil, die sich gleichzeitig um Stärkung der Autorenfunktion bemüht, ist tendenziell für eine hermeneutisch-interpretierende

---

konzeption, die sich nahezu ausschließlich an den stilisierten Selbstäußerungen Musils orientiert. Eine Aneinanderreihung 'finaler Überschriften' wird auf diese Weise zur unabdingbaren Tatsache. Und eine briefliche Inhaltsangabe zum "Schlußband" des MoE fungiert letztlich als Beweis, daß der Roman vollendet worden sei. Gegen solche Inhaltsästhetik, die eigene Lücken mit Autorenäußerungen stopft, bemüht sich die vorliegende Arbeit, die Problematik des Verhältnisses von "Inhalt und Form" überhaupt erst einmal in den Blick zu bekommen.

3 Dinklage 1985: S. 236.

4 Diese Betrachtungsweise modifiziert das vorliegende Kapitel in einem entscheidenden Punkt. Der Gott, der im folgenden sichtbar werden wird, ist einer der Gotteslästerung. Um das Wortspiel Dinklages aufzugreifen: Sein Name wäre 'Blasphemeus'.

Sekundärliteratur älterer Schule kennzeichnend.[5] Paradigmatisch sind ihr Fragestellungen nach dem "anderen Zustand", der "Synthese von Ratioid und Nicht-Ratioid", und der Bedeutung einer "Utopie der induktiven Gesinnung" für das mögliche Ende des Romans.[6]

Demgegenüber setzt sich eine Forschungsrichtung ab, welche die Unabschließbarkeit des MoE betont, die gegensätzliche Zusammenstellung von Diskursen als nicht zu stoppenden Produktionsmodus begreift. Diesen Basisbefund wertet sie entweder als Abbild widersprüchlicher Wirklichkeit[7] und/oder spezifische Modernität des Textes,[8] die Anstrengungen Musils um Vollendung bei gleichzeitiger Verweigerung eines konventionellen Schlusses geraten solchem Verfahren wenn überhaupt als eine Art moralischer Redlichkeit in den Blick.

Bei diesen Befunden ergeben sich für den Literaturwissenschaftler grundsätzliche Probleme methodischen Verfahrens. Einzelne Textstellen, die mit dem Anspruch besonderer Deutlichkeit als Belegstelle herausgegriffen werden, erhalten durch ihre Auswahl den Status besonderer Repräsentativität. Durch ihre belegende Funktion werden sie als Zusammenfassungen einzelner Diskurse bzw. divergierender Redeordnungen festgelegt. Setzt man diese in ein wie auch immer geartetes Verhältnis, zielt man damit, ob nun mit oder ohne Absicht, auf die Idee eine Gesamtzusammenhanges ab.

Gegen solch uneingestandene Hermeneutik formieren sich dekonstruktive Leseweisen, die an den Text ein Bewußtsein davon herantragen, daß eine wissenschaftliche Arbeit am MoE notgedrungen zwischen den Polen von metaphorisch

---

5 Von Heydebrand 1963, Karthaus 1965, Rasch 1967, Berghahn 1963, Hüppauf 1971.

6 Zuletzt bei Rinderknecht 1979, Strutz 1984, Charrière-Jaquin 1984, Kim 1986.

7 So z.B. Graf 1981, Monti 1982: S. 192, Jankovic 1982: S. 213.

8 Wie bei Moser 1980 und von Zima 1985. Eine interessante Analyse poststrukturalen Gestus', in die im besten Sinne eigentümliche These mündend, der Autor des MoE bleibe hinter seinem Roman zurück, liefert z.B. Böhme 1982. Einen Versuch Wirklichkeits- und Textmodell mittels eines naturwissenschaftlichen Paradigmas in Übereinstimmung zu bringen, stellen die Arbeiten von Meisel 1991 und 1991a dar.

zu definierendem Sinn und metonymisch begriffenem Material zu pendeln beginnt, und Lektüre dazu einsetzt, eine prinzipielle Verschiebung des Textes zu artikulieren. Die oben beschriebenen Probleme stellen sich dieser Praxis allerdings auch, insbesondere dann, wenn sie ihre Arbeit methodisch mit der These der Uninterpretierbarkeit aufnimmt. Beispielhaft Jean François Peyret:[9] Die Unterstellung, der MoE sei ebenso unabschließbar wie uninterpretierbar: d.h. er wende sich gegen das narrative Gesetz (im Sinne linearer Erzählabfolge), wird mit ihrer geradezu klassischen Ableitung aus dem Eingangskapitel zur unausgesprochenen Huldigung Norbert Millers.[10]

Trotz der skizzierten Problematik: Eine Lektüre, die ihre eigenen Begriffe verkehrt und damit - so die im folgenden zu belegende These - der ebenso außergewöhnlichen wie ironischen Technik des Romans folgt, scheint im Falle des MoE am angemessensten zu sein. Hauptsächlich deswegen, weil sie sich erstens theoretisch in der Kluft zwischen einer Philosophie, die ihre Begriffe durchstreicht,[11] und einer, die sie zu überwinden trachtet,[12] situiert, und weil es gerade

---

9 Peyret 1980.

10 Vgl. Miller 1965 sowie 1968: S. 9-42.

11 Vgl. Derrida 1983: S. 29: "Es geht keinesfalls darum, [die] Begriffe "zurückzuweisen". [...] Wir können auf [die] Begriffe um so weniger verzichten, als wir ihrer bedürfen, um die Erbschaft aufzulassen, zu der auch sie gehören. Mit versteckten, beständig gefährlichen Bewegungen, die immer wieder dem zu verfallen drohen, was sie dekonstruieren möchten, müssen, im Rahmen der Vollendung, die kritischen Begriffe in einen vorsichtigen und minuziösen Diskurs eingebettet werden, müssen die Bedingungen, die Mitte und die Grenzen ihrer Wirksamkeit markiert, muß mit äußerster Sorgfalt ihre Zugehörigkeit zu jener Maschine gezeigt werden, die mit diesen Begriffen zerlegt werden kann." Auf diesen Überlegungen basiert die von Heidegger hergeleitete Praxis einer kreuzweisen Durchstreichung, die Derrida (auch optisch) für unverzichtbar erachtet (ebenda, S. 44): "Der Weg über die gestrichene Bestimmung und die Notwendigkeit dieses schriftlichen Kunstgriffes sind irreduzibel." Trotz seiner emphatischen Metaphysikkritik haftet Derridas grammatologischen Begriffen, wie z.B. "Spur" oder "differance", eine metaphorische Qualität an, die Derrida zwar notgedrungen anerkennt, die aber einer radikalen metaphysischem Kritik logisch zuwiderlaufen.

innerhalb der Kunst (mit ihrer Option für den Einzelfall)[13] Denkhaltungen gibt, von denen man nicht genau angeben kann, was sie sind. Sie sind:

> vielleicht von konstruktiven Visionen, jedoch [...], mit der künstlerischen Überlieferung verglichen, auch destruktiv, darum kann man sie auch einfach struktiv[14] nennen, es verpflichtet zu nichts, und eine struktive Weltauffassung, das klingt ganz respektabel. [II,453]

Anders gewendet: Die Perspektive wird zu Zwecken heuristischer Simulation umgedreht. Gegen Ende des 20. Jahrhunderts wird vom Verfasser der vorliegenden Arbeit so getan, als ob dem Signifikanten eine greifbare Bezugnahme zukäme. Ein fester Bezug des Textes wird unterstellt, der im Sinne einer Korrespondenztheorie der Wahrheit als richtig oder falsch beurteilt werden könnte. Es wird damit zugleich gefordert, daß der Dichter seinen Text prinzipiell beherrschen und als "gelungene Dichtung" zu einem sinnvollen Abschluß[15] bringen könnte.[16] Alles zusammengenommen: Der Interpret situiert sich im Imaginären.[17]

---

12 Vgl. Adorno 1970: S. 26f: "Organon des Denkens und gleichwohl die Mauer zwischen diesem und dem zu Denkenden, negiert der Begriff jene Sehnsucht. Solche Negation kann Philosophie weder umgehen noch ihr sich beugen. An ihr ist die Anstrengung, über den Begriff durch den Begriff hinauszugelangen." In dieser apodiktischen Formulierung hat die Versöhnung mit der "Mauer" einen klar metaphysischen Status

13 Heinz Schlaffers Charakterisierung liest sich beinahe wie ein Kommentar zur Interpretationsflut des offenen Endes des MoE: "Zum Ärger nicht bloß der Naturwissenschaftler hält die Arbeit der Geisteswissenschaftler den jenen gewohnten Forderungen nach Eindeutigkeit, Stringenz und Abgeschlossenheit nicht stand. Jedoch liegt der Grund dieses Mangels nicht im stärker subjektiven, gar im ideologischen Charakter des Interpreten, vielmehr in der Beschaffenheit seiner Gegenstände. Diese sind jeweils konkret, einmalig und individuell, ihre Merkmale also unendlich." (Schlaffer 1991: S. 25)

14 Der zu Beginn der siebziger Jahre in die Literaturwissenschaft eingeführte Begriff "Dekonstruktion", scheint an dieser Textstelle in ironisch anerkennender Manier präfiguriert zu sein.

15 Mit einer festen Zuordnung wird ein Text gleichzeitig beendbar. Denn der 'gute' Text sagt alles, was zu einem Thema gesagt werden muß, und eben nicht alles, was dazu gesagt werden kann.

Und das mit signifikanterweise an Lacan geschulter Legitimation: Wer einen Text nicht so liest, der liest ihn gar nicht. Oder anders: Jeder liest so. Es ist kennzeichnendes Resultat dekonstruktiver Lektüre, das man in dem Moment, in dem man von der metonymischen Funktion eines Textes spricht, eine Metapher benutzt. Und nur wenn ein Text (metaphorisch) gelesen wird, verschiebt er sich.[18]

Wenn man 50 Jahre nach Musils Tod mit gespielter Naivität so tut, als würde in der Kunst der Weimarer Republik emphatisch Sinn produziert, so darf man nicht vergessen, daß unter Musils Zeitgenossen ähnliche Vorstellungen noch kursierten: Zum einen (I) als Re-Vision, die eine Rückbesinnung auf den starken Erzähler fordert, von einem Autor eingesetzt, der in der Lage sein soll, qua Genie Einheit zu verbürgen. Sie wird im MoE anhand spezifischer Romanfiguren als ideologisch entlarvt;

zum anderen (II) als Version, die radikal neu zu sein beansprucht, sich theoretisch und praktisch durchzusetzen beginnt, und auch heute noch gelegentlich

---

16 Daß mit dem "linguistic turn" aufgekommene philosophische Problem, das sich aus dem Zusammenhang der oben aufgeführten *heuristischen Simulation* ergibt, läßt sich in aller Kürze wie folgt skizzieren: Wenn man Wirklichkeit in Form von Zeichen thematisiert, kommt man nicht an der Frage der Bezugnahme dieser Zeichen vorbei. Lehnt man die ebenso erst zu beweisende wie mittels Zeichen unbeweisbare Aristotelische adaequatio rei et intellectus als Erklärung ab, so läßt sich eine geordnete Zeichenfolge nur dann herstellen, wenn man eine Strategie der Kontextualisierung anwendet. D. h. man versucht, einzelne Begriffe auf der Ebene der Bezeichnungen durch Querverweise festzulegen. Diese Kontextualisierung ist allerdings prinzipiell nicht abschließbar, da auch der definierende Kontext nur über eine weitere Kontextualisierung erschlossen werden kann. Dem Schreiber eines Romans kehren diese Probleme wieder als Fragen nach der "Wirklichkeit", der Ordnung und dem Ende seiner Geschichte.

17 In Sinne der lacanitischen Trennung von Imaginärem, Realem und Symbolischen. Eine konzise Beschreibung dieser Terminologie findet sich bei Lippowatz 1982: S. 1-88, eine stark verkürzte Orientierung bieten Laplanche/Pontalis 1986: S. 228/9 und 487/8.

18 Einen ähnliches Problem kennt Kittlers Theorie der Aufschreibesysteme. Sein unvermittelt eingeführtes und immer wieder versichertes "weißes Rauschen jenseits aller Laute und Worte" (Kittler 1985: S. 189, 190, 191, 192) ist weniger technischer Terminus als mythische Beschwörungsmetapher: Akustisch leistet ein aufgeschlagenes Buch nichts.

von der Literatur- und Medienwissenschaft als angemessen betrachtet wird:[19] Die Idee der Montage und die Neubestimmung des Erzählers. Sie wird im MoE mit Hilfe der Romantechnik[20] kritisch reflektiert.

Zu I:

Daß es Aufgabe der Kunst sei, die Einheit der Wirklichkeit zu spiegeln, wird recht früh im Roman von Paul Arnheim vertreten [I,197]. Dem liegt zu Grunde, daß Wirklichkeit eine Einheit zu haben hat. Daß Arnheim an der Verwirklichung dessen arbeitet, was er für diese Einheit hält, d.h. daß er bestrebt ist, eine vorgeblich 'universelle' Geldlogik durchzusetzen, soll im Kapitel "Geld" ausführlich gezeigt werden. Vorgreifend zu diesen Überlegungen soll im folgenden die Tatsache interessieren, daß Arnheim ein geradezu paradigmatisches Deutungsmuster kreiert, indem ihm seine geschäftliche Tätigkeit für ein "weitaus größeres Gedicht gilt, als es alle Dichter in ihren Schreibstuben ersinnen können" [II,387], Geschäft sei "recht verstanden" Kunst. Dieses Programm trifft nicht nur bei seiner verheirateten Freundin Diotima, die es nahezu permanent wiederholt [I,297;I,320], auf viel Entgegenkommen [I,269/70]. Vor allem ist es "der Hauptkonsument der Künste in Deutschland" [II,388], der diese Konzeption praktisch umsetzt. Der "durchseelte" Mittelständler [II,388] kann nunmehr *nach* seinem Eintritt ins Erwerbsleben auf Kunst und Literatur, die ihm früher als die Vollendung seiner Wünsche vorgekommen waren, als "etwas Schönes" aber insgesamt Unreifes zurückblicken [II,388]. Kunst als mögliches Korrektiv von Wirklichkeit wird damit generell ausgeschlossen. Dank Arnheims Programm einer Identität von Geschäft und Kunst entdeckt sich nun auch der kaufende Kunstkonsument als Mitarbeiter am 'Gedicht des Lebens', was ihm nebenbei bemerkt auch den "Mut

19 So zuletzt Dietrich Scheunemann in einem Aufsatz über zitierte Geschichte in Literatur und Film. (Scheunemann 1991: S. 128-150)

20 Eine Terminologie, die sich umstandslos zutraut, einen Trennungsstrich zu ziehen, würde I nur als inhaltliches, II als formelles Problem abhandeln wollen. Gegen eine solche strikte Trennung von Form und Inhalt formulierte bereits Adorno 1970: S. 15: "Opponiert [die Kunst] der Empirie durchs Moment der Form - und die Vermittlung von Form und Inhalt ist nicht zu fassen ohne deren Unterscheidung -, so ist die Vermittlung einigermaßen allgemein darin zu suchen, daß ästhetische Form sedimentierter Inhalt sei."

des Dilettanten" [II,388] wiederschenkt. Das Selbstbild der dilettantischen Lebenskünstler fällt entsprechend wohlgefällig aus:

> [S]ie dürfen sich, am Leben dichtend, wahrhaft als *geborene* [im Original kursiv] Fachleute ansehen und gehen daran, ihr tägliches Tun mit geistiger Verantwortung zu durchdringen, fühlen sich vor tausend kleine Entscheidungen gestellt, damit es sittlich und schön sei, nehmen sich an der Vorstellung ein Muster, daß Goethe so gelebt habe, und erklären, daß sie ohne Musik, ohne Natur, ohne Betrachtung des unschuldigen Spiels von Kindern und Tieren und ohne ein gutes Buch das Leben nicht freuen würde. [II,388]

Wenn die "Lebenskünstler" eine Pause brauchen, holen sie sich bei den soeben erworbenen Künsten 'Lebenselixier'. Sie behaupten im Sinne Diotimas, daß

> Kunst eine Erholung von der Wirklichkeit sei, mit dem Zweck, erfrischt zu dieser zurückzukehren. [II,573]

Was insbesondere Arnheim freuen dürfte, da er "die Kunst von morgen bereits zu noch nicht hinaufgesetzten Preisen" gekauft haben wird [I,190], und weil er neben der "Panzerplattenfabrikation" [II,404] auch "Geld in der Filmindustrie" stehen hat [II,403]. Folglich rät er Ulrich zum finanziell attraktivsten Medium der Kunst:

> "Besuchen sie manchmal den Film? Sie sollten es tun!" sagte er. "Vielleicht hat er in der gegenwärtigen Form noch keine große Zukunft, aber lassen Sie sich erst größere kommerzielle Interessen - etwa elektrochemische oder solche der Farbenindustrie - damit verknüpfen, so werden Sie in einigen Jahrzehnten eine Entwicklung sehen, die durch nichts aufzuhalten ist. Dann setzt der Vorgang ein, wo jedes Mehrungs- und Steigerungsmittel herhalten muß, und was immer unsere Dichter oder Ästhetiker sich einbilden werden, entstehen wird eine Kunst der A.E.G. oder der Deutschen Farbenwerke. [II,645/6]

Mit dieser letzten Ableitung hat Arnheim pikanterweise vollkommen recht. Daß der Aufschwung des Films das Ende des Dichters bedeutet, ist heute kunsthistorischer Topos. Der Dichter der Weimarer Republik "bemüht sich, kinematographisch zu sehen",[21] bzw. wird Journalist, Großschriftsteller oder Verwaltungsangestellter. Damit aber ein Kunstwerk die Einheit des Lebens vor Augen zu führen vermag, bedarf es im zwanzigsten Jahrhundert eines Taschenspielertricks. Da Geld für Arnheim die Einheit der Wirklichkeit ist, erklärt er den Gelderwerb kurzerhand zur Kunst. Nur auf diese Weise kann fortan gelten: Das Kunstwerk spiegelt die Einheit der Welt.

Zu II:

Technische Gegebenheiten verändern die Wahrnehmung von Dingen:

> [Ulrich] stellte sich vor, der große Kirchenphilosoph Thomas von Aquino, gestorben 1274, nachdem er die Gedanken seiner Zeit unsäglich mühevoll in beste Ordnung gebracht hatte, wäre damit noch gründlicher in die Tiefe gegangen und soeben erst fertig geworden; nun trat er, durch besondere Gnade jung geblieben, mit vielen Folianten unter dem Arm aus seiner rundbogigen Haustür, und eine Elektrische sauste ihm an der Nase vorbei. Das verständnislose Staunen des Doctor universalis, wie die Vergangenheit den berühmten Thomas genannt hatte, belustigte ihn. Ein Motorradfahrer kam die leere Straße entlang, oarmig, obeinig donnerte er die Perspektive herauf. Sein Gesicht hatte den Ernst eines mit ungeheurer Wichtigkeit brüllenden Kindes. Ulrich erinnerte sich dabei an das Bild einer berühmten Tennisspielerin, das er vor einigen Tagen in einer Zeitschrift gesehen hatte; sie stand auf der Zehenspitze, hatte das Bein bis über das Strumpfband entblößt und schleuderte das andere Bein gegen ihren Kopf, während sie mit dem Schläger hoch ausholte, um eine Ball zu nehmen, dazu machte sie das Gesicht einer englischen Gouvernante. In dem gleichen Heft war eine Schwimmerin abgebildet, wie sie sich nach dem Wettkampf massieren ließ; zu Füßen und zu Häupten stand ihr je eine ernst zusehende Frauensperson in Straßenkleidung, während sie nackt auf einem Bett am Rücken lag, ein Knie in der Stellung der Hingabe hochgezogen, und der Masseur daneben hatte die Hände darauf ruhen, trug einen Ärztekittel und

21 In Anlehnung an den Titel eines Aufsatzes von Heinz B. Heller, der den Verlust von Autorschaft aufgrund des Erstarkens des Mediums Film am Drehbuchschreiber differenziert nachvollzieht (Heller 1987). Bahnbrechender, aber einseitiger die Arbeiten F.A. Kittlers zum Verhältnis Psychoanalyse, Literatur und Film. (Kittler 1985 und 1985b)

blickte aus der Aufnahme heraus, als wäre dieses Frauenfleisch enthäutet und hinge auf einen Haken. Solche Dinge begann man damals zu sehen, und irgendwie mußte man sie anerkennen, so wie man Hochbauten anerkennt und die Elektrizität. [I,59]

Die rasante technische Entwicklung fördert aber gleichzeitig mit technisch normierter Qualitätsprüfung auch die meßbare Genialität eines Rennpferdes zutage [I,44/5]. Und selbst Graf Leinsdorf, Initiator der Parallelaktion und traditionalistischer Apologet von Besitz und Bildung, kommt nicht umhin, die neuen Produktionsmittel auch nach innen wirksam werden zu lassen:

> "Früher sind die Menschen in die Verhältnisse, die sie vorgefunden haben, hineingewachsen, und das war eine verläßliche Art, in der sie zu sich gekommen sind; aber heute, bei der Durcheinanderschüttlung, wo alles von Grund und Boden gelöst wird, müßte man schon sozusagen auch bei der Erzeugung der Seele die Überlieferung des Handwerks durch die Intelligenz der Fabrik ersetzen." [II,597]

Entgegen einem weit verbreiteten Vorurteil ist sich die literaturwissenschaftliche Forschung heute weitgehend darüber einig, daß die technisch bedingte Wahrnehmungsänderung in literarischen Produktionen nicht nur bedauert worden ist, sondern von avancierter Literatur teilweise zukunftsweisend verarbeitet wurde, und zwar weniger in der Entfaltung der Handlung, als vielmehr in der Form einzelner literarischer Produkte.[22] Diese Verhältnisse sind von der Forschung in besonderem Maße an der Literatur des 20. Jahrhunderts, namentlich dessen erster Hälfte, aufgedeckt worden. Dabei lassen sich zunächst zwei Pole in der Geschichte technischer Innovationen skizzieren. Der optisch beeindruckenden mechanischen Maschine steht die Entwicklung 'unsichtbarer' elektronischer Mikrochips gegenüber:

Dampfbetriebene Maschinen und Exponate der Weltausstellungen können als die technischen Sensationen des neunzehnten Jahrhunderts gelten. Sie sind Symbole einer Technik, zu deren Selbstverständnis Attribute wie Sichtbarkeit und eine evidente Konstruktion gehören. Der Eiffelturm, von vielen Künstlern als Zeichen

---

22 Vgl. Götz Großklaus und Eberhard Lämmert im Vorwort zu "Literatur in einer industriellen Kultur". (Großklaus/Lämmert 1989: S. 14/5)

des neuen Jahrhunderts gedeutet, kann als Exempel für diese These betrachtet werden: Bei seiner Eisenkonstruktion mit ihrer unverhüllten und durchschaubaren Strukturierung, sind die entscheidenden Komponenten nicht derart der Wahrnehmung entzogen wie z.B bei einem elektrischen Kraftfeld, ist die Funktion der Einzelteile optisch noch zugänglicher. Das gilt analog auch für den Motor der industriellen Revolution, die Dampfmaschine: Auch wenn die dampfbetriebene Eisenbahn zuerst beachtliche Verunsicherungen unter den Zeitgenossen auslöst und einen Prozeß ins Leben ruft, in dem der Beobachterstandpunkt zunehmend beschleunigt wird,[23] ist sie nicht mit den Perzeptionsveränderungen zu vergleichen, die durch die elektronischen Medien der Nachkriegszeit entstanden sind, und wofür die Forschung den Begriff einer "postindustriellen Revolution" prägte.[24] Die Eisenbahn jedenfalls wird, trotz anfänglicher Irritationen, im Gegensatz zu den späteren Errungenschaften der postindustriellen Revolution von vielen Künstlern als neue Möglichkeit rasch und emphatisch begrüßt:[25] Noch vor der Jahrhundertwende glaubte man den "Mythus vom Dampf".[26]

Der eine "Mythus vom Dampf" wird nach der Jahrhundertwende abgelöst von zwei neuen Paradigmen ambivalenter Technikfaszination: Amerika und Sowjetunion.[27]

---

23 Sehr konzis beschrieben bei Möbius 1989.

24 "Keine Revolution der Energie- bzw. Antriebsmaschinen (wie Dampfmaschine, Benzin- und Elektromotor) und keine Revolution der Werkzeugmaschinen (wie der Webstuhl und die Stanzmaschine) lösten die neuesten Veränderungen aus: Es waren sozusagen bloße Namen, kraftlose Symbole, wesenlose Zeichen, die eine zweite industrielle bzw. "postindustrielle" Revolution hervorriefen, genauer: es waren neuartige Zeichen-Aufschreibe- und Zeichen-Übertragungs-Systeme." (Elm/Hiebel 1991: S. 9)

25 Paradigmatisch H. Heine, der die Eisenbahn als ein "providencielles Ereignis" erkannte und als einer der ersten die damit einhergehende Veränderungen der Raumkategorie reflektierte. (Heine 1974: V, S. 449)

26 Nach einem Gedicht Emanuel Geibels von 1856.

27 Zur ambivalenten Technikfaszination des Ingenieurs Robert Musils sei zum einen auf die Beschreibung der "überamerikanischen Stadt" [I,31] verwiesen. Zum anderen auf seine Bemerkungen zur Erotik der Sowjetfrau: "[D]ie erstaunliche Leistung Rußlands; die militärische und industrielle Stärke, der Zusammenhalt. Siehe dazu die 'amerikanischen', aber künstlerisch geform-

In Scharen pilgern die intellektuellen Zeitgenossen Robert Musils in nunmehr festem Vertrauen auf ältere Technik über den Atlantik zum nordamerikanischen Kontinent, um außer der Bildermaschinerie Hollywood vor allem zwei Sensationen zu sehen: Fords sterile Fließbandproduktion unter Glas einerseits, die dampfenden Schlachthofszenarien in Blut und Fäkalien andererseits. Beide Schauplätze werden von den oftmals überforderten Betrachtern mit Allmachtsphantasien aufgeladen: Verdankt sich - laut Erhard Schütz[28] - die Schlachthof- und Chicagobegeisterung einer Machtphantasie, die Leben in tote Ware verwandelt, so ist die 'Faszination Detroit' umgekehrt davon getragen, aus Einzelteilen eine Ganzheit erschaffen zu können.[29]

Gleichzeitig mit derartig modernen Erlebnissen entwickeln die Betrachter gemeinhin eine Strategie emotional ambivalenter Kälte,[30] die selbst dann, wenn man sie als Abwehrreaktion interpretiert, Faszination zuläßt:[31] Die Beurteilung Amerikas pendelt zwischen Begeisterung und Entsetzen.

Mit dieser Entwicklung einher geht die Ausformung eines spezifischen Blickes auf Rußland und später die Sowjetunion. Zumindest viele linksintellek-

---

ten Stadtbilder; die Kämpferinnen, die einen neuen Frauentypus darstellen, der weitaus reizvoller ist als der unsere (Ad notam zu nehmen für die Wichtigkeit Ag[the]s u[nd] U[lrich]s)." [TB I,995]

28 Schütz 1988: S. 122-143.

29 Beim "daheimgebliebenen" Robert Musil sind beide Phantasien ohne weiteres ebenfalls zu entdecken: Im Kapitel I.40 gerät Ulrich in eine Polzeimaschinerie, die ihn mittels Verhörtechnik in kleine diskrete Einzelteile zerlegt. In seinem Tagebuch plant Musil umgekehrt, einen Menschen ganz aus Zitaten zusammenzusetzen [TB I,356].

30 Der Topos der Kälte ist in diesem Zusammenhang insbesondere von Helmut Lethen intensiv untersucht worden. (Lethen 1987, 1987a, 1988).

31 Vgl. Ulrichs ambivalent intellektuelle Begeisterung in dem Augenblick, als er selbst in der Polizeimaschinerie steckt: "Er besaß darum selbst in diesem Augenblick noch Sinn für die statistische Entzauberung seiner Person, und das von dem Polizeiorgan auf ihn angewandte Maß- und Beschreibungsverfahren begeisterte ihn wie ein vom Satan erfundenes Liebesgedicht. Das Wunderbarste daran war, daß die Polizei einen Menschen nicht nur so zergliedern kann, daß von ihm nichts übrigbleibt, sondern daß sie ihn aus nichtigen Bestandteilen auch wieder unverwechselbar zusammensetzt und an ihnen erkennt." [I,159/60]

tuelle Zeitgenossen Musils sehen dort eine zunehmend hoffnungsvolle Entwicklung, die Möglichkeit einer sinnstiftenden Einheit außerhalb eigener Zerrissenheit.

Die Sowjets selbst, aus bäuerlich geprägter Struktur den Sprung zur modernen Industrienation riskierend, entfalten eine ebenso offizielle wie programmatische Technikbegeisterung, die sich in Lenins Schlagwort: "Kommunismus, das ist Sowjetmacht plus Elektrifizierung des ganzen Landes"[32] in ihrer bekanntesten Form manifestiert. *Russischer Formalismus, russischer Futurismus und das neue Sowjettheater entwerfen* dabei schon *sehr früh Ästhetiken* eines neuen Menschen, *deren Begriffe* bürgerlichem Individualitätsmodell geradezu entgegengesetzt sind und quasi *eine Idee von "Männern ohne Eigenschaften" präfigurieren.*[33]

Solange die Vorgänge in Rußland und der Sowjetunion in der Weimarer Republik als zukunftsweisend angenommen werden, lassen sich insbesondere deutsche Linksintellektuelle von den Vorstellung eines neuen Menschen nach sowjetischen Muster affizieren.

---

32 Das Zitat findet sich in: Aus dem Bericht über die Tätigkeit des Rats der Volkskommissare, 8. Sowjetkongreß, 22.-29. Dezember 1920. Abgedruckt bei Raupach 1964: S. 177.

33 In ihrem informativen Aufsatz über das linke Sowjettheater im Zeitalter der Industrialisierung schreibt Erika Fischer-Lichte: "Die Entwicklung eines neuen Theaters sollte [...] auf Grundlage derselben Prinzipien vorgenommen werden, wie die Umgestaltung des rückständigen Landes in einen elektrifizierten Industriestaat. Entsprechend definiert der Theoretiker der Produktionskunst, Boris Arvatov, Theater als "Theater der Produktion", "Werkzeug zur Umgestaltung des Lebens", "Fabrik des qualifizierten Menschen und einer qualifizierten Lebensweise". Das Leben soll "zum experimentellen Laboratorium werden." Aus dem "biomechanischen" Theaterkonzept Vsevolod Meyerholds, für den diese Prinzipien verbindlich waren, leitet Fischer-Lichte bezüglich der Verwendung und Gestaltung von Gesten folgendes ab: "1) Der Mensch [...] erscheint als ein Wesen, das sich ausschließlich aus den Beziehungen heraus definiert, in die es eintritt oder gestoßen wird. Da sich diese Beziehungen jedoch ständig ändern, ändert sich auch der Mensch: ihm eine individuelle, substantiell bestimmbare Identität zuzuschreiben, ist daher ganz unmöglich. 2) Der Zuschauer ist aufgefordert, laufend neue Bedeutungen für die Bewegungen der Schauspieler [...] zu finden." (Fischer-Lichte 1989: S. 473, 477/8) Zu ähnlichen Theaterkonzepten des "neuen" Menschen vgl. Fischer-Lichte 1990: Bd. 2, S. 163-191, 207-220.

Bertolt Brechts Produktion immer neuer Fassungen seines "Mann ist Mann" geben exemplarisch Aufschluß über die Problematik einer Technikbegeisterung ohne funktionierende Geschichtsphilosophie:[34] Ohne dezidierten Fortschrittsgedanken ist die "Ummontierung" eines Menschen immer auch Schritt in den Nationalsozialismus.

Genau hier liegt generell die Crux eines ästhetischen Gestaltungsprinzips, das sich auf Technik und nicht mehr auf "Natur"[35] beruft: Montage als künstlerisches Verfahren ist auf gelingende Sinnstiftung angewiesen, falls sie Wirklichkeit nicht einfach nur kopieren will. Brecht hat darauf ganz klar hingewiesen, den zugrundegelegten Fortschritts- und Geschichtsbegriff als Voraussetzung charakterisiert und an ihm rigoros festgehalten:

> Wir sehen den unaufhaltsamen und daher zu billigenden Fall des individualistischen Kunstwerkes. [...] Kunst ist eine Form des menschlichen Verkehrs und damit abhängig von den den menschlichen Verkehr im allgemeinen bestimmenden Faktoren. [...] In diesem Sinne ist die Umschmelzung geistiger Werte in Waren (Kunstwerke, Verträge, Prozesse sind Waren) ein fortschrittlicher Prozeß und *man kann ihm nur zustimmen, vorausgesetzt*, daß der Fortschritt als Fortschreiten gedacht wird, nicht als Fortgeschrittenheit, daß also auch die Phase der Ware als durch weiteres Fortschreiten überwindbar angesehen wird.[36]

Brechts Zitat ordnet die Kunst bezeichnenderweise dem "menschlichen Verkehr" unter. Und das mit gutem Grund, denn die bestimmenden Gesetze des "menschlichen Verkehrs" glaubt der Dichter Brecht hinreichend zu kennen, um zwischen richtigem und falschem Fortschritt zweifelsfrei unterscheiden zu können. Im MoE hingegen finden sich bereits in den Einleitungskapiteln ganz andere Fortschrittsbilder:

---

34 Vgl. den Artikel "Mann ist Mann" im Brecht-Handbuch. (Knopf 1980: S. 46-51)

35 Daß die Berufung auf Natur, insbesondere "Romantiknatur" wie sie Odo Marquard definiert hat, unproblematisch sei, soll hier keinesfalls behauptet werden. (Marquard 1987: S. 53-59)

36 Brecht 1982: I, S. 151,171.

> Dicht neben den Straßen, wo alle dreihundert Schritte ein Schutzmann den geringsten Verstoß gegen die Ordnung ahndet, liegen andere, die die gleiche Kraft und Gesinnung fordern wie der Urwald. Die Menschheit erzeugt Bibeln und Gewehre, Tuberkulose und Tuberkulin. Sie ist demokratisch mit Königen und Adel; baut Kirchen und gegen die Kirchen wieder die Universitäten; macht Klöster zu Kasernen, aber teilt den Kasernen Feldgeistliche zu [...] Ja es kam Ulrich [...] sogar vor, daß es verzweifelt wenig Wert habe, wenn da die Gewehre, dort die Könige abgeschafft werden und irgendein kleiner oder großer Fortschritt die Dummheit oder Schlechtigkeit vermindert; denn das Maß der Widerwärtigkeiten und Schlechtigkeiten wird augenblicklich wieder durch neue aufgefüllt, *als glitte das eine Bein der Welt immer zurück, wenn sich das andere verschiebt.* [I,27]

Bei Brecht hingegen marschieren die Beine entschlossen vorwärts:

> Die kapitalistische Produktionsweise zertrümmert die bürgerliche Ideologie. [...] Die Technik, die hier siegt und nichts anderes zu können scheint, als den Profit einiger Saurier und damit die Barbarei zu ermöglichen, wird, in die rechten Hände gelangt, durchaus anders können. Es ist unsere Aufgabe ihr in die richtigen Hände zu helfen.[37]

Auch Walter Benjamin erkennt in seinem Aufsatz zum "Kunstwerk im Zeitalter seiner technischen Reproduzierbarkeit" diese Bestimmungen implizit an: Sein dialektisches Technikkonzept ist von dem Glauben getragen, daß die durch technische Reproduktion negierte "Aura" des Kunstwerkes letztlich wieder durch Technik aufgehoben (also auch bewahrt) werden kann.[38]

Wenn aber - laut Benjamin - eine Theologie im technischen Apparat sitzen muß, damit dieser die Repräsentanten der Herrschaft schlagen kann,[39] so ist der Apparat in dem Moment dysfunktional, in dem sich Theologie als falsch erweist.

---

37 Brecht 1982: I, S. 171.

38 Vgl. Rolf Tiedemanns Nachwort zu Benjamins "Versuche über Brecht". (Benjamin 1971: S. 196)

39 Wolfgang von Kempelens Schachspieler, das Modell für Benjamins erste geschichtsphilosophische These, soll nach Wurzbachs "Biographischem

Das heißt aber auch, daß Film- und *Literaturmontage als säkulares Kunstprinzip* ein überaus widersprüchliches Verfahren ist. Letztlich verdoppelt es Wirklichkeit, adaptiert industrielles Verfahren. Diesem Einwand wird man schwerlich entgehen, indem man behauptet, "künstlerische Montage setze", im Gegensatz zur industriellen, welche passende Einzelstücke zu einem homogenen Ganzen zusammenbaue, "disparate Einzelteile zusammen".[40] Denn auch das Begriffspaar passend/nicht-passend kann nur dann mit Erfolg verwandt werden, wenn eine homogene Theorie des Gesamtzusammenhanges gegeben ist.

Am Beispiel des montierten Films, also und gerade am intellektuellen Paradebeispiel für avancierte Kunst, Eisensteins "Panzerkreuzer Potemkin", wird besonders augenfällig, daß Montage ohne Fortschrittsglaube fragwürdig werden muß:

Der Tendenz zur Teamarbeit in der Herstellung entspricht die Unkenntnis des einen Arbeiters von der Arbeit des anderen, d.h. aus einer intendiert gemeinsamen Produktion wird vereinzelte Praxis.

Die technisch besehen ruckartig ablaufenden, übergangslosen Standbilder werden vom Betrachter als kontinuierliche Bewegung wahrgenommen,[41] d.h. ein Teil des von Benjamin goutierten technischen Schockeffekts wird von vornherein eingebüßt.

Die Didaktik des Schocks, der Effekt des radikal Widersprüchlichen, wird zum Trainingsprogramm für die Erfahrungen der Moderne,[42] d. h. der Film erhöht die Toleranz "schlechter" Wirklichkeit.

Dem Literaten, der eine derartige Gesellschaftstheologie ablehnt, bleiben, so scheint es, letztlich nur zwei Möglichkeiten:

Lexikon des Kaiserthums Österreich" von 1864 sowohl den Großfürsten Paul von Rußland, als auch Friedrich II sowie Napoleon besiegt haben.

40 Vgl. Schneider 1987: S. 732.

41 Der ruckartige Effekt der Leinwandbilder verschwindet mit zunehmender Entwicklung der Filmtechnik. Vgl. Auerochs 1991: S. 117.

42 Und zwar nur bei intentional kritischen Produktionen, denn ansonsten erleichterten es Hollywoods Schnittkonventionen, die außerordentlich rasch zu Sehkonventionen wurden, dem Zuschauer, sich in den Film genauso kontemplativ wie in ein Gemälde zu versenken (ebenda, S. 116/7).

Rückgriff auf ein lineares Erzählen und die Beherrschung des Buches durch ein starkes Autorindividuum, oder Verwendung eines montierenden Verfahrens und die Deklarierung des Buches als Ort radikal widersprüchlicher Diskursformationen, mithin als Irrenhaus.[43]

Musil, und das ist das Interessante an seiner Technik, greift letztlich beide Möglichkeiten auf. Der Erzähler im MoE tritt in einer derart konventionellen Gestalt auf, daß in Erhard Schütz' "Einführung in die deutsche Literaturgeschichte" ausdrücklich vermerkt wird, im MoE werde kein montierendes Verfahren verwendet.[44] Der Erzählerduktus erinnert eher an die olympischen Erzähler vergangener Literatur; literaturwissenschaftlich ließe sich dieser Befund unterstützen, durch Musils eigene Einschätzung, in Formfragen sei er eher konservativ.[45]

Andererseits läßt sich aber aus der Tagebuchäußerung Musils von 1920, "einen Menschen ganz aus Zitaten zusammensetzen" zu wollen [T:I,356;I,443], ein vollkommen gegenläufiges Programm herauslesen.

Diese beiden unverträglichen Konzeptionen von Literaturproduktion, so die im folgenden an Beispielen zu belegende These, werden im MoE zu einer Art "epischer Montage" verschmolzen, die ihre eigenen Voraussetzungen permanent fragwürdig macht, eine Konstellation, zu deren Beschreibung die Musil durch Hornbostel bekannte Struktur der 'Kippfigur' zitiert werden kann.[46]

---

43 Daß dieses Verfahren von Döblins Berlin Alexanderplatz im Kapitel III.33 des MoE einem Kommentar unterzogen wird, soll das Clarisse-Kapitel der vorliegenden Arbeit zeigen.

44 Schütz 1977: S. 188: "[In bezug auf den MoE] aber ist wichtig: [... Das] In-Frage-Stellen von Realität und Wahrnehmung wird nicht durch spezifisch moderne Erzählverfahren geleistet (so wie bei Döblin durch Textmontage und 'Bewußtseinsstrom' die Eigenart großstädtisch-moderner Erfahrung getroffen werden soll). [...] Er beansprucht die (durchaus konventionelle) Instanz des auktorialen, des ironischen Erzählers [Kursivierung im Original]". Etwas einschränkender: ebenda: S. 185.

45 Vgl. Schütz 1977: S. 188.

46 Hornbostels Arbeit "Über optische Inversion" wird im MoE explizit angesprochen [III,688], Heydebrand 1963: S. 266-70, die diesen Zusammenhang als erste entdeckte, legt in ihrer Interpretation großes Gewicht auf den durch die Inversionsversuche nicht ausreichend zu begründenden philosophischen "Zusatz" Hornbostels. Im Hauptteil der Arbeit des mit Musil befreundeten

Musils oben angeführten Tagebuchaufzeichnung zur Zitatmontage am Korpus des MoE zu bestätigen, ist in der Literaturwissenschaft spätestens seit den siebziger Jahren Gegenstand verschärften Forscherehrgeizes geworden. Auch wenn schon seit längerem feststand, daß einzelne Romanfiguren real existierende Vorbilder gehabt haben (Paradebeispiel: Arnheim-Rathenau), wird die systematische Suche nach Vorbildern erst mit der Erschließung von Tagebüchern und Nachlaß durch A. Frisé möglich. Mit dieser Voraussetzung entsteht eine außerordentlich nützliche Gattung von Sekundärliteratur, die oftmals (mehr oder weniger ungewollt) die positivistische Grundtendenz aufweist, Texte in vorgängiger Realität (interessanterweise meist Textrealität) zu erschöpfen.[47]

Wahrnehmungspsychologen geht es dagegen ausschließlich um optische Phänomene wie das "Umspringen" eines dreidimensional und transparent gezeichneten Würfels. Laut Hornbostel ist dabei das invertierte 'Ding' als ebenso wirklich und gegenständlich wie das nichtinvertierte anzusehen: "Man weiß unter Umständen nicht, ob man im Augenblick die N-[ichtinvertierte] oder die I[nvertierte]-Ansicht vor sich hat [...]." "Die Inversionen sind weder 'Täuschungen, denen wir unterliegen, noch 'Vorstellungen', die wir uns 'machen', sondern Dinger, die wir, unter bestimmten Bedingungen, wahrnehmen [Kursivierung im Original]." Am Beispiel der oben beschriebenen Würfelfigur ist die Struktur der Bewegung nahezu dekonstruktiv: "Bei der Würfelfigur hat es keinen Sinn, ein 'N-' und eine 'I'-Ansicht zu unterscheiden. Denn keine ist vor der anderen durch Perspektive, Abschattierung, Überschneidungen, Querdisparation, Tast- oder Bewegungseindruck als 'natürlich' ausgezeichnet. Dennoch wird die eine in die andere invertiert, springt mit einem Ruck um [...]." Vgl. Hornbostel 1922: S. 138, 143, 151/2. In der hier hergestellten Relation zwischen umspringender Bewegung und Erzählerposition eines ästhetischen Textes sollte der über Hornbostels Ausführungen hinausgehende Hinweis nicht fehlen, daß die im eigentlichen Wortsinne verkehrende Bewegung letztlich eine Frage der Darstellung ist. Die in Frage kommende Würfelfigur ließe sich im deutlichen Gegensatz zum Gegenstand der Dichtung auch mittels eines anderen Verfahrens definieren, z. B. anhand einer Liste aller wichtigen Punkte, erstellt durch Angabe der jeweiligen Position auf der x- bzw y-Achse. Eine derartige Darstellung würde, obwohl mathematisch korrekt, die Bewegung des Umspringens allerdings vollständig unterschlagen.

47 Zur Spitze dieser Richtung gehört insbesondere Carl Corino (1988), dessen detektivische Spürarbeiten Musils eigene Arbeit in ihrer epischen Breite mittlerweile einzuholen scheinen. Weitere Autoren nicht zu unterschätzender 'Nachschlagequalität' sind Götz Müller (1972), Stefan Howald (1984)

Von besonderem Interesse im Zusammenhang der vorliegenden Arbeit ist dabei das von der genannten Forschung ausgiebig bearbeitete Kapitel II.105: "Hohe Liebende haben nichts zu lachen".

Renate von Heydebrand, Götz Müller, Helmuth Arntzen und Stefan Howald haben insbesondere an einer Passage dieses Kapitels klargemacht, daß sich der dort stattfindende Dialog Arnheims und Diotimas aus Maeterlincks "Der Schatz der Armen"[48] speist. Der Begriff "montierter Dialog" für die folgende Passage taucht bei G. Müller das erste Mal explizit auf:[49]

> [Diotima] streckte dem Freund die Hand entgegen und bat "Lassen sie uns schweigen! Das Wort vermag Großes, aber es gibt Größeres! Die wahre Wahrheit zwischen zwei Menschen kann nicht ausgesprochen werden. Sobald wir sprechen, schließen sich die Türen; das Wort dient mehr den unwirklichen Mitteilungen, man spricht in den Stunden, wo man nicht lebt..." Arnheim pflichtete bei: "Sie haben recht, das selbstbewußte Wort gibt den unsichtbaren Bewegungen unseres Innern eine unwillkürliche und arme Form!" "Sprechen sie nicht!" wiederholte Diotima und legte die Hand auf seinen Arm. "Ich habe das Gefühl, daß wir einander einen Augenblick des Lebens schenken, indem wir schweigen." Nach einer Weile zog sie die Hand wieder zurück und seufzte: "Es gibt Minuten, in denen alle verborgenen Edelsteine der Seele offen liegen!" "Es wird vielleicht eine Zeit kommen," ergänzte Arnheim "und es sind viele Anzeichen vorhanden, daß sie schon nahe ist, wo die Seelen sich ohne Vermittlung der Sinne erblicken werden. Die Seelen vereinen sich, wenn sich die Lippen trennen!" [II,503/4]

Das ironische Potential dieser Maeterlinckmontage ist dank der oben genannten Autoren inzwischen Forschungstopos. Insbesondere die Schlußsätze des Kapitels machen ironische Implikationen deutlich, wenn Arnheim, der die 'schwindelnde' Diotima immer wieder "mit großen Sätzen auffängt" [II,504], die "wahre Wahrheit" noch einmal *ausspricht*:

---

und (eingestandenermaßen) der MoE-Kommentar von Helmuth Arntzen 1982.

48 Maeterlinck 1898.

49 Müller 1972: S. 12, Anm. 1.

"Sie haben es schon vorhin gesagt. Die wahre Wahrheit zwischen zwei Menschen kann nicht ausgesprochen werden" [II,505].[50]

Dem Nachweis einer versteckten Montagetechnik steht ein naheliegender Einwand entgegen: Wer Tagebuch und Nachlaß nicht kennt, bemerkt sie nicht. Epische Montage würde demnach ihren Montagecharakter bewußt verbergen, und nur fanatische Bildungsbürger würden das prinzipielle Zitat erkennen können. Diesem Einwand wäre auch durchaus zuzustimmen, wenn der Erzähler den Leser nicht einhundert Seiten zuvor gewarnt hätte:

Arnheim besaß ein vortreffliches Gedächtnis und konnte seitenlang auswendig zitieren [II,405].[51]

Und wenn im MoE Arnheims Maeterlinckzitation[52] nicht ausdrücklich vermerkt worden wäre.[53] Im Kapitel III.16 findet zwischen "Diotimas diplomatischem Gatten" [III,802] und Ulrich folgende Unterhaltung statt:

---

50 Was in einer Welt ohne Sprache bleibt ist für Arnheim klar: Geld als universelle Verkehrsform. Diese Idee wird im anschließenden MoE-Kapitel [II.106] präziser ausgeführt.

51 Etwas verwickelter der Hinweis auf den "Schatz der Armen" bei Diotima: In der "ältesten Tochter eines Mittelschullehrers, der kein Vermögen besaß", "belebt sich nach dem Aufstieg ihres Mannes", "im Verkehr" ihres Salons "zu ihrem eigenen Erstaunen ein Schatz von Erinnerungen, den sie sich angeblich im kulturvollen Elternhaus und in den Zentren der Welt in Wahrheit wohl auf der höheren Töchterschule als vorzügliches Lernkind angeeignet hat", und sie fängt an, "ihn vorsichtig zu verwerten". [...] "Sie handelte nun arglos wie ein feuchtes Schwämmchen, welches das wieder von sich gibt, was sie ohne besondere Verwendung aufgespeichert hat, indem sie, sobald sie wahrnahm, daß man ihre geistigen Vorzüge bemerkte, mit großer Freude kleine "hochgeistige" Ideen an passenden Plätzen in ihre Unterhaltung einflocht." [...] "Jetzt [...] begann Diotima auch ernstlich, sich selbst zu entdecken". [I,97/8]

52 Über den Umstand hinaus, daß das komplette Kapitel II.105 von Arnheim rückerinnert wird.

53 Vgl. Kaiser 1972: S. 137.

> "Aber können sie sich etwas Sinnvolles vorstellen, wenn jemand beispielsweise sagt, daß Anzeichen für das Heraufkommen einer Zeit vorhanden sein sollen, wo sich unsere Seelen quasi ohne Vermittlung der Sinne erblicken werden? [...] [W]enn sie nicht gut sind [...] soll man es heute, da das bereits eine Zeit der erwachenden Seele ist, viel deutlicher spüren als in früheren Jahrhunderten! Glauben Sie das? [...] [M]eine Frau verlangt von mir das ernsthafte Verständnis solcher Sätze [...]. So habe ich mich in meiner Not erinnert, daß sie doch auch so ein Schriftgelehrter sind -" "Die beiden Behauptungen sind von Maeterlinck, wenn ich mich nicht irre." half Ulrich. [III,803/4]

Ulrich irrt nicht. Und als Tuzzi hören muß, daß die Sätze von der Entwertung der Sätze auch Sätze von Maeterlinck sein könnten, erweist sich sein Identitätsbegriff als imaginär:

> "Ich habe mir eingebildet, daß das von Arnheim ist." [Ulrich:] "Arnheim hat viel von ihm angenommen, und er viel von anderen, beide sind sie begabte Eklektiker." "So? Also dann sind das alte Sachen? Aber dann erklären Sie mir, um Himmelswillen, wie man so etwas heute drucken lassen darf!?" [III,804]

Die Frage drängt sich auf. Die Antwort ungleich weniger: in Form ausgewiesener Zitatmontage.

Darauf, daß ein derartiges Verfahren sich seiner Befremdlichkeit bewußt ist, wird im MoE ebenfalls explizit hingewiesen, und zwar anhand der verrückten, weil auch montierten Clarisse.[54] Daß der erschreckende Effekt des Unvermittelten Resultat von Montage sein kann, legen Erzähler und Protagonist dem Leser persönlich nahe:

> "Sie hat dann manchmal etwas so unvermittelt Konventionelles," dachte er "wie wenn in ein Buch versehentlich eine Seite aus einem anderen eingebunden ist." Sie hatte ihm ihren Satz nicht etwa mit dem üblichen Aus-

54 Daß die insbesondere aus Nietzschezitaten montierte Clarisse in Verbindung mit den Schriften Nietzsches zu bringen ist, wird dem Betrachter durch Ulrich nahegelegt, der Clarisse mit den Schriften Nietzsches in Verbindung gebracht hat [I,49]: Er hat sie ihr zum Hochzeitstag geschenkt.

druck zugerufen, sondern von der Seite, über die Schulter weg, und das verstärkte diese Wirkung, daß man nicht einen falschen Ton zu hören glaubte, sondern einen verwechselten Text, und den nicht ganz geheuren Eindruck empfing, sie selbst bestehe aus mehreren solchen Textlagen. [II,656/7]

Gegen die ständige Wiederholung jener Passagen von der Wirklichkeit, die allseits unerzählerisch geworden ist [II,650], soll an dieser Stelle zunächst die grundlegende 'Struktur der Kippfigur' festgehalten werden:

Ein konventioneller[55] Erzähler erzählt 'epische Montage'.

Dies wäre aber eine Struktur, der man mit vollem Recht den Vorwurf einer schlechten Wirklichkeitskopie machen könnte, wenn der Erzähler sich nicht selbst desavouieren würde: Der olympische Gestus im MoE wird konsequent gegen sich selbst gekehrt.

Daraus ergibt sich aber auch, daß der gängige Forschungszugriff aufs Eingangskapitel problematisch wird, demzufolge sich in der Eingangssequenz genaue wissenschaftliche und unexakte erzählerische Methode gegenüberstehen. Alle Versuche, die Meteorologie als Paradigma avancierter Forschungsmethode auszuweisen, scheitern am Einspruch derselben Instanz, die ein Hochdruckgebiet "Neigungen" haben läßt und gezeichneten Linien[56] in Form von "Schuldigkeit" einen Einfluß auf die Wetterlage einräumt. Von daher könnte die umgekehrte Einschätzung viel genauer sein:

Man schrieb März. Aber die Meteorologie ist nicht immer verläßlich, manchmal macht sie einen Juniabend früher oder später: dachte Clarisse, während ihr das Dunkel vor dem Fenster wie eine Sommernacht vorkam. [III,785]

---

55 Trotz der Verwendung von Rückblenden (z.B bei der Testamentfälschungsszene III.15) ist der Gestus des MoE-Erzählers immer noch ein allwissender. Nur, und das ist das Entscheidende, kehrt sich Allwissenheit hier gegen sich selbst.

56 Isotheren entstehen durch ein graphisches Verfahren, bei dem verschiedene Punkte gleicher Temperatur auf einer Karte miteinander verbunden werden.

Der Erzähler des MoE relativiert sich bis zum Verschwinden, macht seinen Status bisweilen geradezu lächerlich: Den Autoren fällt nichts Neues ein, sie schreiben voneinander ab [II,360]. Dichter lassen aus, was ihnen nicht paßt [II,573]. Da das Bewußtsein in das "Wimmelnde und Leuchtende der Welt" keine "Ordnung" zu bringen "vermag", tritt das "Selbstbewußtsein wie ein Regisseur" hinein und "macht eine künstliche Einheit des Glücks" daraus [II,645]. Und während Ulrich noch räsoniert, daß in der Weltgeschichte ein gewisses Sich-Verlaufen liege, verläuft er sich 'wirklich' [II,361].

Diese Passagen desavouieren rigoros geläufige Trennungen, wie die zwischen schlechter Kopie und originärer Idee, bzw. zwischen Wahrheit und Gemeinplatz. *Für die* hier vorzunehmende *Lektüre* des MoE *heißt dies, daß* mit dem Fall der Kategorie Eindeutigkeit aus der Textgestalt des Romanes *nurmehr wissenschaftliche Wahrscheinlichkeit extrapoliert werden kann.* Ein Wahrheitsabsolutismus jedwelcher Art scheidet damit von vornherein aus.

Selbst die einzige Gattungsbezeichnung, die sich der MoE expressis verbis gibt, ist alles andere als eine der Kunst, sie ist vielmehr journalistisch und zugleich mit der deutlichen Aufforderung verbunden, das Buch doch endlich aus der Hand zu legen:

> Aber wer das, was zwischen diesen Geschwistern [Ulrich und Agathe] vorging, nicht schon an Spuren erkannt hat, lege den Bericht fort,[57] denn es wird darin ein Abenteuer beschrieben, das er nie wird billigen können: eine Reise an den Rand des Möglichen, die an den Gefahren des Unmöglichen und Unnatürlichen, ja des Abstoßenden vorbei, und vielleicht nicht immer vorbei führte; ein "Grenzfall", wie das Ulrich später nannte [III,761].

---

57 Wer aber bereits erkannt hat, was zwischen den Geschwistern vorgeht, der kann das Buch ebensogut weglegen, da er letztlich schon weiß, was drinstehen wird. Angesichts eines solchen Musil-Satzes dürfte es für jeden Literaturwissenschaftler ein wenig unangenehm sein, sich als Spurensucher am MoE zu versuchen.

Ulrich jedenfalls kann unter den genannten Umständen nicht Dichter werden[58] [I,153] und wenn der Erzähler davon berichtet, daß die Verbindung von Eindeutigkeit und Leidenschaft (*das* Programm älterer Musilforschung), *unmöglich* [II,593] ist, dann gilt auch für (den MoE als) Ulrichs Leben,

> daß sein Leben, wenn es überhaupt Sinn besaß, keinen anderen hatte als diesen, daß sich die beiden Grundsphären der Menschlichkeit darin selbst zerlegt zeigten und einander in ihrer Wirkung entgegenstanden. [...] Er gab sich keiner Täuschung über den Wert seiner Gedankenexperimente hin; wohl mochten sie niemals ohne Folgerichtigkeit Gedanke an Gedanke fügen, aber es geschah doch so, als würde Leiter auf Leiter gestellt, und die Spitze schwankte schließlich in einer Höhe, die weit entfernt vom natürlichen Leben war. Er empfand tiefe Abneigung dagegen.[59] [II,594]

---

58 Daß es auch andere 'Umstände' gibt, die ihn daran hindern, dürfte geläufig sein. Einen interessanten Beitrag zu diesem Thema liefert Ulf Eisele (1979).

59 Die Leitermetaphorik erinnert an den Satz 6.54 in Ludwig Wittgensteins Tractatus logicus Philosophicus. Die Formulierung lautet im 'Original': "Meine Sätze erläutern dadurch, daß sie der, der mich versteht, am Ende als unsinnig erkennt, wenn er durch sie - auf ihnen - über sie hinausgesteigen ist. (Er muß sozusagen die Leiter wegwerfen, nachdem er auf ihr hinaufgestiegen ist.) Er muß diese Sätze überwinden, dann sieht er die Welt richtig." Diese Sätze zielen deutlich auf ein Verstehen Wittgensteins durch den Leser, nicht aber seiner 'unsinnigen' Sätze. Dieses 'Verstehen des Autors' muß letztlich immer Annahme bleiben, sprachlich jedenfalls ist es nicht zu verifizieren. Wittgenstein selbst warf seine (Leiter)Sätze nicht bloß weg, sondern unternahm mit den Philosophischen Untersuchungen (PU) den Versuch einer kritischen Revision. Der Paragraph 133 der PU trifft, auf den MoE angewendet, eine erstaunliche Feststellung: "Wir wollen nicht das Regelsystem für die Verwendung unserer Worte in unerhörter Weise verfeinern oder vervollständigen. Denn die Klarheit, die wir anstreben, ist allerdings eine vollkommene [im Original kursiv]. Aber das heißt nur, daß die philosophischen Probleme vollkommen [im Original kursiv] verschwinden sollen. Die eigentliche Entdeckung ist die, die mich fähig macht, das Philosophieren abzubrechen, wann ich will.- Die die Philosophie zur Ruhe bringt, so daß sie nicht mehr von Fragen gepeitscht wird, die sie selbst [im Original kursiv] in Frage stellen." Daß Wittgenstein eine derartige Entdeckung tatsächlich gemacht hat, kann mit Blick auf den erheblichen Umfang der PU selbstredend und zu Recht bezweifelt werden.

Tiefe Abneigung gegen das "Leben" des Protagonisten könnte, aufgrund der beharrlichen[60] Wiederholung von Teilerlebnissen des "anderen Zustandes", vielleicht auch der Leser empfinden, wenn sich der MoE nicht einer gewalttätigen Geste mit Macht enthalten würde. Einer Geste, die als Setzung jede grenzüberschreitende Bewegung formal einschränken würde und die Vielschichtigkeit des Romans leicht zum einfachen Rezept richtigen Lebens verkommen lassen könnte. Der Roman setzt keinen offiziellen Schluß. Mit gutem Grund, denn mit dem Verschwinden der Eindeutigkeit bleibt bei gleichzeitigem Ordnungswillen letztlich nur eine Möglichkeit: Musil stellt Leiter auf Leiter. Die Tatsache, daß Musil in einem Zusammenhang, in dem das eindeutige Originalwerk problematisch wird, das durch Ludwig Wittgenstein bekannt gewordene Leiterbild zitiert, birgt aber noch eine weitere Pointe. Das Motiv der aufeinandergestellten Leitern ist entgegen landläufiger Einschätzung keine eigenständige Leistung Wittgensteins. Es findet sich z. B. ebenfalls in der Philosophie Fritz Mauthners.[61] Die skeptizistische Sprachkritik Mauthners mündet allerdings in eine Art Selbstmord der Sprache, in eine Erlösung durch Schweigen.[62] Dieses Schweigen, daran lassen Janik/Toulmin in ihrer Untersuchung der fin-des-siècle-Phiposophie[63] keinerlei Zweifel, ist für Mauthner gleichbedeutend mit dem "heiligen Schweigen" Maurice Maeterlincks.[64] Gegen diese religiös abgefederte Resignation sprachlich hervorgebrachter Sprachverneinung redet der MoE ebenso selbstimplikativ wie kontinuierlich an, gewissermaßen gegen die Abneigungen seines eigenen Protagoni-

60 Wenn auch, wie gezeigt, stets zurückgenommenen.

61 Mauthner 1906: Bd. I, S. 1f.

62 Vgl. Mauthner 1906a: S. 120: "Das wäre freilich die erlösende Tat, wenn Kritik geübt werden könnte mit dem ruhig verzweifelten Freitod des Senkens oder Sprechens, wenn Kritik nicht geübt werden müßte mit scheinlebigen Worten."

63 Janik/Toulmin 1987: S. 41-226.

64 Vgl. Janik/Toulmin 1987: S. 180 und Mauthner 1982: Bd. I, S. 118: "Sobald wir uns aber wirklich etwas zu sagen haben, sind wir gezwungen zu schweigen." Zur MoE-Variation dieses Maeterlinkzitats durch Arnheim und Diotima siehe oben.

sten.[65] Ein 'sinnvolles' Ende kann es unter den oben beschriebenen Umständen nicht geben. Auch und gerade geschriebene Geschehnisse "schleichen sich [Leser und Autor] davon", paradoxerweise umso mehr, je genauer sie beschrieben werden. Ein *Ende des unvollständigen* MoE wäre aber ein gar zu brutales, denn:

> [...o]b man bei einer Rauferei mit dem Messer den Schlußpunkt setzt oder am Ende eines Musikstücks alle zehn Finger ein paarmal gleichzeitig in die Tasten schlägt, oder ob der Tänzer sich vor seiner Dame verbeugt, oder ob man eine Resolution beschließt: es wäre eine unheimliche Welt, wenn die Geschehnisse sich einfach davonschlichen und nicht am Ende noch einmal gehörig versichern würden, daß sie geschehen seien, und darum tut man es. [I,182]

---

65 In dem hier dargestellten Zusammenhang von "Leiterbild" und Textende sollte nicht unerwähnt bleiben, daß auch Friedrich Nietzsche das Leiterbild in analoger Relation verwendet. Unter § 7 der Vorrede zu "Menschliches Allzumenschliches" beschreibt er die Schwierigkeiten und Anstrengungen, derer es bedürfe, um zum Niveau der Problemstellung seiner Philosophie zu gelangen. Retrospektiv könne man mit Blick auf die Genese dieser Problemstellung sagen: "Hier - ein n e u e s Problem! Hier eine lange Leiter, auf deren Sprossen wir selbst gesessen und gestiegen sind, - die wir selbst irgendwann g e w e s e n sind!" Nietzsche, der über seine Einschätzung, die Spitze der Leiter erreicht zu haben, im übrigen keinen Zweifel läßt, stellt zum Abschluß seiner Vorrede in § 8 die signifikante Frage, warum sein Buch in Deutschland so nachlässig gelesen, bzw. so schlecht gehört worden sei. Es verlange zuviel, hätte gemeinhin die Antwort auf diese Frage gelautet. Doch auch auf diese Erwiderung weiß Nietzsche eine ironisch gekonnte Replik: "Nach einer so artigen Antwort rät mir meine Philosophie, zu schweigen und nicht mehr weiter zu fragen; zumal man in gewissen Fällen, wie das Sprichwort andeutet, nur dadurch Philosoph b l e i b t, daß man - schweigt." Vgl. Nietzsche 1980: Bd. II, S. 21/2.

"*Kaufleute*: [Kursivierung im Original] Auch Robert Müller bestätigt aus seinen Erfahrungen, wie dumm sie sind. Sie brauchen Wochen um ein Projekt zu erfassen und dann stellen sie Fragen wie die Idioten. [TB I,409]

Man müßte eigentlich Falschmünzer [...] werden. [V,1933]

2. Versprechen des Geldes

2.1 Ohne Geld

Ohne Geld kann man nicht mitspielen bei dem Ernst, der Gesellschaft heißt. Wer es nicht besitzt, wird ausgeschlossen, in jeder Hinsicht. Er kann sich nicht ernähren, erwirbt keinen Namen, darf sich offiziell weder paaren noch vermehren und kann obendrein nicht am Vergnügen teilhaben, Bücher zu lesen.[1] Am Geld wer-

1 H. Kurnitzky hat in Anlehnung an die Traumdeutung Sigmund Freuds nachgewiesen, daß Geld im Zusammenhang mit Inzesttabu und Exogamiegebot aus ritueller Opferpraxis entsteht. Gewissermaßen archaisch wird auf diese Weise Gesellschaft zusammengehalten. Das Opfer, das durch das Verbot des Inzests erbracht werden muß, findet seinen materiellen Ausdruck geschichtlich zuerst im Menschen und später im Tieropfer sowie letztlich im Geld. Erstes weit verbreitetes Geld ist die sogenannte Kaurimuschel, welche durch ihre Form noch auf den beschriebenen Verdrängungszusammenhang hinweist. (Vgl. Kurnitzky 1974). Umstritten an dieser Deutung ist der Grad ihrer kulturellen Bedingtheit: "Die Inzestwünsche erscheinen bei George Bataille bereits als Ausdruck erotischer Vorstellungen infolge des Inzestverbotes. Der Konflikt wird nicht wie bei Freud im Übergang vom Tier zum Menschen als Konflikt zwischen einer Triebnatur und ihrer gesellschaftlichen Bändigung erkannt, sondern als Konflikt zwischen zwei Aspekten des bereits gesellschaftlich lebenden Menschen. [Ähnliches kann auch für Claude Lévi-Strauss 1981: S. 106 gesagt werden, das Inzestverbot wird dort nur deshalb eingeführt, um einen allgegenwärtigen Austausch strukturieren

den Individuen gemessen; wer viel verdient, genießt entsprechende Reputation, Selbstverdiener "stehen ihren Mann" und gelten als erwachsen, teure Dinge als qualitativ hochwertiger. Die Angemessenheit des Maßstabs steht dabei gemeinhin außerhalb der Diskussion. Es sei denn, man wäre weitgehend mittellos.

So wie ein österreichischer Dichter, der das alles nur zu genau gewußt, andererseits aber auch mit wechselndem Erfolg verdrängt hat. Einige Jahre vor seinem Tod schreibt er rückblickend:

> Nochmals über Geld: Ich hatte als Junge und Jüngling ganz naiv die Meinung, daß Geld ein Familieneigentum sei, von den Eltern also zwar genossen werden dürfe, aber doch so verwaltet werden müsse, daß es mir dereinst ungeschmälert, wenn nicht schon vermehrt zukomme. Ich stellte also auch meine Ansprüche daran, und daß ich bis zum 30sten Jahr nur meiner Ausbildung lebte, erschien mir ganz natürlich. Ich bin kein angenehmer Sohn gewesen [TB I,922].

Am Anspruch des Selbstverdienens[2] gemessen war Robert Musil wohl auch nach dem 30sten Jahr nie erwachsen;[3] noch aus den letzten Seiten seines Tagebuches spricht neidische Anerkennung für Menschen, die in der Lage sind, "sich klug durchs Leben zu schlagen, ohne von Fremden Geld nehmen zu müssen" [TB I,1020] bzw. "keine aktuellen Geldsorgen zu haben" scheinen [TB I,1024].

---

zu können] [...] Welchen Standpunkt man auch einnimmt: der Zusammenhang zwischen Inzestverbot und gesellschaftlicher Reproduktion ist ebenso unbestreitbar wie der zwischen Opferritual und Libido." (Harten 1978: S. 66)

2 Nach Kurnitzkys Modell ist Geld sowohl Ausdruck des Verzichtes als auch Ersatz für den geleisteten Verzicht auf Erfüllung des Inzestwunsches. Es ist Beginn der Ökonomie des Befriedigungsersatzes (Kurnitzky 1978). Die Menge des erworbenen Geldes stellt somit eine Bestätigung des Verbotes dar: Wer Geld verdient, akzeptiert notgedrungen die Basisregel .

3 Karl Corino schreibt, gewissermaßen bilanzierend: "Die letzten vier Lebensjahre in Zürich und Genf standen unter demselben Unstern wie die Jahre vor dem Exil: Musil blieb Almosenempfänger, und die Möglichkeiten, sich selbst zu helfen, waren eher noch geringer als zuvor. (Corino 1987: S. 442).

Obwohl zeitlebens nie in der Gefahr zu verhungern,[4] sah er in seinem beinahe chronischen Geldmangel eine fortwährende Bedrohung für Körper und Geist,[5] insbesondere für die Produktion seines Romanwerkes.[6] Mißgünstig gegen besser Verdienende,[7] Zeit seines Lebens auf ein schleppendes Spenden- und Mäzenaten-

4 Corino 1987: S. 444.

5 Eines der bedrückendsten Dokumente in dieser Hinsicht ist wohl der kurze Text "Ich kann nicht weiter" [VII,958]. Ebenfalls zu nennen sind die Entwürfe "Vermächtnis IIII", die Musil 1932 für das Vorwort eines aus Geldmangel heraus entworfenen "Nachlass zu Lebzeiten" konzipierte [VII,958].

6 In einem Brief an Franz Blei vom 23.5.1930 berichtet Musil, daß er bei der Korrektur der Druckfahnen für den ersten Band des MoE "Probleme mit der rechten Gestalt" habe, was natürlich mit den Nerven zusammenhinge. Als aber die Nachricht gekommen sei, daß er Geld von der Gerhard-Hauptmann-Stiftung erhalten solle, habe er zum erstenmal seit langem wieder drei Nächte durchschlafen können. Nun fürchte er allerdings wieder, "über irgendwelche Scheußlichkeiten des Textes zu stolpern, was natürlich Blödsinn des Leibes" sei [B I,466]. Nach dem Wechsel von Rowohlt zu Bermann-Fischer hat sich an dieser grundlegenden Konstellation von Geld, Körper und Schreibproblem nichts geändert. Musil schreibt an Arthur Rosin: "Außer Geldmangel Höhe-verbot schon über 700 Meter, Sonne-verbot, Bade-verbot, große Müdigkeit, und als einziges Positivum die Notwendigkeit zu arbeiten, weil ich im Herbst ein Teilbanderl [des MoE] abliefern soll" [B I,776]. Ähnlich äußert sich Musils Schwiegersohn Otto Rosenthal: "Der langsame Fortschritt mit dem MoE hat sicherlich psychologische Gründe. Aber man sollte nicht die reellen unterschätzen: den ewigen Kampf ums Geld und das Gallenleiden." [TB II,633].

7 Als Beispiel sei hier Thomas Mann genannt, der, von Musil insgeheim geschmäht und öffentlich als Großschriftsteller karikiert, sich mehrmals für Robert Musil einsetzte und ihn 1938 durch eine Schenkung einer größeren Summe sogar zu einem reuigen Dankesbrief zwang. Allgemein dürften folgende Äußerungen Musils typisch sein: "Überall, wo Geld verdient wird, sind schnelle, anpassungsfähige, freundliche [im Original kursiv] Menschen mit biegsamer leicht entzündbarer Einbildungskraft im Vorteil. Ein durchschnittlicher Journalist verdient das 3-8fache eines guten Schriftstellers." [TB II,839] und das vollständige Kapitelmotto: "Kaufleute: Auch Robert Müller bestätigt aus seinen Erfahrungen, wie dumm sie sind. Sie brauchen Wochen um ein Projekt zu erfassen und dann stellen sie Fragen wie die Idioten. Haftschwielen der Begehrlichkeit am Gelde ist das einzige, was sie haben." [TB I,409]

tum angewiesen,[8] mußte der formvollendete Musil quälend peinliche Bittstellerbriefe schreiben, Korrespondenzen, denen die narzißtische Kränkung auch ohne besonderes Interpretationsgeschick deutlich anzumerken ist.[9]

Wenn es für einen derart bedürftigen Dichter einen Ausweg aus diesem Dilemma gibt, dann nur die Einsicht in die Unangemessenheit des allgemeinen Maßstabes, den existentiellen Kunstgriff, die Qualität schriftstellerischer Produktion, von der Höhe der ihr zufallenden Entlohnung so weit als möglich zu entkoppeln.

Das funktionierte bei Musil nicht ohne Reibungen: Von Ernst Rowohlt, dem ersten Verleger (1930-1937) des Musilschen Romanwerkes, wissen wir, daß sich die Verhandlungen um den MoE mitunter skurril lebensbedrohlich gestalteten.[10]

---

8 Musil lebte ab ca. 1924 von den Vorschüssen Ernst Rowohlts. 1930 war der Druck des MoE nur unter Gründung einer Auffanggesellschaft möglich, in der Gönner Musils wie der Verleger Feilchenfeldt die Druckkosten übernahmen. Die Preußische Akademie der Künste, deren Karikatur Musil 1928/29 unter dem Titel "Die Akademie von Dünkelshausen" zu veröffentlichen beabsichtigte [TB I,677 ff.], gewährte ihm 1933 auf Betreiben Thomas Manns eine Summe von 1000 Mark. Während seines Aufenthalts in Berlin existierte eine private Musil-Gesellschaft, die insgesamt ca. 8000 Mark aufbrachte, 1933 wurde nach seiner Rückkehr nach Österreich ein Wiener Musil-Fonds gegründet. Der Verlagswechsel zu Bermann-Fischer kam 1937 nur zustande, weil Erna Fürst 5000 Mark spendete und bei Rowohlt Buchbestände und Rechte kaufte. Aber auch danach blieb Musil abhängig von Aufwendungen institutionellen und privaten (Church, Langnese, Lejeune) Mäzenantentums. Vgl. Corino 1987.

9 Ein Musterbeispiel ist die Korrespondenz mit Prof. Rudolf Hunziker aus Winterthur, in der Musil seinen Forderungen hinsichtlich des für ihn ausgesprochen enttäuschend verlaufenden Vorlesungsabendes im Januar 1940 Nachdruck zu verschaffen suchte [TB II,1269-1281].

10 Hierzu Ernst Rowohlt: "Musil hatte, nachdem wir den Vertrag gemacht hatten, immer die Vorstellung, er müsse mir das ganze Manuskript persönlich vorlesen [...] Leider fand er nie den Anschluß. Musil war ein Mensch, der einen ungeheueren, sympathischen und suggestiven Eindruck machte. Er hatte sehr tiefliegende Augen und hat auf mich ungeheuer gewirkt. Ich war, so möchte ich beinahe sagen, wie Wachs in seiner Hand. Denn es ging ihm immer sehr schlecht, und er kam nie mit den zwischen uns ausgemachten Raten aus. Es war so, daß er 12 Monate lang monatlich soundsoviel Geld bekommen sollte und dafür aber soundsoviele Seiten Manuskript abzuliefern

Auf Zeitungsanfragen im Dezember 1930, welche die Preispolitik bei Büchern betrafen, reagierte Musil bezeichnenderweise ambivalent. Eine "grundsätzliche Befreiung geistiger und schöpferischer Tätigkeit von jeglicher Bewertung auf dem wirtschaftlichen Markt" hielt er zwar für wünschenswert, andererseits votierte er aber auch für gebührenden Preisabstand zwischen 'guten' und 'schlechten' Büchern.[11]

Die bedrückend reale Fragwürdigkeit des Geldwesens wurde für ihn und seine Zeitgenossen unterstrichen durch die historischen Erfahrungen der Inflation, der völligen Geldentwertung der Jahre 1923/24 und dem Zusammenbruch der Österreichischen Credit-Anstalt 1931, vor deren Hintergrund in der Wirtschaftswissenschaft monetäre Theoriebildungen Konjunktur bekamen, welche das Geldwesen als volkswirtschaftliches Instrument reklamierten. Gleichzeitig mit solcher Aktualisierung geldtheoretischen Nominalismus wurde die traditionelle Koppelung des Geldes an Fragen der Ethik und Macht[12] neu thematisiert. Als befremdlicher "Double-Bind" muß sich für die geplagten Zeitgenossen neben den täglich neu gedruckten Ziffern in Milliardenhöhe die Aufschrift ausgenommen haben, die im Falle einer Nichtdeckung der Scheine dem Erzeuger ein betrübliches Schicksal verkündete:

---

hatte. Das hat er aber nie geschafft. Dann erklärte er immer - und er war der einzige Mensch, der mir mit solchen Drohungen imponiert hat: "Ja wenn sie mir das Geld nicht geben, Herr Rowohlt, ich kann nicht weiterleben. Dann bleibt mir nichts anderes übrig, dann muß ich mich erschießen!" Ich habe ihm geglaubt, daß er es auch tun würde. Daher habe ich ihn immer wieder unterstützt." (Zit. n. Corino 1987: S 439/440)

11 Vgl.: "Der Kampf um das billige Buch", Umfrage der Zeitung "Der Wiener Tag" vom 25.12.1930 [IX,1723] sowie die Umfrage der sowjetischen Literaturzeitschrift "Nowy Mir" bei Schriftstellern in Westeuropa aus dem gleichen Jahr [IX,1729].

12 Siehe Anmerkung 1) und 2). Desweiteren spielen auch heute noch bei nahezu allen Überlegungen zum Thema Geld Erwägungen zur Gerechtigkeit in der Verteilung und zum Ausschluß von Betrügereien eine gewichtige Rolle. Vgl. Artikel "Geld", in: Historisches Wörterbuch der Philosophie.

> Wer Banknoten nachmacht oder verfälscht oder nachgemachte oder verfälschte sich verschafft und in Verkehr bringt, wird mit Zuchthaus nicht unter zwei Jahren bestraft.[13]

Notwendig, da realitätsbeherrschend, als allgemeiner Maßstab aber quälend ungerecht - diese Erfahrung mit der Verkehrsform Geld ist im MoE von Robert Musil zu einer genaueren Untersuchung sublimiert worden. Durchgeführt wird sie vorwiegend an der Figur des Industriellen und Großschriftstellers Arnheim,[14] die einem Romanzitat zufolge sowohl "Kohlenpreis und Seele" vereint, als auch "Geist und Reichtum" miteinander verbindet [I,281]. Mit dieser Charakterisierung ist Arnheim intendiertes Gegenbild zu der Figur, die dem Roman seinen Namen gibt, zu Ulrich, dem Mann ohne Eigenschaften, den eine eher diffuse Vorstellung vom Geldwesen auszeichnet [II,637]. Neben dem lebensnotwendigen Unterschied zwischen Haben und Nicht-Haben steht in der Konstellation des MoE vor allem ein Befund im Zentrum des Interesses: Die Verkehrung von Potenz und Impotenz.[15]

---

13 Der oben zitierte "double-bind" setzte neben der Vernichtung zahlreicher mitelständischer Existenzen auch allerlei ironische Effekte in Szene. Zur Zeit der Hyperinflation kursierten in Berlin und ganz Deutschland zahlreiche nachgemachte 'Banknoten', die den eingängigen Wortlaut der Strafandrohung dazu benutzten, den Erzeuger *echter* Geldscheine zu diskreditieren. Unter der fettgedruckten Aufschrift "Fünf Trillionen Mark" fanden sich Sätze wie "Der Schein hier, dessen Nachdruck nicht verboten ist, ist ehrlicher als alle" und "Wer heutzutage Reichsbanknoten für ehrliches Geld hält, aus dem Verkehr zieht und als Notgroschen zurücklegt, sollte mit Irrenhaus nicht unter zwei Jahren bestraft werden." [Gesehen im Deutschen Historischen Museum Berlin, Unter den Linden 2, anläßlich der Ausstellung "Die Ufa 1917/1945. Das deutsche Bilderimperium" vom 3.12.92-23.2.93] Zum mangelnden Einkommen Musils vgl. in diesem Zusammenhang die fiktive Gerichtszene im Märchen vom Schneider, geschrieben am 21. November 1923: "[I]ch verteidigte mich schamlos, aber der Richter kannte das schon, lächelte und fragte: 'Haben Sie Geld gemacht?' 'Nie!' rief ich froh aus, 'das ist doch verboten!'" [VII,628]

14 Für dessen Gestaltung die Großverdiener Walther Rathenau und Thomas Mann die Folie abgaben (Vgl. u. a. Corino 1988: S. 299, 369).

15 Das prekäre Spiel impotenter Potenz steckt im übrigen selbst noch im folgenden Nachlaßzitat: "Raff-, Genuß-, Machtsucht. Das befriedigt aber nicht. Darum die Illusionen der individuellen u[nd] totalen Größe, und die führen

2.2 Reich und unberührt

Obwohl von vielen als Mittel zum Zweck betrachtet, erweist sich nicht nur der Erwerb, sondern auch der Besitz von Geld als zwecksetzend. Geld fordert von seinem Besitzer "mit der Strenge eines Naturgesetzes" [II,420], es zu vermehren; es hingegen "für Menschen und Zwecke im Stillen auszugeben, läßt sich nur mit Meuchelmord am Geld vergleichen" [II,420]. Das hat Auswirkungen: Wer Geld besitzt, untersteht dessen Primat und hat sich den Forderungen der Geldlogik zu unterwerfen; wer kein Geld besitzt, erwirbt Freiheit, die Freiheit, im Handumdrehen zu sterben.[16]

Das Geld, so könnte man sagen, hat in der Neuzeit ein eigenes Inter-esse zwischen Wunsch und Befriedigung: Wer Wünsche erfüllen oder Geldmangel behe-

---

wieder auf etwas, das nicht stimmt. [...] Nicht einmal die Verbrecher arbeiten ohne Ideale. [...] Man kann das erkennen. Aber dann kann man nichts tun ... bis: die symbolisch richtige Übeltat wäre Banknotenfälschen." [V,1929]

16 Womit auch gleich der "Einwand aller Reichen" entkräftet werden soll, es sei besser, arm zu sein. Laut II,522 versichern diese, der Wert eines Menschen sei unabhängig von seinem Reichtum, tun dies aber nur, weil alle Geld von ihnen wollen, was logischerweise dessen Vermehrung zuwiderläuft. Die ärmsten Figuren im MoE sind der Frauenmörder Christian Moosbrugger [II,241] und die Prostituierte Hedwig [I,73]. Akzeptiert man einmal die These, daß das Geld Objekt einer Verschiebung ist, die sich einem domestizierenden Opferzusammenhang verdankt (vgl. Harten/Kurnitzky 1978), so ist verständlich, warum der geldlose Moosbrugger zumindest nach den Berichten der Journalisten Hedwig mit über 35 Messerstichen tötet, und zwar im Kassenhäuschen des örtlichen Sportplatzes [I,74]. In einer Gegenbewegung hierzu verzichtet Ulrich auf das Opfer des Körpers: Er drückt einer ähnlich aufdringlichen Prostituierten für ihr schauspielerisch unbeholfenes Angebot absoluter Erbötigkeit ohne Gegenleistung ein Stück Geld in die Hand [II,651/2]. Beide Handlungen sind Möglichkeiten, auf die Offerte einer sich prostituierenden Frau tauschend zu reagieren. Besonders Moosbruggers Maßverhältnis wirkt wie eine Replik auf Georg Simmels "Philosophie des Geldes". Dessen moralisierende Prostitutionsanalyse, mit ihrer Bestimmung der "unselbständigen" Frau als Wesen der Hingabe, hält das Geldäquivalent für das denkbar ungeeignetste. (Simmel 1977: S. 417)

ben will, muß damit rechnen, daß ihm die Bestimmung seiner selbst drastisch entzogen wird.

Noch bevor der Mann ohne Eigenschaften im Roman einen Namen erhält, bevor sich seine Herkunft erklärt oder sein beruflicher Werdegang erläutert findet, wird von der Geldnot berichtet, in die er geraten ist. Aus dem Bedürfnis "nach Häuslichkeit und eigener Ordnung" mietet er ein kleines Schlößchen am Rande der Stadt,[17] einen Sommersitz, der ein "auf das Steigen der Bodenpreise wartendes Grundstück" darstellt, das von niemanden bewohnt wird [I,13].

> Der Pachtzins war dementsprechend gering, aber unerwartet viel Geld hatte das Weitere gekostet, alles wieder in Stand setzen zu lassen und mit den Ansprüchen der Gegenwart zu verbinden; das war ein Abenteuer geworden, dessen Ausgang ihn *zwang*, sich an die Hilfe seines Vaters zu wenden, was ihm keineswegs angenehm war, denn er liebte seine Unabhängigkeit. [I,13/4]

Mit der Unabhängigkeit ist es spätestens von diesem Zeitpunkt an vorbei: Der "entsetzte alte Herr" [I,14f] beantwortet das Ansinnen des Sohnes [I,77f] mit dem Hinweis, daß das Vermögen, welches Ulrich und seine Schwester dereinst erwarten könnten zu erben, nicht groß genug sei, den Sohn auf Dauer zu finanzieren. Weshalb er "väterlich hoffe", die Aufwendungen, die er für Ulrichs Vorwärtskommen gemacht habe, dadurch belohnt zu finden, daß Ulrich "endlich gesellschaftliche Beziehungen von der Art anknüpfe, wie sie die Arbeit des Einzelnen in einen [finanziell] förderlichen Zusammenhang geraten lassen". In diesem Sinne hat der Vater bereits rigoros vorgearbeitet: Ulrich soll sich unverzüglich an den Grafen Stallburg wenden und dort seine[18] Bitte vortragen, im Komitee zur Vorbereitung der Feierlichkeiten zum 70jährigen Krönungsjubiläum des österrei-

17 Dieser in der Forschung bisher unbeachtete Befund unterstützt etwas unkonventionell eine These Gerhard Meisels, nach der Ulrich im Sinne Freudscher Selbstbestimmung von Anfang an nicht der "Herr im eigenen Hause" ist. (Meisel 1991: S. 131-36)

18 Die doppeldeutige Verwendung von "seine" enthält einen Verweis auf die Hin-richtung des Einzelinteresses innerhalb einer Geld- und Investitionsstrategie.

chischen Kaisers eine "seine Jugend ehrende, ihm zugedachte Stellung" antreten zu können [I,79].

Daß Ulrich dieser Aufforderung tatsächlich nachkommt, und was sich daraus entwickelt, ist der Inhalt der Geschichte, deren Erzählung Robert Musil über Tausenden von Seiten nahezu sein ganzes Leben verschreibt.

Gewissermaßen die Gegenprobe zur Geldlosigkeit und deren Folgen stellt die Figur des preußischen Industriellen Arnheim dar. Bereits dessen Name verweist auf eine gewaltige Ansammlung sicherer ökonomischer Potenzen.[19] Für den unermeßlich reichen Geschäftsmann und Apologeten kaufmännisch vermittelter Ganzheit ist Geld folgerichtig "die sicherste Methode zur Behandlung aller Beziehungen des zeitgenössischen Menschen" [I,389]. Wenn auch eine sehr empfindliche, da Geld - laut Arnheim - mit allem "auf das Zarteste" zusammenhänge, was vom Geld beherrscht werde [I,389]. Und das ist für den preußischen Großindustriellen alles: Alle Beziehungen seien "ebensogut wie in den Sprachen von Psychologie und Religion" auch in der von "Angebot und Nachfrage, Deckung und Eskompte" auszudrücken [II,432]. Man tue es mehrheitlich bisher nur deshalb nicht, weil die neue Sprache noch zu unsicher sei [II,432]. Arnheim hingegen tut es und genießt - die ungeheuere Produktion von Bildern und Erlebnissen, die dadurch entsteht. Freilich ohne zu bemerken, daß die Bilder nicht ganz zueinander stimmen [I,409]. Aufgrund dieser Blindheit formuliert Arnheim auch Vernunft und Moral in Übereinstimmung mit der Struktur des Geldes:[20] So wie wissenschaftliche Vernunft Vorgänge in kleine wiederholbare Teilstücke zerlege, aus denen sie die Dinge dann wieder neu zusammensetzt, so zerteile das Geld alles in "kleine Bauklötze der Kaufkraft" [I,507]. Ähnlich arbeitet Arnheim zufolge die Moral; auch hier sei es das fundamentale Prädikat der Wiederholbarkeit, welches einen funktionierenden Regelkodex vorrangig auszeichne [I,506]. Daß Geld eine Form von Gewalt darstellt, ist ihm hinreichend deutlich [I,508], aber er hält sie für ausreichend sublimiert, so daß für ihn "der Kapitalismus, als Rangordnung der

19 Vgl. Laermann 1970: S. 97, Anm. 24: "'Arnheim' ist ein redender Name. Im Berliner Dialekt hat das Wort die Bedeutung 'Geldschrank'. Es bezieht sich auf die 1833 gegründete Firma für Panzerschränke S. I. Arnheim."

20 Im Gegensatz zu Ulrich [I,153/54]

Kräfte, sich Geld zu verschaffen, die größte Ehrerbietung des Menschen an Gott darstellt, die sich denken läßt". Arnheims Fazit: "Ein genaueres Maß trägt menschliches Tun nicht in sich" [I,508]. Was zwar stimmen mag, aber fatale Konsequenzen nach sich zieht. Von der zukünftigen Führungsrolle der Kaufleute überzeugt und mit der Frage beschäftigt, wie die Macht des Geldes in der Beherrschung der Menschen richtig anzuwenden ist, gilt für den unermeßlich bemittelten Arnheim umgekehrt:

Im Besitz unendlicher Vermittlung ist der schwerreiche Nabob allein. *Seine unvorstellbare Potenz verkehrt sich ins Gegenteil.*

Weder im autorisierten MoE noch in irgendeinem Nachlaßtext hat Arnheim Geschlechtsverkehr. Der Text des MoE bestätigt diesen Befund nicht nur in negativer Form, er konstatiert explizit:

> Weder Arnheim noch Diotima hatten geliebt. [I,185]

Was für Diotima in seelischer Hinsicht zutrifft, gilt für den reichen Preußen auch körperlich:

> *So war er* durchtrieben von Lebenserfahrung, doch *unberührt* und in der Gefahr des Alleinbleibens, als ihm Diotima begegnete, die das Schicksal für ihn bestimmt hatte. [I,185]

Letztlich ist es auch sein Schicksal, ausgerechnet von Diotima, in ihrem Ärger über Arnheims Zaudern, die entlarvende Diagnose gestellt zu bekommen, ein sexueller Versager zu sein.[21] Aus dem Bericht von Ulrichs Freundin Bonadea

21 Ein entsprechendes und gleichzeitig amüsantes Motiv führt der MoE in jene Szenerie ein, als Diotima davon spricht, daß es erst einer Erlösung bedürfe, damit zwei Menschen (gemeint sind in diesem Falle sie und Arnheim) 'ganz' zusammenkommen könnten. Arnheim ist diese 'Lösung' wie aus dem Herzen gesprochen. "Der Augenblick, wo es gesagt wurde, war einer jener voll von Überichhaftigkeit und zugleich Übergegenständlichkeit, die wie eine verstopfte Trompete, auf der man keinen Ton hervorbringt, das Blut in den Kopf treiben." [II,511]

erfährt der Leser von Arnheims Reaktion bei derartig unerfreulichen Eröffnungen:

> Der Arnheim macht Augen wie ein Schneck, wenn sie [Diotima] ihm sagt, daß die geistig höchststehenden Männer leider nur bei minderwertigen Frauen ihre volle Befriedigung zu finden scheinen, während sie bei seelisch gleichgestellten Frauen versagen. [III,886]

Diotimas eifersüchtige Mutmaßungen über die angebliche Befriedigung Arnheims mittels "minderwertiger" Frauen werden im MoE allerdings ebensowenig bestätigt wie ihre Diagnose, daß es die Qualität der ihr innewohnenden Frauenseele sei, die Arnheim von der Körperhülle zurückhalte. Viel eher trifft eine Hypothetik zu, die das eigentliche Problem in der Seele Arnheims zu suchen trachtet. Denn diese gehorcht wesentlich einer Logik, die sich einzig und notwendig auf Vermehrung des Geldes ausrichtet.[22] Der geschlechtliche Umgang, den eine dergestalt beseelte Figur pflegt, ist einer des tieferen Wortsinns. Wann immer der preußische Kaufmann und die Frau des Sektionschefs miteinander allein sind und über "Liebesbeziehung mit Seele" zu reden beabsichtigen, katapultieren sie sich zwangsläufig in das Schweigen zweier einsamer, eisiger Berggipfel.[23] Und beinahe intuitiv bemerkt die unbefriedigte Diotima, daß diese um sich greifende Erkaltung

> alles, was Arnheim je über Seele gesagt hatte, mit dem Verdacht belastete, nur eine Ausrede zu sein [III,805].

Hinsichtlich der Motivation solcher Ausreden berichtet der Erzähler über den preußischen Industriellen, dessen Name die Sorge um den Gelderhalt deutlich anklingen läßt, außerordentlich plausibel:

---

22 Nach Arnheims eigenem Diktum mit der "Strenge eines Naturgesetzes". [II,420]

23 So die Überschrift von I.45

> Er hatte immer Angst gehabt, daß die Gefühle, die er in Frauen erregte, nicht ihm, sondern seinem Geld gelten könnten [I,185].

Die Wendung leuchtet ein, denn ein "alles" [II,389] beherrschendes Finanzimperium entwickelt logischerweise Rückwirkungen auf den Herrscher selbst: Arnheim kann sich die Vermählung mit Diotima nicht leisten. Insbesondere deshalb, weil die

> Verantwortung gegenüber dem Geschäft zumindest verlangen würde, eine große amerikanische Witwe zu heiraten und nicht die geschiedene Frau eines bürgerlichen Beamten. [III,805]

Arnheims 'eigenmächtige' Geldmacht verstellt ihm aber auch die Möglichkeit ganz 'persönlicher' Wünsche nach heimlichem Ehebruch.

> Für ihn war jede Handlung, auch die sinnliche, von Verantwortung durchdrungen. In einer Zeit, wo so wenig Verantwortung herrscht für das, was man tut oder denkt, wie in der gegenwärtigen, war es keineswegs nur persönlicher Ehrgeiz, was solche Einwände machte, sondern geradezu ein überpersönliches Bedürfnis, die in den Händen Arnheims gewachsene Macht (dieses Gebilde, das ursprünglich aus seinem Drang nach Geld entstanden, dann aber ihm längst entwachsen war, seine eigene Vernunft, seinen eigenen Willen hatte, sich vergrößern, festigen mußte, erkranken konnte, rostete, wenn es rastete!) in Einklang mit den Mächten und Rangordnungen des Daseins zu bringen. [II,502].

Wie das bewerkstelligt werden kann, ist dem Industriemagnaten bekannt: Arnheim arbeitet an einer Totalisierung der Verkehrsform Geld. So wie er und sein Name im Roman nach den Zwecken des Geldes eingerichtet sind, so ist es auch die Konstruktion,[24] die im MoE "Wirklichkeit" oder "Zeitalter" genannt wird.

> Es erging Arnheim nicht anders wie seinem ganzen Zeitalter. Dieses betet das Geld, die Ordnung, das Wissen, Rechnen, Messen und Wägen, alles in

24 Mit Konsequenzen im Sinne des Thomas-Axioms.

> allem also den Geist des Geldes und seiner Verwandten an und beklagt das zugleich. [II,509]

Und dieses "Zeitalter", so konstatiert der Roman, wendet auf seine nicht loszuwerdende "innere Mahnung" [II,509] nach Abkehr vom "Geist des Geldes" [II,509] praktischerweise ein "Prinzip der Arbeitsteilung" [II,509] an: Es hält sich eigene Kulturkritiker, die es für ihre wortgewandte Unzufriedenheit materiell entschädigt, was den "Geist des Geldes" letztlich wieder vollständig rehabilitiert. Kulturkritik im "Geiste des Geldes" als logischer Zirkel ohne Fundament.

> [N]icht viel anderes als die gleiche Art moralischen Lösegelds bedeuten auch die Phrasen und Geldmittel, die der Staat alljährlich in Kultureinrichtungen versenkt, die keinen Boden haben. [II,509]

Die hier skizzierte Form staatlich arbeitsteiliger 'Selbstkritik' ist im MoE auf funktionale Weise in die Konstruktion der Figur Arnheim eingegangen:

> Diese Arbeitsteilung fand sich auch in Arnheim selbst. [II,509]

D. h.: Der Nabob entwickelt, wie sein "Zeitalter", eine kompensierende Religiösität, welche der Auflehnung gegen das Geld, das Rechnen und Wissen geschuldet bleibt, das er selbst auf das Heftigste betreibt. Arnheims *Seelenkonzeption*, die den Geist des Geldes kritisieren soll, unterwirft sich diesem Geist letztlich hingebungsvoll.

> Denn er [Arnheim] war darin nicht anders wie sein ganzes Zeitalter, das nicht aus religiöser Bestimmung seine starke religiöse Neigung neu entwickelt hat, sondern nur, wie es scheint, aus einer weiblich reizbaren Auflehnung gegen Geld, Wissen und Rechnen, denen es leidenschaftlich unterliegt. [II,390]

Das Poblem unterschlagener Bedingungsanalyse ist letztlich konstitutiv für Ulrichs negative Einschätzung des Industriemagnaten:

> Er [Ulrich] widersprach ihm unhöflich oft und ungeziemend ironisch und ärgerte sich selbst über diesen Mangel an Haltung [...].[25] Aber es geschah zu seinem eigenen Erstaunen, daß er sich durch Arnheim so heftig gereizt fühlte. Er sah den von der Gunst der Verhältnisse gemästeten Einzelfall einer geistigen Entwicklung in ihm, die er haßte [...]. Es lag ein Schwindel in dieser Vereinigung von Kohlenpreis und Seele, die zugleich eine zweckdienliche Trennung war [...]. Dazu kam, um noch mehr Unbehagen in Ulrich zu erregen, etwas, das ihm neu war, die Verbindung von Geist mit Reichtum [I,281].

Sind Moral und Vernunft durch Geldlogik ersetzt, und definiert sich auch das in Klausur geschriebene Konzept einer Seelenkunde ex negativo aus ihr, so ist dessen kritisches Potential von vornherein hinfällig. 'Trotz' Lob der Intuition und Arnheims gefühlvollen Büchern über die Seele steht in seiner Liebe zu Diotima daher unter dem Strich eine Finanzrechnung. Und deren Fazit lautet:

> "Ein seiner Verantwortung bewußter Mann" sagte sich Arnheim überzeugt "darf schließlich auch, wenn er Seele schenkt, nur die Zinsen zum Opfer bringen und niemals das Kapital! [II,511][26]

Eine Figur als Verdoppelung ihrer (rechnenden) Zeit: Das bedeutet auch, daß es sich bei beiden Gebilden letztlich um ein und dieselbe Klonenidentität handelt.

---

25 Der Verlust (s)einer Haltung ist sicherlich ein überaus charakteristischer Effekt ironischer Konstruktionen. Zum Thema einer vorgeblich 'konstruktiven Ironie' bei Robert Musil existieren bereits eine Reihe von Arbeiten, z. B.: Alleman 1956: S. 177-220, Hönig 1970, Arntzen 1970, Alt 1985, Japp 1983: S. 314-27. Gegen die m. E. allzu rasche Autorenverklärung dieser Literatur sei auf das dritte Kapitel der vorliegenden Arbeit verwiesen.

26 Das verzehrende Gegenprogramm findet sich in III.21 nach mystischer Vorgabe von Agathe formuliert und lautet: "Wirf alles, was Du hast, ins Feuer bis zu den Schuhen. Wenn du nichts mehr hast, denk nicht einmal ans Leichentuch und wirf dich nackt ins Feuer." [III,863] Auch Ulrich nennt einen im Sinne Arnheims außerordentlich riskanten Gefühlshaushalt sein eigen. Zur Kennzeichnung des Unterschiedes zu Walter heißt es auf I,116: "[Walter] gab stets kleine Gefühlsmünze in Gold und Silber aus, während Ulrich mehr im großen operierte, mit Gedankenschecks sozusagen, auf denen gewaltige Ziffern standen; aber schließlich war das nur Papier."

Eine "Identität", die in ihrer Binnenlogik nicht identisch ist,[27] sich nach außen aber haargenau selbst bespiegelt. Derart im Zeichen des Spiegels situiert, trägt sie notwendig narzißtische Züge. Bezeichnenderweise beginnt das Kapitel II.106, in welchem Arnheim seine verklärende Reflexionen über das Geld anstellt, mit dem ebenso kurzen wie präzisen Vermerk:

> Arnheim allein. [II,505]

In seinem phantasierten Zwiegespräch mit dem einzig ebenbürtigen Gesprächspartner des Narzißmus begründet der Alleingebliebene dem auf die Erde zurückgekehrten Schöpfer seinen Vorschlag, das "Tausendjährige Reich nach kaufmännischen Grundsätzen einzurichten" [II,508]. Daran ist zum einen die argumentative Hypostasierung des Geldes (die Kombination von (Rechen-)"Geist und Reichtum" [I,281]), zum anderen aber auch das religiöse Gewand derselben (die Vereinigung von "Kohlenpreis und Seele" [I,281]) bemerkenswert: Um den sogenannten "älteren Mächten des Seins" in puncto Legitimation ebenbürtig sein zu können,[28] reagiert der Apologet des Geldes mit altbewährter Strategie. Zum System seiner Rationalitäts"kritik"[29] fügt er die Konstruktion eines Mythos. Die Überschrift von Kapitel II.112 verkündet ebenso exakt wie lapidar: "Arnheim versetzt seinen Vater Samuel unter die Götter" [II,539]. Dieser Positionswechsel entwickelt im Handumdrehen wohltuende Effekte:

---

27 Siehe weiter unten in der vorliegenden Arbeit.

28 Nicht nur deswegen: In einer für den MoE typischen Textlogik verweist Arnheims Wunsch, von Gott erhört zu werden, auf den Wunsch, selbst Vater zu werden. Samuel, der Name des Vaters, bedeutet übersetzt soviel wie "von Gott erhört".

29 Ohne nachdenken zu müssen, "gewohnheitsmäßig voraneilend" [II,392], produziert Arnheim eine Seelenkunde a la Maeterlinck. Sobald es darum geht. daß sich "Seelen ohne Vermittlung schauen" sollen, zitiert Arnheim den von Musil zuerst geschätzten, später verachteten Autoren. Dieses unpassende Verhältnis von Unmittelbarkeit und Vermittlung wäre an sich nicht besonders bemerkenswert, da Kunstfiguren genaugenommen nie in der Lage sind, eigene Gedanken zu formulieren, allerdings sind es, wie bereits erwähnt, im MoE wiederum Kunstfiguren (Sektionschef Tuzzi und Ulrich), die sich über Arnheims maeterlinckschen Eklektizismus mokieren [III,804].

> [W]omit er das Vorbild aus dem Bereich vergeblicher Anstrengungen entrückte und sich gleichzeitig einen Adelsbrief seiner Abstammung schuf. [II,546]

Erst durch diese Finesse erlangen das vorformulierte Konzept "Königskaufmann" [II,389] und der von Musil gewählte Vorname "Paul"[30] ihre volle literarische Legitimation. Daß diese anthropologische "List der Vernunft" zugleich die Geburtsstunde des Geldes ist, wird rund 40 Jahre später von Horst Kurnitzky "entdeckt". Arnheim hingegen hat etwas anderes im Blick.

> Er kam durch diesen Doppelkunstgriff gut davon. Das [und vor allem sein] Geld wurde zu einer überpersönlichen, mythischen Macht, der nur die Ursprünglichsten ganz gewachsen sind [II,546].

Damit wären eigentlich alle Probleme gelöst. Aber, so merkt der MoE präzis an: Ganz selbst-sicher ist der selbstgeadelte Sohn nicht. Denn die väterliche Vergötterung ist nur eine Gedankenschicht in einem System sich gegenseitig überlagernder und widersprüchlicher Schichten von Arnheims Denken. Und diese binnenlogischen Widersprüche einer Geldidentität[31] reizen selbst einen Mann, der Zeit seines Lebens eine "fast krankhaft empfindliche Abneigung gegen Witz und Ironie" [II,546] besessen hat.

> [A]ber gerade jetzt [...] lockte ihn oft die höllische Möglichkeit, durch einen jener treffsicheren Witze über die Liebe, die er nicht selten aus dem Munde untergeordneter oder roher Personen gehört hatte, seiner erhabenen Gemütsbewegung zu entrinnen. Und durch alle diese Schichten emportauchend, blickte er mit einemmal erstaunt in das finster aufmerksame Gesicht Solimans, das wie ein schwarzer Boxball aussah, auf den unverständliche Lebensweisheit niedergeprasselt war. "Welch lächerliche Lage, der ich mich aussetze!" dachte Arnheim [II,546].

---

30 "Paul" ist etymologisch "der Kleine".

31 Vgl. Müller 1977: S. 25-118. Müllers großangelegte Studie kommt allerdings in ihren theoretischen Ergebnissen nicht über ihr uneingestandenes Vorbild Alfred Sohn-Rethel hinaus.

Nicht umsonst setzt der Text an jenem Punkt, an dem Arnheim seinen Vater explizit vergöttert, den von ihm an Kindes statt angenommenen Mohrenknaben in Szene.

Denn dessen Adoption ist für Arnheim außerordentlich typisch. Gegen die Beschneidungen, welche die Logik des Geldes dem Nabob auferlegt, mobilisiert er, mitten in der "Gefahr des Alleinbleibens" [I,185], die nämliche: Aus der "Sehnsucht des Einsamen nach inniger und treuer Gesellschaft" [I,221] heraus *kauft* Arnheim den Mohrenknaben Soliman, in deutlicher Anspielung auf Goethes "Wilhelm Meister", bei "einer Truppe von Tänzern im Süden Italiens" [I,221].[32] Bei der Vermittlung eines Kindes an (s)einen Vater diese Goethe-Anspielung in Szene zu setzen, ist außerordentlich typisch für das literarische Verfahren des MoE. So wie Soliman mit Arnheims väterlich-pädagogischer Art alles andere als zufrieden sein kann, so wendet sich der MoE als Roman gegen die volle Autorität des deutschen Bildungsromans. Allerdings tut er dies mit der gebotenen Differenziertheit, denn es gilt zu bedenken: Bereits Goethes Text formuliert mit versteckter Raffinesse Einwände gegen einen Kinderkauf. Des besseren Verständnisses halber seien die entscheidenden Passagen aus 'Wilhelm Meisters Lehrjahre[n]' an dieser Stelle kurz referiert:

Auf einer seiner Reisen wird der Protagonist Wilhelm Zeuge, wie der Chef einer "Seiltänzergesellschaft" ein aus dem italienischen Süden stammendes Kind brutal verprügelt [WM,103][33]. Goethes Held reagiert, ganz im klassischen Sinne, allgemein menschlich. Erzürnt ob des schreienden Unrechts fährt er tobend dazwischen und bedroht den Grobian ebenso massiv wie körperlich. Dieser bietet eingeschüchtert folgenden Handel an: Falls Wilhelm ihm den Preis für die Kleider bezahlt, die das Kind am Leibe trägt, so möge er es behalten [WM,103]. Wilhelm willigt ein und gibt dem Artisten dreißig Taler. Dafür erhält er Mignon [WM 104]. Der Artist ist aber nicht nur ein schlechter Pädagoge. Auch seine Kunst ist mit einem entscheidenden Mangel behaftet. Bei der abendlichen Vor-

32 Bereits Düsing 1991: S. 265 ist dieses Zitat aufgefallen. Sein Aufsatz "Goethe in ironischer Beleuchtung" ist allerdings eher eine Materialsammlung ohne Deutung.

33 Vgl. Goethe 1982: S. 103, im folgenden zitiert als WM,103.

stellung handelt es sich lediglich, und entgegen jedes klassischen Kunstprogramms, ausschließlich um Sensationen des Leibes. Es fehlt die krönende Idee. Angesichts der begeisterten Zuschauermenge zieht sich Wilhelm zurück und sinniert darüber, wie man dererlei Turnerei in ein Menschen veredelndes, mithin pädagogisches Theater überführen könne.[34] Den nächsten Morgen beginnt allerdings auch Wilhelm mit stupider körperlicher Ertüchtigung. Bei seinen Fechtübungen mit Laertes ist inzwischen auch Mignon wieder zugegen, die bei den Aufregungen des vorhergehenden Abends davongelaufen war. Am Thema des "davonlaufenden Kindes" entwickelt sich ein grundsätzliches Gespräch, in dessen Verlauf rasch klar wird, daß Mignon durch Wilhelms 'Wohltat' alles andere gewonnen hat als ein Recht, frei über sich zu verfügen. Dem stehen Geld und väterliche Sorge in signifikanter Engführung entgegen:

> "Wo hast du gesteckt?" fragte Wilhelm freundlich, "du hast uns viel Sorge gemacht." Das Kind antwortete nichts und sah ihn an. "Du bist nun unser", rief Laertes, "wir haben dich gekauft." - "Was hast du bezahlt?" fragte das Kind ganz trocken. "Hundert Dukaten", versetzte Laertes; "wenn du sie wiedergibst, kannst Du frei sein." - "Das ist wohl viel?" fragte das Kind. - "Oh ja, du magst dich nur gut aufführen." - "Ich will dienen", versetzte sie. [WM,106]

Diese Version des Handels ist glatter Betrug. Im Handumdrehen hat Laertes den Kleider- zum Kinderpreis gewandelt und nebenbei gleich noch verzehnfacht.[35]

---

34 Vgl. WM,106: "Welcher Schauspieler, welcher Schriftsteller, ja welcher Mensch überhaupt würde sich nicht auf dem Gipfel seiner Wünsche sehen, wenn er durch irgend ein edles Wort oder eine gute Tat einen so allgemeinen Eindruck hervorbrächte. Welche köstliche Empfindung müßte es sein, wenn man gute, edle, der Menschheit würdige Gefühle ebenso schnell durch einen elektrischen Schlag ausbreiten, ein solches Entzücken unter dem Volke erregen könnte, als diese Leute durch ihre körperliche Geschicklichkeit getan haben."

35 Nach Bruford 1975: S. 311/2 entsprechen 3 Reichstaler ungefähr einem Dukaten. Wenn man berücksichtigt, daß Goethes Vater seinen Dienstmädchen ca. 30 Reichsmark im Jahr bezahlte (3 Reichsmark = 1 Taler) so könnte Mignon pro Jahr ungefähr 10 Taler verdienen. Da 100 Dukaten etwa 300 Talern entsprechen, hätte Mignon ungefähr dreißig Jahre zu arbeiten, bis sie

Diesem Unrecht schaut Wilhelm - allgemein menschlich - zu. Schließlich erhält er dafür die perfekte Bedienstete [WM,107].

Aber dem Betrug zum Trotz: Das Prinzip der Maßeinheit wird von allen Beteiligten akzeptiert. Und was Mignon betrifft: Die Möglichkeit einer befreienden Rückzahlung ist prinzipiell gegeben, wenn auch eine viel zu hoch angesetzte Summe genannt wird.

Im Falle Solimans hingegen ist ein Abarbeiten des Kaufpreises völlig unmöglich.[36] Zum einen bleibt die Summe ungenannt, zum anderen wird sie in ihrer Bedeutung vollständig heruntergespielt, getreu der bürgerlichen Devise, daß Geld mit dem Wesen eines Menschen nichts zu tun haben kann. All das verrät die Einleitung der weiter oben bereits angedeuteten Passage, in der Soliman vom kulturellen Vater Auskunft über den Status des naturalen fordert.

> "Bitte", fragte Soliman "mein Vater ist ein König?"[37] [...] Mit sanfter Belehrung gab er [Arnheim] dem Knaben weiter Antwort: "Es spricht wenig dafür, daß dein Vater ein König sei, ich glaube eher, er wird irgendeinen untergeordneten Beruf ausgeübt haben, denn ich habe dich in einer Truppe von Gauklern in einer Küstenstadt gefunden." *"Was habe ich gekostet?"* unterbrach Soliman forschend. "Aber mein Lieber, wie kann ich das heute noch wissen! Keinesfalls viel, nehme ich an. Gewiß nicht viel! Aber was kümmert dich das? Wir werden geboren, um uns unser Königreich selbst zu schaffen! [II,544]

Wenn Königskaufmann und "kleiner" Göttersohn, ihrem Bewußtsein zum Trotz als Abbild rechnenden Zeitalters konstituiert, wohltätig sein möchten, dann unterschlägt ihre seelenvolle Rede das Thema Geld zwangsläufig. Allerdings nur, um

sich selbst gehört. Diese Konstellation wird in der Forschung üblicherweise nicht erkannt. So zitiert beispielsweise Hörisch 1983: S. 60 zwar Mignons Frage nach ihrem Kaufwert, übersieht aber den Betrugscharakter des gesamten Handels.

36 In Analogie hierzu ließe sich formulieren, daß ein Abarbeiten des MoE an der Goetheschen Vorgabe (mit dem klassischen Ziel eines gelingenen Bildungsromans) ebenso unmöglich sein dürfte.

37 Es ist, nebenbei bemerkt, eine außerordentlich ironische Pointe, daß Soliman das Arnheimsche Konzept des Königskaufmanns absolut wörtlich nimmt.

die finanziellen Mittel der Firma zu vermehren. Soliman soll sich nicht loskaufen. Er soll ausgebildet werden und sein Leben lang arbeiten, selbstredend für den sorgenden und beobachtenden 'Vater' Arnheim.

> "Ich werde dich vielleicht nächstes Jahr einen Handelskurs mitmachen lassen, und danach könntest du als Lehrling in irgendeinem unserer Büros beginnen. Es wird natürlich von dir abhängen, was du erreichst, aber ich werde ein Auge auf dir haben. Du könntest zum Beispiel später unsere Interessen dort vertreten, wo die Farbigen schon etwas mitzureden haben; man müßte da natürlich sehr vorsichtig vorgehen, aber immerhin könnte sich aus der Tatsache, daß du ein schwarzer Mann bist, mancher Vorteil für dich ergeben. In der Tätigkeit würdest du auch erst ganz erkennen, wieviel dir die Jahre genützt haben, die du unter meiner unmittelbaren Aufsicht zugebracht hast, und das eine kann ich dir jetzt schon sagen: du gehörst einer Rasse an, die noch etwas vom Adel der Natur besitzt. [...] Wenn du das in dir pflegst, was geistig adelig ist [...] wirst du sicher auch deinen Weg als Kaufmann gehen, denn es ist unsere Aufgabe, der Welt nicht nur Waren zu bringen, sondern auch eine bessere Form des Lebens." [II,544]

Und während im "Wilhelm Meister" Mignon an den Einschreibungen ihrer Ausbildung zugrundegeht,[38] Kaufmannssohn Wilhelm hingegen Familie gründet, so wird im MoE diese Konstellation präzise um die eigene Achse gedreht: Arnheims mit Goethe erzogener[39] Diener Soliman schwängert im Rahmen einer

38 Zumindest nach den avancierten Analysen von Kittler 1978, Schlaffer 1980 und Hörisch 1983.

39 So belehrt Arnheim den Mohrenknaben zum Beispiel folgenderweise: "Der große Goethe gibt an einer Stelle des Wilhelm Meister mit einer gewissen Leidenschaftlichkeit eine Vorschrift des richtigen Lebens, sie heißt: 'Denken, um zu tun; tun, um zu denken!' Verstehst du das? Nein, das kannst du wohl noch nicht verstehen..." beantwortete er sich diese Frage selbst und verstummte wieder. "Es ist ein Rezept, das alle Weisheit des Lebens enthält [...]." Die Weiterführung dieser Textstelle ist gleichzeitig überaus charakteristisch für die Arnheimsche Einschätzung der Schrift, denn "Goethes Ideenwelt" wird dem Nabob zum Argument für ein Leseverbot: "Es ist eine Vorschrift, die alle Weisheit des Lebens enthält und ihretwegen habe ich dir die Bücher entzogen und halte dich zur Arbeit an" [Vgl. II,541]

Bedienstetenkatastrophe Diotimas romanlesendes[40] Dienstmädchen Rachel. Der Verkehr der Vorgesetzten hingegen bleibt aus.

Derartige Selbstbeschneidung ist insbesondere für Arnheims Gegenspieler[41] Ulrich uncharakteristisch. Dementsprechend erschreckt muß Arnheim nach einem Blick auf Ulrichs Physiognomie feststellen:

> Unbesorgter um Geld und Wirkung war dieses Gesicht, als eine aufstrebende Dynastie von *Veredlungsverkehr*fachleuten es ihren Nachkommen gestattet! [II,540]

Die Sippe der Arnheims steht nach den Worten ihres letzten Nachkommen im Dienste eindeutiger Sublimierung:

> "Törichte Menschen bilden sich ein, Geld zu besitzen sei ein Genuß! Es ist in Wahrheit eine unheimliche Verantwortung. Ich will nicht von den zahllosen Existenzen reden, die von mir abhängen, so daß ich für sie fast das Schicksal vertrete; lassen sie mich bloß davon sprechen, daß mein Großvater mit einem Müllabfuhrgeschäft in einer rheinischen Mittelstadt begonnen hat." Bei diesen Worten fühlte Diotima wirklich einen plötzlichen Schauer, der ihr wie wirtschaftlicher Imperialismus vorkam, es war das aber eine Verwechslung, denn sie entbehrte nicht ganz der Vorurteile ihres Gesellschaftskreises, und da sie bei Müllabfuhrgeschäft in der Sprechweise ihrer Heimat an den Mistbauer gedacht hatte, machte sie das

---

40 Vgl. I,164: "Diese Erwartung [daß Soliman sie besuchen werde] war jedoch keineswegs die Hauptsache, sondern nur die gehörige Verwicklung, der Knoten oder die Intrige, die in keinem der Romane fehlten, mit denen Rachel sich erzog. Denn Rachel durfte die Romane lesen, welche Diotima weglegte, so wie sie auch die Wäsche für sich zurechtschneidern durfte, welche Diotima nicht mehr trug."

41 Gegen die Attacken Ulrichs setzt Arnheim, auf die Domestizierungskraft pekuniärer Vermittlung vertrauend, bezeichnenderweise ein Stellenangebot, das Ulrich zwar nicht sofort, aber nach einiger Zeit ein Einkommen in jeder gewünschten Höhe gestatten soll [II,640]. Eine ähnliche Initiation plant auch Direktor Leo Fischel mit dem Christgermanen Hans Sepp. Verzicht auf jeglichen Verkehr mit Tochter Gerda bei gleichzeitig regelmäßig gezahltem Monatseinkommen sollen Hans zur Vernunft der Wirklichkeit bringen [II,494].

> mutige Bekenntnis ihres Freundes erröten. "In diesem Veredlungsverkehr für Abfälle" fuhr der Bekenner fort "hat mein Großvater den Grund zum Einfluß der Arnheims gelegt." [I,269]

Derart veredelt ist der Verkehr des preußischen Industriemagnaten, daß er sich keine Nachkommen mehr gestattet. Arnheim vermehrt seine Potenzen, nicht seine Gattung.

In aller Doppeldeutigkeit läßt sich zeigen: Die Logik des Geldes verantwortet *diesen* Abschnitt.

> Walter war gehemmt, suchte, schwankte. Auf einmal platzte er los: "Er ist ein Mann ohne Eigenschaften!" "Was ist das?" fragte Clarisse kichernd. "Nichts. Eben nichts ist das! [...] Das gibt es heute in Millionen" behauptete Walter. "Das ist der Menschenschlag, den die Gegenwart hervorgebracht hat!" [...] Das Bild, das er entwarf, befreite ihn [Walter] wie das Gelingen eines Kunstwerks; nicht er stellte es aus sich hinaus, sondern an das geheimnisvolle Gelingen eines Anfangs geknüpft, hatte sich außen Wort an Wort gesetzt, und in seinem Inneren löste sich dabei etwas auf, das ihm nicht bewußt wurde. Als er fertig war, hatte er erkannt, daß Ulrich nichts ausdrücke, als dieses aufgelöste Wesen, das alle Erscheinungen heute haben. [I,64/65]

3. Gefühle von Identität: Bonadea

Die meisten Figuren aus dem Ensemble des MoE sind außerordentlich sinnlich: Der Protagonist Ulrich ist ein leidenschaftlicher Mensch [I,148], in Clarissens Familie geht die Sinnlichkeit um wie eine schwere Last [II,437], Walter hat schon immer die Fähigkeit besessen, besonders heftig zu erleben [I,116], Diotima mobilisiert derartig große Gefühle, daß sie blind für alle Konvention wird [I,168], Arnheim drängt es von Zeit zu Zeit, sich Diotima zu Füßen zu stürzen [II,510] und Leonas wollüstige Eßleidenschaft wird zu peinlicher Fütterung gesteigert. [I,23].

Bei soviel Empfindung sollte es eigentlich nicht ganz einfach sein, eine Figur auszumachen, deren Identität in herausragender Weise der Verkehrsform Gefühl verschrieben ist. Und dennoch fällt die Wahl nicht schwer, es ist "die Dame, deren Liebe Ulrich nach [und nicht mit] einem Gespräch über Sport und Mystik gewonnen hat" [I.12].

Ihre Einführung in den Roman erinnert nicht nur durch die Assoziation zum Lotteriespiel an modernes Zufallsprinzip:[1] Bonadea entsteigt namen- und adres-

---

1 Die Semantik von "gewinnen" hält beide Möglichkeiten offen: Im Sport "möge der Bessere gewinnen", jedoch macht das anschließende Kapitel

senlos einem modernen Verkehrsmittel, um sich mit engelhaftem Gesichtsausdruck über den zusammengeschlagen am Gehsteig liegenden Ulrich zu beugen [I,28]. Innerhalb des Textes taucht Bonadea ebenso überraschend wie unvermittelt auf, intertextuell allerdings ist auch sie über das Gründungsdokument des deutschen Bildungsromans vermittelt: Die Szenerie zitiert Wilhelm Meister,[2] ausgewiesenermaßen: 14 Seiten später verweist der Text explizit auf die "romanhaften, die Phantasie außerordentlich erregenden Umstände", unter denen dieses Zusammentreffen stattgefunden hat. Dort, wo Wilhelm landet, als er versucht, das Prinzip Selbstbestimmung zu realisieren,[3] beginnt im MoE die Suche nach Identität.[4] Das dem Zitat angeschlossene Gespräch präsentiert eigentümlich fremde Körperlichkeit, es handelt von Kampferlebnissen, deren Reiz darin liegt,

> daß man in einem kleinsten Zeitraum, mit einer im bürgerlichen Leben sonst nirgendwo vorkommenden Schnelligkeit und von kaum wahrnehm-

---

deutlich, daß dies im zwanzigsten Jahrhundert zumeist die "genialen Rennpferde" sind; im Lotteriespiel gewinnt der Glücklichere, allerdings unabhängig von seinen Fähigkeiten, sozusagen unverantwortlich.

2 Vgl. Düsing 1991: S. 261-63, der sich allerdings in seinem Textvergleich weitestgehend auf einen bloßen Aufweis des Zitatcharakters beschränkt.

3 Die Schauspielergesellschaft, der sich Wilhelm Meister angeschlossen hat, unternimmt im 'Vierten Buch' des Goetheschen Romans den Versuch, sich eine demokratisch und republikanische Form zu geben. Sie beschließt, einen Senat nebst Direktorschaft nach dem 'Rotationsprinzip' einzurichten. Erster gewählter Direktor ist Wilhelm Meister [WM,215/6]. Für Wilhelm ist es "nie gefühltes Vergnügen", sich Kraft dieses Amtes als "Anführer" der Schauspieler "zu denken" [WM,223]. Die Praxis sieht anders aus: Als die umherziehende Gesellschaft vor einer Räuberbande gewarnt wird, stellt sich die Frage, welche von zwei alternativen Reiserouten vorzuziehen sei. Wilhelm, hier buchstäblich "Jüngling am Scheidewege" gelingt es, die Schauspieler durch argumentierende Rede von der kürzeren Route zu überzeugen. Das 'Wahlvolk' willigt letztlich "von ganzem Herzen" ein. Resultat der 'politischen Selbstbestimmung': Die Gesellschaft wird überfallen und ihr Direktor von Räubern zusammengeschlagen [WM,224].

4 Es geht an dieser Stelle nicht nur darum, daß Ulrichs Identität physisch bedroht worden ist. Das ganze Kapitel ist formal als Rückerinnerung und selbstvergewissernde 'Aufarbeitung eigener Geschichte' gehalten: Ulrich reflektiert, während er verletzt im Bett liegt, auf das Geschehene [I,25].

> baren Zeichen geleitet, so viele, verschiedene, kraftvolle, und dennoch aufs genaueste einander zugeordnete Bewegungen ausführen muß, daß es ganz *unmöglich* wird, *sie mit dem Bewußtsein zu beaufsichtigen* [I,28].

Diese brilliante Bankrotterklärung an den Geist bringt die Dame zu dem Schluß, "daß ein glücklicher Zufall sie einen sehr geistvollen Mann hatte retten lassen" [I,29]. Aber Produktion wie Rezeption der geistvollen Worte sind von einem hohen Maß an Gefühl getragen. Vom Wunsch geleitet, seine klägliche Lage (d. i. die Beschädigung seines Körpers im Boxkampf) vergessen zu machen [I,29], erklärt Ulrich:

> Das körperliche Treiben komme ja wirklich schon zu sehr in Mode, und im Grunde schließe es ein grauenvolles Gefühl ein, weil der Körper, wenn er ganz scharf trainiert sei, das Übergewicht habe und auf jeden Reiz ohne zu fragen, mit seinen automatisch eingeschliffenen Bewegungen so sicher antworte, daß dem Besitzer nur noch das unheimliche Gefühl des Nachsehens bleibt, während ihm sein Charakter mit irgendeinem Körperteil gleichsam durchgeht. [I,30]

In der jungen Frau scheint ein ähnlicher Mechanismus wie der von Ulrich soeben beschriebene in Bewegung zu kommen. Sie zeigt sich erregt, atmet lebhaft und errötet [I,30].

Doch genau in diesem Moment erotisch gefärbter Anbahnung erweist sich "die im bürgerlichen Leben vorkommende enorme Schnelligkeit" moderner Verkehrsmittel als überaus kontraproduktiv: Der Mietwagen ist bereits angekommen, man ist vor Ulrichs Wohnung angelangt.

Ulrich steigt aus und fragt nach Wohnsitz und Namen seiner Retterin, aber zu seinem Erstaunen erfährt er beides nicht und bleibt verwundert und allein in jener eigentümlich unwirklichen Atmosphäre zurück, die entsteht, wenn Identitätsmitteilungen verweigert werden. Wer Ulrichs Retterin ist, darüber kann auch der Leser nur Vermutungen anstellen, bis dato kennt er nur ihren Gefühlsmechanismus. Umso irritierender das Insistieren des Erzählers auf Selbstbestimmung der Namenlosen zu dem Zeitpunkt, als die junge Dame Ulrich kurz darauf besucht. Ulrich wird

> eine Dame gemeldet, die ihren Namen nicht nennen wollte und tief verschleiert bei ihm eintrat. *Es war sie selbst*, die ihren Namen und ihre Wohnung nicht genannt hatte, aber auf diese [...] Weise [...] das Abenteuer *eigenmächtig* fortsetzte. [I,30]

Wer sich nicht selbst benennt, erhält von anderen seinen Namen.[5] Ulrich legt der jungen Dame den klangvollen Namen Bonadea[6] bei, den sie, was allerdings erst später wichtig wird, bei ihren Besuchen "wie ein prächtig gesticktes Hauskleid trägt" [I,41]. Der Erzähler erklärt die Namensgebung wie folgt:

> Er hatte sie Bonadea getauft, die gute Göttin, weil sie so [zufällig wie unbestimmt] in sein Leben getreten war und auch nach einer Göttin der Keuschheit, die im alten Rom einen Tempel besessen hat, der durch eine seltsame Umkehrung zum Mittelpunkt aller Ausschweifungen geworden ist. Sie wußte das nicht. [I,41]

Bonadea weiß ohnehin nicht viel. Die Hinweise auf ihre Dummheit sind außerordentlich zahlreich, an dieser Stelle mag ein Beispiel[7] genügen:

> Bonadea hatte sich inzwischen, da sie nicht dauernd gegen die Zimmerdecke schauen konnte, am Diwan auf den Rücken gestreckt, ihr zarter mütterlicher Bauch atmete im weißen Batist unbeengt von Schnürleib und Bunden; sie nannte diese Lage: Nachdenken. [I,126]

---

5 Das "Sich-Selbst-Benennen" ist logischerweise ebenfalls durch andere vorbestimmt. Die Angemessenheit von Namen ist nicht nur innerhalb von Romanen problematisch. Auch neuere Forschung kann nicht umhin, bei der Vergebung von Eigennamen an eine ebenso fiktive wie notwendige Autorität zu appellieren. Vgl. das Konzept der Urtaufe bei Kripke 1981.

6 Bona Dea: Eine Göttin der Römer für die Fruchtbarkeit, insbesondere der Ehe, die sich die Frauen und Jungfrauen zum Geheimdienst herrichteten und ihr einmal im Jahr ein Schwein opferten. Vgl. Louis Andrées (i. e. Oskar Panizza), "Das Schwein in poetischer, mythologischer und sittengeschichtlicher Bedeutung". (Harten/Kurnitzky 1978)

7 Weitere Textstellen zum Nicht-Wissen Bonadeas sind zu finden auf den Seiten I,41/43/260; II,522/525/578/580; III,883.

Derartige Formulierungen haben - vielleicht nicht ganz zu Unrecht - das eine oder andere Mal zu verärgerten Reaktionen in der Sekundärliteratur geführt. Dabei wurde aber m. E. mit einer etwas voreiligen Identitätsthese gearbeitet: Der Vorwurf lautet in seinem Grundtenor, Bonadeas Identität als Frau erscheine in äußerst reduzierter Form, wenn Musil ihr massiv Dummheit bescheinigt. Der Autor handele daher zumindest fahrlässig chauvinistisch.[8]

Übersehen wird bei solchen Charakterisierungen die zugrundeliegende Fragestellung, was die Identität der Figur Bonadea überhaupt erst ausmacht.[9] Und hier hat der Hinweis auf das Nicht-Denken-Können Bonadeas eine wichtige Funktion: Er weist sie als Fühlende aus. Erhöhte Relevanz erlangt dieser Befund in bezug auf das zwischen Anstand und Ehebruch schwankende Doppelleben, welches Bonadea führt. Denn auch der Teil, den man gemeinhin den ordentlichen, wenn nicht gar vernünftigen, zu nennen versucht ist, wird von hoher affektiver Besetzung getragen. Der Roman macht das unmißverständlich klar, wenn er davon spricht, daß es die Vorstellung einer "stillen, idealen Lebensführung" ist ("in einem Kreis, den Gatte und Kinder bilden"), die ihr Ideenbedürfnis "*am tiefsten befriedigt*" [I,42].

Das Gefühlsleben Bonadeas und damit der Schlüssel zur Identität einer Frau, deren Name auf eine "seltsame Umkehrung" von "Keuschheit" und "Ausschweifungen" verweist [I,41], gleicht einer solchermaßen hin- und herschweifenden Bewegung zwischen zwei Bereichen, die sich wechselseitig ausschließen, andererseits aber auch nur existieren, weil es den Aufenthalt im umgekehrten Bereich gibt. So gilt z. B. für ihren Rauschzustand explizit, daß ihre sittsamen Absichten und das Bestreben nach Schicklichkeit nicht verschwunden, sondern gewissermaßen von außen präsent sind. Diese Vorstellungen

8 Vgl. den "Exkurs über Ulrichs Frauenverachtung" (Graf 1981, S. 92-100)

9 Stefan Howald treibt am Beispiel Bonadeas seinen Untersuchungsstil ins Absurde: Nachdem er selbst eine Funktion Bonadeas für das Gesamtkonzept entworfen hat, wirft er Musil vor, *sein* Konzept nicht durchgehalten zu haben. (Howald 1984, S. 205/6)

> standen dann draußen und warteten und hatten zu dieser von den Begierden veränderten Welt bloß kein Wort zu sagen. Wenn Bonadeas Vernunft wieder*kehrte*, war das ihre größte Qual. [I,259]

Nun stellt sich generell die Frage, wie solche Verkehrungen formuliert werden können, ohne daß sie qua Abstraktion ihren Bewegungscharakter verlieren. Die Betroffene selbst ist eigentümlich hilflos, wenn sie ihre prägenden Erfahrungen formulieren will:

> Bonadea gebrauchte nicht ganz die gleichen Worte, dachte es überhaupt nur teilweise in Worten, aber während sie es sich zu vergegenwärtigen trachtete, fühlte sie sich sofort wieder dieser Veränderung des Bewußtseins ausgeliefert. "Wer das beschreiben könnte, wäre *ein großer Künstler*; nein, er wäre ein Pornograph!"[10] dachte sie, während sie Ulrich ansah. Denn die guten Vorsätze und den besten Willen zur Anständigkeit verlor sie auch während solcher Zustände keinen Augenblick [I,259].

Der Künstler als Retter in der Not. Aber es ist eine zweite Frage, ob die Ausführungen des Künstlers Musil über diese Art zweifelhaftes Selbstlob hinausgehen. Die Problematik eines ausgewiesenen Gebietes, in welchem einzig und allein der Künstler zuständig ist, hat den Dichter des MoE zeit seines Lebens beschäftigt, und er hat dafür in der 1918 entstandenen Skizze der Erkenntnis des Dichters die Chiffre "nicht-ratioïd" entwickelt:

> War das ratioïde Gebiet das der Herrschaft der "Regel mit Ausnahmen", so ist das nicht-ratioïde Gebiet das der Herrschaft der Ausnahmen über die Regel. Vielleicht ist das nur ein gradueller Unterschied, aber jedenfalls ist er so polar, daß er eine vollkommene Umkehrung der Einstellung des Erkennenden verlangt. Die Tatsachen unterwerfen sich nicht auf diesem Gebiet, [...] [d]ie Tatsachen dieses Gebietes und darum ihre Beziehungen sind

---

10 Auch wenn sich die Assoziation des "Pornographen" lediglich Bonadeas guten Vorsätzen verdankt, dürfte der Vorwurf, pornographisch zu schreiben, Robert Musil nicht fremd gewesen sein. Zeitgenössische Presserezensionen der "Vereinigungen" sprechen deutlich von "höchst Anormale[m]", "intellektuell Perverse[m]" und "absolut Krankhafte[m]". Vgl Corino 1988: S. 179.

> unendlich und unberechenbar. Dieses ist das Heimatgebiet des Dichters, das Herrschaftsgebiet seiner Vernunft. [...] Die Aufgabe ist: immer neue Lösungen, Zusammenhänge, Konstellationen, Variable zu entdecken, Prototypen von Geschehensabläufen hinzustellen, lockende Vorbilder, wie man Mensch sein kann, den inneren Menschen *erfinden*. Ich hoffe, diese Beispiele sind deutlich genug, um jeden Gedanken an "psychologisches" Verstehen, Erfassen u. dgl. auszuschließen. Psychologie gehört in das ratioïde Gebiet und die Mannigfaltigkeit ihrer Tatsachen ist auch gar nicht unendlich, wie die Existenzmöglichkeit der Psychologie als Erfahrungswissenschaft lehrt. [VIII,1028/9]

Nicht-ratioïd heißt für Musil also keineswegs irrational, vielmehr zielt Musils Terminologie auf eine Vermittlung von Emotionen und Rationalität, die Gefühlen ihren spezifischen Wert beläßt, in der sie sich nicht einem Vernunftsdiktat zu beugen haben. Eben dieses Vermittlungsverhältnis ist von der Forschung (in Verbindung mit der Problematik des "anderen Zustands") immer wieder als eines der herausragenden Themen des Romaninhaltes untersucht und gewürdigt worden.[11] Formal gesehen erachtete Musil poetische Verfahren als angemessenste Darstellungsart dieser Problematik, und das insbesondere mit Blick auf die psychoanalytische Konkurrenz. Daß diese elitären Vorstellungen den Autor seit seinem Erstlingswerk begleiteten, läßt sich mit einem kurzen Hinweis auf eine Textstelle in den "Verwirrungen des Zöglings Törleß" verdeutlichen:

Törleß, der Protagonist des um 1903 entstandenen Romans, wohnt in der betreffenden Szene [VI,70f] einem sadistischen Schülerstrafgericht auf dem Dachboden seines Internats bei. Die hier stattfindende Verknüpfung von Gericht und Verbrechen hat, über die Ineinssetzung von Gesetz (Rationalität) und Lust (Emotion) hinaus, ein Pendant in dem Zusammenspiel von Licht und Dunkel, Tages- und Nachtseite, welches im Bild des Auges metaphorisch synthetisiert wird.

---

11 Und das mit einer außerordentlich großen Bewertungsspanne. U.a. äußern sich überwiegend positiv: Hassler-Rütti 1990 und Beard 1971, eher abwägend Pekar 1989, Roth 1987, Aspetsberger 1980 und Goltschnigg 1974, sowie weitestgehend ablehnend Hochstätter 1972: 273-299, Rasch 1965, Reinhardt 1968.

Törleß' signifikanter Versuch, dieses Zusammenspiel in Worte zu fassen, wird von seinem Mitschüler, dem "Richter" Beineberg, als unangemessen abgewiesen:

> "Willst Du vielleicht jetzt poetisch werden?" "Nein. Aber sagst Du nicht selbst, daß es mit den Augen eine besondere Bewandtnis hat? Aus ihnen wirkt - denk doch nur an deine hypnotischen Lieblingsideen - mitunter eine Kraft, die in keinem Physikunterricht ihren Platz hat [...]. Mir ist dieses Licht wie ein Auge zu einer fremden Welt. Mir ist, als sollte ich etwas erraten. Aber ich kann nicht. Ich möchte es in mich hineintrinken..." "Nun, - du fängst doch an poetisch zu werden." "Nein, es ist mir ernst. Ich bin ganz verzweifelt. So sieh doch nur hin, und du wirst es auch fühlen. Ein Bedürfnis, sich in dieser Lache zu wälzen, - auf allen vieren, ganz nah in die staubigen Winkel zu kriechen, als ob man es so erraten könnte...." "Mein Lieber, das sind Spielereien, Empfindeleien. Laß jetzt gefälligst solche Sachen." Beineberg bückte sich vollends und stellte die Lampe wieder auf ihren Platz. Törleß empfand aber Schadenfreude. Er fühlte, daß er diese Ereignisse mit einem Sinne mehr in sich aufnahm als seine Gefährten. [VI,71]

Auch wenn Törleß die Poesie hartnäckig verleugnet, daß Musil poetisch geworden ist, kann nicht bestritten werden. Und daß dem Konkurrenzunternehmen Psychoanalyse[12] im Falle Bonadeas in gewisser Weise ein Riegel vorgeschoben wurde, ist ebenfalls naheliegend: Bonadea, und das prädestiniert sie gegenüber Diotima, Arnheim, Clarisse, Ulrich und Agathe, hat im Roman keine ausgewiesene Kindheit, sie entspringt (quasi geschichtslos) dem Verkehr: Sie ist - einem Mietwagen entstiegen - plötzlich und einfach da.

Nun ist es aber dem Literaturwissenschaftler schlechterdings unmöglich, ein Kunstwerk poetisch nachzuahmen. Doch auch wenn nicht-ratioïdes Gebiet umgangen werden muß, bleiben dennoch Möglichkeiten, die aufgewiesenen Gefühlsverkehrungen Bonadeas nach Maßgabe akademischer Diskursivität zu verdeutlichen. Der abstrakten Beschreibung kann erstens die an ausgewählten Metaphern darzustellende Einarbeitung in das Gesamtmaterial des Romans zur Seite treten

---

12 Zum Verhältnis Musils zur Psychoanalyse vgl. Corino 1972, Cometti 1985, Henniger 1980, 1981 und Meisel 1991.

(I); zum anderen gilt es, konkrete Momente des Überganges genauer auszuleuchten (II). Zunächst sei aber noch eine überleitende Erinnerung daran gestattet, daß die hier vorgeschlagene Terminologie des Verkehrens auch im Falle der Richtersgattin Bonadea ihre umgangssprachliche Assoziation zum Straßenverkehr (über die erste Begegnung mit Ulrich hinaus) nicht verliert: Der Kontext der Bonadea-Figur ist von Anfang an [I,27] durch das Motiv eines 'regelnden Schutzmannes' geprägt, und zwar in jeweils logisch verkehrter Gewichtung. Im Falle der Sittsamkeit als Riegel gegen Wollust [I,266], im Falle der Wollust als Gefährdung durch Sittsamkeit [II,577].

Zu (I):

Es wird ohne weiteres einsichtig zu machen sein, daß die Figur Bonadea zunächst in einen negativ gedachten Prozeß zu integrieren ist:

Die meteorologische Metaphorik des Romananfanges taucht im MoE in unregelmäßigen Abständen und häufiger Kopplung mit Bonadea auf. Sie erfährt dabei schon früh eine Verdichtung zur beunruhigenden politischen Großwetterlage, d. h. sie korreliert mit dem in Kapitel I.8 diagnostizierten "gesellschaftlichen Bindemittel" Haß. Mehr noch: Bonadeas bevorstehende Entladungen werden mit dem spannungsgesättigten Zustand kurz vor dem Eintritt eines Gewitters in Parallele gesetzt [I,126/266]. Diese Positionierung analogisiert in gewisser Weise Bonadeas erotische Tobsucht mit dem zu erwartenden Ausbruch des Krieges.[13] Da sich aber neben der destruktiv motivierten Gewittermetaphorik von Anfang an auch Passagen ruhigeren Wetters [I,28] auffinden lassen, scheint dieser Befund weniger eine Fatalität weiblicher Wollust zu unterstreichen, als vielmehr Fragen des Überganges zu aktualisieren. Denn neben den Verweigerungen Ulrichs *liegt in solchen Vermittlungsfragen das eigentliche Problem im Doppelleben Bonadeas*:

---

13 Unterstützt wird diese Überlegung durch die Metaphorik der "umflorten Trommel", welche zur Kennzeichnung von Bonadeas Triebleben ankündigend verwendet wird [z.B I,42/258]. Der Zusammenhang zwischen Kunst und Krieg, auf den die Trommel als bevorzugtes Musikinstrument von Militärkapellen verweist, ist in Günther Grassens Blechtrommel poetisch ausgeführt worden. Nebenbei bemerkt konstruiert Grass dabei einen Helden mit überwiegend negativen Eigenschaften, so daß sich im Vergleich der Mißbildungsromane eine absteigende Stufenfolge zwischen den Protagonisten Wilhelm Meister (+), Ulrich (0) und Oskar Matzerath (-) ergeben könnte.

> [Ihr] System hatte [...] mit einem Fehler gearbeitet; es teilte Bonadeas Leben in zwei Zustände, zwischen denen sich der Übergang nicht ohne schwere Verluste vollzog. [II,522/3]

Was liegt angesichts einer solchen Charakteristik näher, als im "Laboratorium Welt" [I,152] auszuprobieren, welches die beste Art ist, als Bonadea zu leben, d.h. neue Formen des Übergangs zu erfinden? Drei solcher *Passagen* sollen exemplarisch vorgestellt werden:

Ein Versuch, lustvoll sittlich zu werden (1), einer, Identität zwischen Lust und Sittlichkeit zu situieren (2), und der Versuch, sittlich lustvoll zu werden (3).

1) Alle drei Lösungsversuche sind bereits im Kapitel I.63 angedeutet. Nach ihrem ersten Zerwürfnis mit Ulrich beginnt Bonadea dort erneut, Ulrichs körperliche Nähe zu suchen. Aber Ulrich verhält sich ihr gegenüber ausgesprochen abweisend, sie hingegen wird bei jeder zufälligen Berührung schwach, macht Anstalten, in die Knie zu sinken [I,258]. Ulrich bringt ihr zur Ablenkung Whisky und Soda und versucht, sie in ein längeres Gespräch zu verwickeln. Die enttäuschte Bonadea schreibt Ulrichs statuenhafte Gelassenheit beleidigt dessen Kontakt mit Diotima zu:

> "Sie hat Ulrich so verändert!" Ein harter Bohrer in ihrem Herzen, ein süßer Bohrer in ihren Knien: diese beiden sich gleichzeitig und gegeneinander drehenden Bohrer machten Bonadea beinahe ohnmächtig, als sie bei Ulrich Widerstand fand. [I,260]

In solch einem Zustand zwischen zwei Zuständen erscheint es außerordentlich plausibel, ein Inter-esse zu entwickeln an einer Figur, die selbst zwischen Zurechnungsfähigkeit und Unzurechnungsfähigkeit situiert ist, und deren Name einen verwilderten, kaum genutzten Übergang suggeriert:

> Sie spielte ihren letzten Trumpf aus: Moosbrugger! [I,260]

Da sie "einschließlich ihrer unvermeidlichen Verfehlungen [...] eine ordentliche und wahre Welt" braucht [I,260], gibt Bonadea Ulrich gegenüber vor, etwas für den inhaftierten Moosbrugger tun zu können.

Mit diesem 'Altruismus' verbindet sie die angenehme Vision, in den Kreis der Parallelaktion aufgenommen zu werden, mithin legitimiert und länger in der Nähe ihres Geliebten sein zu können.

> Sie sah sich im Geiste als Diotimas Freundin und erfüllte sich den Wunsch, die bewunderte Rivalin um der unaufschieblichen Sache willen kennenlernen zu müssen, selbst wenn sie zu stolz sein sollte, es aus persönlichem Bedürfnis zu tun. [I,261]

2) Aber das Konzept funktioniert nicht, Ulrich wehrt Bonadeas Pläne mit der brüsken Bemerkung ab, er habe nicht die Absicht, sich in das laufende Verfahren gegen einen Sexualmörder einzumischen. Da er aber Bonadea gegenüber eine gewisse Dankbarkeit wegen ihrer Hilfeleistung in Ulrichs "unglücklicher Boxnacht" [I,41] nicht verloren hat, versucht er, seiner Abwehr den beleidigenden Charakter zu nehmen.

> Er suchte also, die kränkende Abweisung zu lindern und in ein längeres Gespräch aufzulösen [I,262]

Diese Vorhaben erinnert an das Erzählerdiktum aus Kapitel III.49:

> Der Mensch, recht eigentlich das sprechende Tier, ist das einzige, das auch zur Fortpflanzung der Gespräche bedarf. Und nicht nur, weil er ohnehin spricht, tut er es auch dabei; sondern anscheinend ist seine Liebseligkeit mit der Redseligkeit im Wesen verbunden [IV,1219].

Jedoch erscheint es hier in Form einer Umkehrung, denn nicht nur die "Liebseligkeit", auch die Feindseligkeit scheint mit der Redseligkeit verknüpft. Allerdings: Die Auflösung gestaltet sich schwierig, bei der Erläuterung "verstandesmäßiger", "sozialer", "psychologischer" sowie "gefühlsmäßiger" Fragen reagiert Bonadea alles andere als sachlich, eher umgekehrt, nämlich geradezu unzurechnungsfähig [I,263] erregt. Das zwiespältige Ergebnis seines Redens kann auch Ulrich nicht verborgen bleiben:

> "Auch ich rede also schon eine halbe Stunde lang Unsinn" dachte er; aber dieser herabgeminderte Zustand war angenehm. Er fürchtete bloß das eine, daß Bonadea auf den Einfall kommen könnte, sich zu ihm zu setzen. Dagegen gab es nur ein Mittel: reden. Er hatte den Kopf aufgestützt und lag ausgestreckt da wie die Grabfiguren in der Mediceerkapelle. Mit einemmal fiel ihm das ein, und wirklich, während er diese Stellung einnahm, floß Großartigkeit durch seinen Körper, ein Schweben in ihrer Ruhe, und *er kam sich gewaltiger vor, als er war*;[14] zum erstenmal glaubte er, aus der Ferne, diese Kunstwerke zu verstehen, die er bis dahin nur wie fremde Dinge angesehen hatte. Und statt zu reden, schwieg er. Auch Bonadea fühlte etwas. Es war ein "Augenblick", wie man das nennt, was man nicht bezeichnen kann.[15] Etwas schauspielerisch Gehobenes vereinigte die beiden, die plötzlich stumm wurden. [I,264]

Aber die bewegungslos vereinigende und - im Wortsinn - künstliche Existenz zwischen ihren beiden Zuständen ist kurzlebig. Auch sie vermittelt Bonadeas Zwiespalt nicht hinreichend, und so unernimmt sie noch einen weiteren Versuch.
3) Gereizt durch Ulrichs Zurückhaltung beschließt Bonadea, sich nötigenfalls ebenso zu beherrschen wie ihre Rivalin Diotima. Zur großen körperlichen Erregung sucht sie, eine passende Idee zu äußern:

> Aber ideales Zögern und gemeine Anziehung, Anziehung und eine schreckliche Angst, vorzeitig angezogen zu werden, mischten sich dabei mit dem Antrieb des Schweigens, in dem die versagten Handlungen zuckten, und der Erinnerung an die große Ruhe, die sie für Sekunden mit ihrem Geliebten verbunden hatte. Schließlich war das so, wie wenn ein Regen in der Luft hängt und es kann nicht regnen: eine Benommenheit, die sich über die ganze Haut ausbreitete und Bonadea mit der Vorstellung schreckte, sie könnte die Beherrschung verlieren[,] ohne es zu merken. [I,266]

---

14 Dieser vorausweisende Befund wird weiter unten einer genaueren Analyse unterzogen.

15 Vgl. das "Törleß"-Zitat weiter oben.

Die "meteorologische" Spannung an diesem *Verkehrsknotenpunkt* entlädt sich aber plötzlich doch auf überraschende Weise. Ein neues Verkehrsmittel inkarniert sich:

> Und plötzlich zuckte eine körperliche Illusion daraus hervor, ein Floh.[16] Bonadea wußte nicht, ob er Wirklichkeit oder Einbildung war. [...] Bonadea begriff [..., es] bedeutete ein verzweifeltes Auskunftsmittel für eine Dame. Dennoch fühlte sie in dem Augenblick, wo sie den Spuk bannen wollte, einen heftigen Stich. Sie kreischte leise auf, bekam hochrote Wangen und forderte Ulrich auf, ihr suchen zu helfen. Ein Floh bevorzugt die gleichen Gegenden wie ein Liebhaber; der Strumpf wurde bis zum Schuh untersucht, die Bluse mußte an der Brust geöffnet werden. Bonadea erklärte, daß er von der Straßenbahn käme oder von Ulrich gekommen sei. [I,266]

Aber derartig schnelle "Verkehrsmittel" funktionieren meist nicht einwandfrei, auch wenn sie nicht gleich jedesmal "mehr Opfer" fordern "als alle Tiger Indiens" [I,245]: Der Floh hat keine Spuren hinterlassen, und auch wenn Ulrich nun unerwartet freundlich lächelt, Bonadea fängt wie ein kleines Mädchen, das sich schlecht aufgeführt hat, zu weinen an [I,266]. Zur Identitätsbildung erwachsener Frauen ist 'das Konzept Floh' nicht zu gebrauchen.

Der MoE stellt die Frage nach Identitätsbildung nicht nur als Problematik Bonadeas in Kapitel I.63. Im Szenario der Polizeiausstellung wird sie viel grundlegender weil allgemeiner aufgerollt. Selbstbewußtsein erscheint am Beispiel von Walters Gattin Clarisse als durch Ignoranz erkauft. Ignoranz in puncto der radikalen Selbstbezüglichkeit von Geschichte in ihrer kulturellen wie auch naturalen Ausformung:

> Der Zug der Zeit ist ein Zug, der seine Schienen vor sich her rollt. Der Fluß der Zeit ist ein Fluß, der seine Ufer mitführt. Der Mitreisende bewegt

---

16 Der "Floh" erinnert nicht nur als dressierte Massenerscheinung im Flohzirkus an moderne Identitätsproblematik. Vgl. insbesondere Musils Bestimmungen von Floh und Mensch im "Kriegstagebuch eines Flohs". [TB I,687-690]

> sich zwischen festen Wänden auf festem Boden; aber Boden und Wände werden von den Bewegungen der Reisenden unmerklich auf das lebhafteste mitbewegt. Es war ein unschätzbares Glück für Clarissens Seelenruhe, daß unter ihren Gedanken dieser noch nicht vorgekommen war.[17] Aber auch Graf Leinsdorf war gegen ihn geschützt. Er war gegen ihn durch die Überzeugung geschützt, daß er Realpolitik mache. [II,445]

Eine Atmosphäre grundlegender Täuschung: Wenn unaufhörlich etwas geschieht, hat man leicht den Eindruck, daß etwas Reales geschieht [II,445].

Und wirklich: Die Polizei veranstaltet eine Jubiläumsausstellung, die das 'reale Wirken' der Polizei und einzelner ihrer Funktionäre verherrlicht [II,446]. Aber selbst wenn deren höchster Vorgesetzter ein Minister mit eigentlich "psychologischem Titel" ist [II,446], kann das nicht darüber hinweghelfen, daß die kakanische Ordnungsmacht Exekutive eines Staatsgebildes ist, das eine "Jacke wie Hose"-Identität am Rande der Nichtexistenz führt:

> [E]s gab nicht einmal ein richtiges Wort dafür. Es gab auch Österreich nicht. Die beiden Teile Ungarn und Österreich paßten zueinander wie eine rot-weiß-grüne Jacke zu einer schwarz-gelben Hose; die Jacke war ein Stück für sich, die Hose aber war der Rest eines nicht mehr bestehenden schwarz-gelben Anzugs, der im Jahre achtzehnhundertsiebenundsechzig zertrennt worden war. Die Hose Österreich hieß seither in der amtlichen Sprache "Die im Reichsrate vertretenen Königreiche und Länder", was natürlich gar nichts bedeutete und ein Name aus Namen war [I,451].

Bonadea, ihrer Identität ebenfalls äußerst ungewiß, greift wieder zur "Moosbrücke", um ihre konträren Zustände zu verknüpfen: Durch den lauten Ausruf "*Moosbruggers Messer*" [II,447] bringt sie Ulrich dazu, die Bekanntschaft zwischen Bonadea und Diotima zu stiften. Ein erster Schritt in ihren Bemühungen, mit dem Zutritt zum Salon Diotimas die Suche nach dem Geliebten und die

---

17 Demzufolge ist es mit Clarissens Seelenruhe spätestens dann vorbei, wenn sie im Brief an Ulrich konzidiert: "In dem ungeheuren Netz von Schienen, Weichen und Signalen, das sich um den ganzen Erdball zieht, verlieren wir alle die Kraft des Gewissens [III,713]." Ein paar Kapitel später heißt es folgerichtig: Die Irren begrüßen Clarisse. [III.33]

Suche nach der großen Idee an einem gemeinsamen Ort zu situieren, d. h. Wollust und Idealität zur Begegnung zu bringen.

Doch plötzlich setzt auch der Erzähler das 'Verfahren Moosbrugger' ein: Um die Identität Kakaniens zu charakterisieren, bemüht er ein Moosbruggerzitat:[18]

> Man stelle sich ein Eichhörnchen vor, das nicht weiß, ob es ein Eichhorn oder eine Eichkatze ist, *ein Wesen, das keinen Begriff von sich hat*, so wird man verstehn, daß es unter Umständen *vor seinem eigenen Schwanz eine heillose Angst* bekommen kann. [II,451]

"Die Angst vor dem eigenen Schwanz" fungiert hier als Chiffre für ein Selbst-Bewußtsein ohne Fundament. Eine Konstellation, die logisch und historisch eng mit der Entwicklung ironischer Formen verflochten ist.[19] Nicht zufällig spielt der Text in der vorausgehenden Passage indirekt auf die romantische Zentralkategorie[20] an:

> Da streikten kaiserlich königliche Telegraphenbeamte[21] zum erstenmal und auf eine außerordentlich beunruhigende Weise, die den Namen Passive Resistenz bekam und aus nichts anderem bestand, als daß sie alle ihre dienstlichen Vorschriften mit dem pünktlichsten Gewissen beobachteten; es zeigte sich, daß die genaue Befolgung des Gesetzes rascher alle Arbeit zum Stillstand brachte, als es die zügelloseste Anarchie vermocht hätte. Gemeinsam mit dem Hauptmann von Köpenick in Preußen [...] war die Passive Resistenz etwas, das den Mund kitzelte, aber zugleich auf unterirdische Weise die Ideen ins Schwanken brachte, auf die sich die Mißbilligung stützte, die man aussprechen wollte. [II,448]

---

18 Und das ist selbstredend kein (selbst redendes) Original, sondern ein Bleulerzitat. Vgl. Bleuler 1916: S. 334.

19 Vgl. Frank 1978: S. 88-90.

20 Hansen/Villwock 1987: S. 13/4.

21 Die hier vorgeschlagene Deutung wird durch die Tatsache unterstützt, daß es sich um einen Streik auf dem Sektor der Nachrichtenübermittlung handelt.

Das selbstimplikative literarische Verfahren aber, das, in der Absicht, Widerstand zu leisten, mit höchster Akribie die Gesetzmäßigkeiten eines Gebietes nachzeichnet, dabei (mimetisch wie der Hauptmann von Köpenick) zum Lachen reizt, gleichzeitig aber die moralische, utopische bzw. gesellschaftliche Idee ins Schwanken bringt, auf die es sich selbst stützen muß, um seine Kritik überhaupt aussprechen zu können, heißt: Ironie.

Und so gesehen fungiert der MoE im Schriftverkehr der Moderne als Akt Passiver Resistenz.

Begreift man die (Nicht-)Identität der Bonadeafigur weniger aus der Romanperspektive ironischer Spracheffekte, sondern vergleicht sie mit den Effekten der Verkehrsformen des Geldes, so verwendet Bonadea eine dem Verfahren Arnheims sehr ähnliche Methode. Wie dieser seinen Vater [II.112], versetzt Bonadea, um eine gute, weil keusche Göttin zu werden, ihre Rivalin unter die Götter. Vor dem Spiegel sitzend, versucht sie, Diotima in Kleidung, Frisur und Gestus zu kopieren:

> Sie band, brannte und wand dann ihr Haar, bis es die Form annahm, die Diotimas griechischem Knoten[22] nicht unähnlich sah. Sie strich und bürstete kleine Locken hervor, und wenn das Ganze auch ein wenig lächerlich wurde, sie bemerkte es nicht, denn aus dem Spiegel lächelte ihr ein Antlitz entgegen, das in seiner allgemeinen Gestaltung nun von ferne an das Göttliche erinnerte. [...] Dieses einer religiösen Verehrung ähnliche Verhalten - denn von den Göttermasken, in die der Mensch in ursprünglichen Zuständen mit seinem ganzen Körper hineinkriecht, bis zu den Zeremonien der Zivilisation hat solches, das Fleisch ergreifende Glück der gläubigen Nachahmung niemals seine Bedeutung ganz ausgespielt! - wurde über Bonadea noch dadurch mächtig, daß sie Kleider und Äußerlichkeiten mit einer Art Zwang liebte. [II,524]

Bonadea, die ihren Namen nun wirklich "wie ein bunt besticktes Hauskleid" trägt [I,41], hat vor der Mode dieselbe "Ehrfurcht wie vor der Ewigkeit" [II,525].

---

22 Der Clou der Darstellung besteht in dieser Passage insbesondere darin, daß die von Bonadea Nachgeahmte selbst Nachahmung ist.

> Darum war es auch in solchem Grade komisch, Bonadea ohne Kleider zu sehen; sie war dann gänzlich auch jedes ideellen Schutzes entkleidet und die nackte Beute eines unerbittlichen Zwanges [II,525].

Aber auch vor dem Spiegel als Hausaltar hält der Erzähler an einem nicht unwesentlichen Punkt fest: Die Verwandlung in die gute Göttin ist der Praxis des Künstlers nicht unähnlich.

> Sie zog mit der Liebe eines Malers ihre Augenbrauen nach, emaillierte sich ein wenig die Stirn und Wangen, so daß diese aus dem Naturalismus zu jener leichten Überhöhung und Entfernung von der Wirklichkeit gelangten, die dem sakralen Stil eigentümlich ist [I,525].

Kleider, so fährt der Erzähler fort und gibt dem Ganzen damit explizit den bereits angedeuteten Zug ins Ökonomische, gleichen ebenso wie Schriftzüge Schuldnern, die den Wert, den man ihnen leiht, mit phantastischen Zinsen zurückzahlen [II,526].

> [E]igentlich gibt es nichts als Schuldnerdinge [...].[23] Sie alle dienen, indem sie uns das Vermögen leihen, das wir ihnen borgen, dem Zweck, die Welt in ein Licht zu stellen, dessen Schein von uns ausgeht, und im Grunde ist nichts anderes als dies die Aufgabe, für die jeder sein besonderes System hat. Mit großer und mannigfaltiger Kunst erzeugen wir eine Verblendung, mit deren Hilfe wir es zuwege bringen, neben den ungeheuerlichsten Dingen zu leben und dabei völlig ruhig zu bleiben [II,526].

Der große Künstler und seine Produkte leben also vom Kredit,[24] aber gerade den - so der Erzähler - hat Gott Kakanien als erstem Land des zeitgenössischen Entwicklungsabschnitts entzogen [II,528].

---

23 Diese Folgerung, selbst Teil des Romans, ergibt sich zwangsläufig aus der Tatsache, daß der MoE vollständig aus dem "Schuldnerding" Schrift besteht. Vgl. zum Thema der Schrift das letzte Kapitel dieser Arbeit.

24 Im übertragenen Sinn "die Lebenslust, den Glauben an sich selbst und die Fähigkeit aller Kulturstaaten, die nützliche Einbildung zu verbreiten, sie hätten eine Aufgabe" [II,528].

> Sie [die Kakanier] hatten nicht mehr die Gabe des Kredits und nicht die des Betrugs. [...U]nd sie konnten nichts von ganzem Herzen tun oder lassen, weil es kein Gesetz ihrer Einheit gab. [II,528]

Der Kakanier bekommt damit allerdings ein Realitätsproblem:

> Der Mensch weiß gewöhnlich nicht, daß er glauben muß, mehr zu sein, um das sein zu können, was er ist; aber er muß es doch irgendwie über und um sich spüren, und zuweilen kann er es auch plötzlich entbehren. Dann fehlt ihm etwas IMAGINÄRES [Hervorhebung E. S.]. [I,529]

Diese Definition ist grundlegend: Eine Position des Imaginären muß notwendig besetzt gehalten werden, um überhaupt Mensch sein zu können, und erst durch deren Besetzung entsteht Identität. Diese Bestimmung ist formale Möglichkeitsbedingung für die reflektierende Gattung Mensch. Letztlich gibt es nur eine Methode, Identität vollständig zu unterlaufen. Die 'untätige' Besetzung des Imaginären durch "Nichts":

> Natürlich wäre das der Augenblick gewesen, wo ein guter Kakanier auf die Frage, was er sei, auch mit Begeisterung hätte antworten können: "*Nichts*!". Das heißt Etwas, dem wieder freie Hand gegeben ist, aus einem Kakanier alles zu machen, was noch nicht dawar! Aber *die Kakanier* waren keine so trotzigen Menschen und *begnügten sich mit der anderen Hälfte*, indem sich jede Nation bloß bemühte, mit der anderen das zu machen, was ihr gut schien. [II,529]

Die kakanische 'Pädagogik' einer Identität durch derart selbstgenügsames "Nichts" hat allerdings martialische Folgen:

> Natürlich kann man sich dabei schwer Schmerzen vergegenwärtigen, die man nicht selbst hat. Und man ist durch zwei Jahrtausende altruistischer Erziehung so selbstlos geworden, daß man auch dann, wenn es mir oder dir schlecht gehen soll, immer für den anderen ist. Trotzdem darf man sich unter dem berühmten kakanischen Nationalismus nicht etwas besonders Wildes vorstellen, Er war mehr ein geschichtlicher als ein wirklicher Vorgang. Die Menschen dort hatten einander recht gern; sie schlugen sich

> zwar die Köpfe ein, aber sie taten das nur aus Rücksichten höherer Kultur. [...] Und man darf wohl sagen: Jedesmal, wenn ihre höheren Ichs eine Pause machten, atmeten die Kakanier auf und fühlten sich als brave Eßwerkzeuge, zu denen sie gleich allen Menschen geschaffen waren, sehr erstaunt über ihre Erfahrungen als Werkzeuge der Geschichte. [II,529/30]

Daß es bei der Charakterisierung Bonadeas ebenso wie bei der Kakaniens um die Notwendigkeit einer Verflechtung von Identität mit Imaginärem geht, macht - passiv resistent - bereits die Einleitung des Kapitels I.109 deutlich, sofern sie mehr ist als simple Erinnerungshilfe für den Leser: Sie besteht einerseits auf Unverwechselbarkeit, gibt aber andererseits keine feste Bestimmung.

> Wenn es in Kakanien jemand gab, der von Politik nichts verstand, noch wissen wollte, so war dies Bonadea; und doch bestand zwischen ihr und den unerlösten Nationen ein Zusammenhang: Bonadea (*nicht zu verwechseln* mit Diotima; Bonadea die gute Göttin, Göttin der Keuschheit, deren Tempel durch Verkettung des Schicksals zum Schauplatz von Ausschweifungen geworden war, *Gattin* eines Landgerichtspräsidenten *oder dergleichen und* unglückliche *Geliebte eines Mannes, der* ihrer *weder* würdig *noch* genügend bedürftig *war*) besaß ein System, und die Politik in Kakanien besaß keines. [II,522]

Die Entdeckung, daß Identität formal über eine Besetzung des Imaginären bestimmt wird, und daß dies praktisch durch Kunst, respektive künstlerische Verfahren geschieht, ist mehr als eine philosophische Ehrenrettung einer Sphäre der Täuschung, weil sie bereits selbst im künstlerischen Verfahren steckt. Sie wird im MoE, wie bis hierher gezeigt werden konnte, insbesondere an der Figur Bonadeas entwickelt. Deutlich wird dabei, daß Identität niemals dauerhaft ist. Sie existiert nur solange wie an die Absolutheit der imaginären Besetzung geglaubt wird. Auch die "gute Göttin" zerfällt wieder, wird, präziser gesagt, zum Schauplatz von Ausschweifungen [III.23]. Und es ist signifikanterweise die Nachahmung Diotimas, die Wiederholung der 'sachlichen' Formulierungen ihrer Liebesschule,[25]

---

25 Auch hier ist es nicht Diotima, welche von sich aus spricht; Bonadea zitiert Diotimas Liebesschule, welche wiederum Sofie von Lazarsfeld zitiert. Um

welche Bonadea derartig erregen, daß sie mit Ulrich abermals unmoralisch wird. Aufschlußreich ist aber auch hier wieder der Übergang zwischen Anstand und Wollust. Erzürnt darüber, daß Ulrich sich bei der "richtigen" Diotima und nicht bei ihr aufhält, schmiedet die von versagter Lust Gequälte Pläne für ein Wiedersehen:

> Da sie sich nicht entschließen konnte, Ulrich noch einmal aufzusuchen, ersann sie abermals einen Plan, um ihn für natürliche Empfindungen zurückzugewinnen, und zuerst war das Ende davon fertig: Bonadea wird bei Diotima eindringen, wenn Ulrich bei der Verführerin ist. Die Unterredungen bei Diotima waren ja ersichtlich nur Vorwände, um miteinander schönzutun, statt wirklich etwas fürs Allgemeine zu leisten. Bonadea dagegen wird etwas fürs Allgemeine tun, [...] während die anderen große Worte machen! Bonadea war nicht einen Augenblick erstaunt darüber, daß Moosbrugger wieder zum Retter in der Not werden sollte. [II,577]

Die "Brücke" funktioniert abermals: Wie in Trance dringt Bonadea bei Diotima ein und stellt Ulrich zur Rede. Als Diotimas Kammerzofe Rachel den Namen "Moosbrugger" hört,[26] verhindert sie einen Skandal, indem sie Ulrich und seine Kusine in Diotimas Schlafzimmer führt, wo beide ein längeres Gespräch beginnen. Daraufhin erinnert Ulrich sich an einen Traum, und dessen Vergegenwärtigung bringt ihn zu jener formalen Bestimmung des Gleichnisses, welche in der Forschung unter den Stichworten "gleitende Logik der Seele", respektive

---

die Verweisungsspirale noch um eine weitere Drehung zu erhöhen, sei hier erwähnt, daß 1930 (also zwei Jahre vor dem Druck des betreffenden Kapitels) bei Eugen Diederichs in Jena ein Buch mit dem Titel "Schule der Liebe" erschienen war. Als Verfasserin fungierte eine Diotima (i. e. Leonore Kühn [für diesen Hinweis danke ich Gunther Nickel]); ein Einfluß dieses Buches auf Robert Musil ließ sich vom Verfasser der vorliegenden Arbeit nicht nachweisen.

26 Der Name Moosbrugger fällt in Rachels Ohr "wie Schüsse", darauf beginnt sie zu handeln [II,579]. Ein Beweis dafür, daß das Wort Moosbrugger auch etwas anderes auslösen kann als nur einen "Barock der Leere". Mit diesem "hübschen Namen" bezeichnet Ulrich das "immer gleiche, ärgerliche Gespräch" das sich zwischen ihm und Bonadea ständig wiederholt. Laut Ulrich entsteht es aus "einer inneren Akustik der Leere, in der ein Schuß doppelt so laut widerhallt und nicht aufhört zu rollen [I,265]".

"Analogiedenken" eine tragende Rolle bei der Charakterisierung des Musilschen Schreibverfahrens gespielt hat:[27]

> Die Beziehung, die zwischen einem Traum und dem, was er ausdrückt, besteht, war ihm bekannt, denn es ist keine andere als die der Analogie, des Gleichnisses, die ihn schon des öfteren beschäftigt hatte. Ein Gleichnis enthält eine Wahrheit und eine Unwahrheit, für das Gefühl unlöslich miteinander verbunden. Nimmt man es wie es ist, und gestaltete es mit den Sinnen, nach der Art der Wirklichkeit aus, so entstehen Traum und Kunst, aber zwischen diesen und dem wirklichen, vollen Leben steht eine Glaswand. Nimmt man es mit dem Verstand und trennt das nicht Stimmende vom genau Übereinstimmenden ab, so entsteht Wahrheit und Wissen, aber man zerstört das Gefühl. [...] Es scheint, daß es keine dritte Möglichkeit gibt. [II,581/2]

Die Bedeutung dieser Textstelle wird vom Erzähler in der Begrifflichkeit des Verkehrs quasi eingerahmt und zusammengefaßt. Ulrich befindet sich an einem Verkehrsknotenpunkt:

> Ulrich hatte das Gefühl in dem Gassengewirr, durch das ihn seine Gedanken und Stimmungen so oft geführt hatten, jetzt auf dem Hauptplatz zu stehen, von dem alles ausläuft. [II,582]

Zwar scheint die Kunst von der sinnlichen Seite des Gleichnisses verschwunden zu sein, als Bonadea, die entschieden einen großen Tag hat, zu Ulrich sagt:

> "Im Traum denkst du doch auch nicht, sondern du erlebst irgendeine Geschichte." [II,582]

Aber sie taucht im Zusammenhang mit der Identitätsproblematik indirekt wieder auf. Der *Mann ohne Eigenschaften* gesteht Bonadea seine Identitätsprobleme:[28]

---

27 Z.B. bei Laermann 1970: S. 79f, Fuder 1979, Kümmerling 1987: S. 108-111, Meisel 1991: S. 150.

28 Die Tatsache, daß Buch und Protagonist den gleichen Namen tragen, birgt manch überraschenden Effekt. Im Grunde handelt es sich nur um eine einfa-

> Er war in diesem Augenblick sicher, daß er noch etwas vor sich habe und sich nicht in halben Neigungen vertändeln dürfe. "Du mußt jetzt fortgehen," sagte er leise "und sei mir nicht böse, ich weiß nicht, wann wir uns wiedersehen können, *ich habe jetzt viel mit mir selbst zu tun*!" [II,582]

Und Bonadea, solchermaßen vom Hauptplatz, von dem alles ausläuft, weggeschickt, empfängt kurzfristig eine "wunderbare" Identität:

> Und das Wunder geschah, Bonadea setzte dem keinen Widerstand entgegen und sagte nichts Ärgerlich-Hoheitsvolles. Sie war nicht mehr eifersüchtig. Sie fühlte, daß sie eine Geschichte erlebe [...]. Und das kam ihr so schön vor, daß es ihr nicht einfiel, darin ein Ende zu sehn. [I,582]

Eine Geschichte ohne Ende; wie Bonadea aus dem Verkehr aufgetaucht ist, taucht sie wieder in ihn ein.[29] Mit Hilfe des Dienstmädchens Rachel, gelingt es, die Erlebende unbemerkt verschwinden zu lassen.

---

che Identitätssetzung, die Identität besteht aber wesentlich aus Nichtidentität (Eigenschaftslosigkeit).

29 Dieses Verfahren ist im MoE typisch für Bonadea. Nachdem Ulrich seine "Geliebte" in III.22 zufällig im Straßenverkehr aufgelesen hat, entweicht die aus einem Buch Gekommene in ein anderes. Die "reuig Erfrischte" [III,892] eilt in Diotimas Liebesschule. Vgl. auch III,1014.

4. Clar-risse

4.1 Elternhaus

Fragen nach dem "Ursprung" einer Romanfigur bleiben letztlich immer ein wenig rätselhaft. Im Falle der paranoid nietzscheverehrenden Ehefrau von Ulrichs Jugendfreund Walter gilt dies in besonderem Maße. Ihre Entstehungsgeschichte durchzieht die Romanentwürfe Musils seit dessen ersten autobiographischen Tagebuchnotizen; sie geht zurück auf früheste Spuren des großangelegten Romanprojektes. Bereits Tagebuchaufzeichnungen von 1905 [TB I,85ff] spiegeln eine "Clarisse"-Konzeption, die auf einer Überlagerung von Alice Donath (geb. Charlemont), der psychisch kranken Frau von Musils Jugendfreund Gustl Donath, und einem Nachbarmädchen namens Bertha basiert [TB I,113], zu dem Robert Musil in seiner Kindheit erste erotische Kontakte hatte [TB I,40]. Ebenfalls von vornherein beabsichtige Musil, die "Clarisse"-Figur in eine Konstellation zweier Jugendfreunde zu stellen, von denen einer ihr Mann, der andere der Romanprotagonist sein sollte [TB I,85-95]. Spätestens ab 1911 plante der damals 29jährige Dichter, "Clarisse" mit Nietzsche zu korrellieren und ihr Denken vorrangig in körperlichen Vorgängen zu motivieren [TB I,251]. Auf die Clarisseentwürfe von 1918 zum "Spion", in dem sich bereits eine detailliert angelegte Mossbruggerfigur findet, folgen in den Zwanziger Jahren die "C-Notizen", Mitte der Zwanziger die Ausführungen unter den Chiffren "s5+ ... und s6+" und gegen Ende der Zwanziger die sogenannten "Kapitelgruppenentwürfe", welche schließlich nach erneuten Bearbeitungen in druckfertige Form gebracht worden sind.[1]

Vielleicht wegen ihrer Zugehörigkeit zum Kern des Romans ist die Clarisse des MoE zum Schnittpunkt unterschiedlichster Interpretationen geworden, sind

---

1 Vgl. Howald 1984: S. 217-222.

an ihr wie an keiner zweiten 'Nebenfigur'" Romanessentials wie Nietzschezitation, Wahnsinn, funktionale Satire, psychotisches Sprechen, anderer Zustand etc. erörtert worden.[2]

Dabei werden trotz aller inhaltlicher Verschiedenheit zwei Richtungen der Bewertung deutlich: Konventionellerweise erscheint Clarisse als Musilscher Versuch, die Bemühungen seines Protagonisten Ulrich und dessen Schwester Agathe um den "anderen Zustand", angebliches Hauptthema des Romans, ex negativo mit der Weihe der Vernunft zu adeln: Clarisse gilt - komplementär zu Moosbrugger - als defizitäre Variante, als pervertierter anderer Zustand, als reflexionslos, als gescheiterter siamesischer Zwilling, als Abform, als überzogene Nietzscheadeptin;[3] das heißt: Ihr Wert im Gefüge des Romans bestimmt sich überwiegend negativ.

Demgegenüber heben sich die Musillektüren von Willi Feld, Hans-Georg Pott und Gerhard Meisel ab,[4] die in Clarisse ein eigenständig funktionales Moment zu entdecken vermögen:[5] Bei Feld gilt Clarissens Beziehung zu Walter als Paradebeispiel einer Illustrierung der dialektischen Grundthese, daß sich im MoE, als funktionaler Satire, Darstellung und Rücknahme des Materials aus nichts anderem als aus sich selbst heraus schafft. Pott dagegen versucht, unter Anwendung lacanitischer Theoreme, anhand der Clarissefigur einer Signifikantenlogik dichterischen Sprechens auf die Spur zu kommen. Meisel schließlich kommt nach lu-

---

2 In obiger Reihenfolge der Themen sind beispielsweise zu nennen: Dressler-Brumme 1987 und Venturelli 1988: S. 67-33; Pekar 1989: S. 250-257, Hassler-Rütti 1990: S. 177-233; Feld 1981: S. 187-293, Arntzen 1970: S. 182-186; Pott 1984: S. 95-108, Meisel 1991: S. 169-201; Beard 1971 und Karthaus 1965: S. 73-78.

3 Wiederum in der obigen Reihenfolge der Themen: Die Formulierung von Meister 1987: S. 188: "Clarisse ist keine Meisterdenkerin." sowie Erhart 1991: S. 291; Hassler-Rütti 1990: S. 30-37; Hüppauf 1971: S. 119; Reis 1983: S. 372/3; Heftrich 1986: S. 128; Müller 1972: S. 30.

4 Feld 1981: S. 187-293; Pott 1984: S. 95-108; Meisel 1990: S. 171-190 sowie 1991: S. 169-201.

5 An dieser Stelle wäre auch Claudio Magris zu nennen, der eine kurze linguistische Zeichentheorie an der Clarissefigur entwickelt. Allerdings - und das ist das große Defizit dieser Arbeit - werden als Beweisgrundlage nur Texte aus dem Nachlaß herangezogen. Magris 1981: S. 177-194.

zider Pottkritik und genauerer Lektüre Lacanscher Psychosentheorie zu einem letztlich physikalischen Begriffsrahmen, der ihm erlaubt, die Clarisse-Konzeption, mit Blick auf den Musilschen Nachlaß, als sprachzergliederndes und gegenentropisches Dichtungsmodell[6] zu formulieren.

Alle drei Interpretationen werfen selbstredend neue Fragen auf, wenn auch in unterschiedlichem Ausmaß:

1) Felds Generalthese einer Darstellung, die ihre Bewertungsmaßstäbe selbst objektiv hervorbringt, ist über weite Strecken darauf angewiesen, Felds eigene Werturteile als diejenigen des Romans zu maskieren, um sich als objektiv hervorgebracht setzen zu können.[7]

2) Über Pott ist zu Recht gesagt worden, seine Interpretation verrate eine allzu großzügige (d.i. unspezifische) Lacanlektüre:[8] Jaques Lacans Topoi einer linguistischen Psychoanalyse erscheinen dem Roman bei Pott tatsächlich eher aufgesetzt. Die Ergebnisse, die Pott hinsichtlich Clarissens entwickelt, wirken deshalb letztlich ein wenig schlicht. Pott scheint das selbst bemerkt zu haben,[9] eine generelle Problematisierung bleibt allerdings aus. Thesen, wonach "Clarisse ganz und gar von Zeichen besetzt und bestimmt sei", wonach "ihr Zeichen gesandt werden" und wonach "die Zeichen aufeinander verweisen"[10] sind nicht falsch, gelten aber mit Sicherheit für jede Figur innerhalb eines Romans. Ebenso ist es (gerade nach Lacan) völlig unspezifisch, über Clarisse auszusagen, daß ihr "ver-rücktes Sprechen sich, zunächst fast unmerklich die Abweichung markierend, aus den Gesetzen der metonymisch-metaphorischen Verkettung" bestimme,[11] und die Abschlußthese, wonach es Clarissens Begehren sei, "phallische Mutter zu sein",[12]

6 Vgl: Meisel 1991a: S. 321.

7 Insbesondere: Feld 1980: S. 224/5, betreffs Walter S. 240 und 242, betreffs Clarisse S. 259/60.

8 Meisel 1991: S. 171.

9 Pott 1984: S. 96

10 ebenda: S. 96, 105.

11 ebenda: S. 107.

12 ebenda: S. 108.

tritt im Musilschen Begriff des "Doppelwesens" [III,922/3] m. E. bereits so offen zutage, daß der Effekt erhellender Lektüre an dieser Stelle eher ausbleibt.

Meisels gekonnte Replik auf Potts Untersuchung der Verführungsszene und deren signifikanter Bestimmung des Clarisseschen Muttermals als Ursache allen Wiederholungszwanges faßt den Ort von Clarissens Sprechen wesentlich exakter. Durch den Zusammenfall von sprachregelndem, gesetzgebendem "Namen des Vaters" mit der eindeutigen Triebäußerung des leibhaftigen Vaters wird die Ichbildung, die nach Freud hauptsächlich in Formen der Identifizierung vor sich geht,[13] völlig unmöglich: Das Gesetz wird deutlich als das, was es nach Lacan auch ist: als der verdrängte Trieb. Erweist es sich aber im Akt des väterlichen Inzests als hinfällig, weil der Vater, der mit seinem Namen für das Gesetz einsteht, diesem offensichtlich zuwiderhandelt, so fällt dieser Sündenfall auch die regelnde Instanz "Name des Vaters".[14] In der Folge besetzt das Subjekt die sprachverbürgende Position des Anderen notgedrungen mit dem eigenen (imaginären) Ichideal[15] und ist dadurch prinzipiell nicht mehr in der Lage, die Welt nach Maßgabe der symbolischen Ordnung zu begreifen. Eine Auflösung dieser psychotischen Konstellation durch Sprache, etwa in Form einer "talking cure", ist deswegen wenig erfolgversprechend, weil Kernproblem der Psychose eben die Tatsache ist, daß die Symbo-

---

13 Zu Freud siehe Laplanche/Pontalis 1986: S. 192/3 und 199/200. Zur Systematisierung bei Lacan siehe Lippowatz 1982: S. 89.

14 Das allerdings nur, sofern der Andere bis dato als Gott, das heißt als selbst ohne Mangel, vorgestellt wurde. Hierzu: Lippowatz 1982: S. 97.

15 Vgl. Küchenhoff/Warsitz 1989: S. 120-124. Diese Besetzung stellt idealtypisch genau die Konstellation dar, die von den Adepten Lacans immer wieder als "Spiegelstadium" bezeichnet wird. Zugrunde liegt diesem terminologischen Fauxpas die fälschliche Annahme, daß es sich beim Spiegelstadium um eine rein dyadische Beziehung handele. Aus dem frühen Aufsatz "Das Spiegelstadium als Bildner der Ichfunktion" läßt sich diese Annahme letztlich auch ableiten. Es ist aber darauf zu insistieren, daß Lacan, wenn auch erst 1958 und mit reichlich ambivalenter 'Souveränität', in seinen "Bemerkungen über das Referat von Daniel Lagache" den Spiegelstadiumaufsatz dahingehend expliziert hat, daß die Frage, woher das Kind denn wisse, daß es gerade sich selbst sehe, notwendig zum beglaubigenden Anderen führe, mithin aus der Dyade eine Triade mache. Vgl. Weber 1978: S. 87-97.

lisierungsakte des psychotischen Subjekts keiner intersubjektiven Verbindlichkeit mehr gehorchen.[16] Wenn psychotisches Sprechen sein Problem auch völlig unverstellt aufweist,[17] so ist es mittels Sprache doch auch nicht zu korrigieren.[18]

Diese Kommunikationsunfähigkeit kommt - in Begriffen der Freudschen Ökonomik - gewissermaßen einer Regression in den Primärvorgang gleich. Meisels scharfsinniges Lacan-Argument, welches Primärvorgang letztlich mit Sprachlosigkeit in eins setzt, ließe sich linguistisch mit Wittgensteins Privatsprachenargumentation[19] zusätzlich untermauern. Meisel kann also im Hinblick auf die frei und ungebunden abfließenden Energien des Primärvorganges mit Recht Moosbrugger und Clarisse parallelisieren.[20] Primärvorgang - Sekundärvorgang - Primärvorgang. Wenn man von der Dimensionen der Gewalt absieht, endeckt man die überraschend philosophische Dimension der Psychose: Aufbruch aus der

---

16 In bürgerlicher Terminologie müßte man sagen, der 'Vertrag' der Sprachkonvention sei gebrochen.

17 Betreffs der Phantasien Daniel P. Schrebers hat Siegmund Freud (Freud 1973: SA VII, S. 200) dies selbst eingeräumt, herausgestellt bei Kittler 1985: S. 297.

18 Küchenhoff/Warsitz 1989: S. 134-137. Für die Theoriegrundlage des vorliegenden Kapitels ist die Tatsache von besonderem Interesse, daß Küchenhoff/Warsitz eine bewegungsorientierte Körpertherapie zur Psychosenheilung vorschlagen. Ein Interesse an der Verkehrsform "Handlung und Bewegung" ist also auch von klinischer Seite gegeben.

19 Wonach keine Sprache möglich ist, die notwendig nur von einer Person gesprochen werden kann. Wittgensteins Argumentation ist bei Schulte 1989: S. 194 konzis zusammengefaßt: "[Wittgensteins Gedankengang] geht davon aus, daß man nicht sinnvoll sagen kann, nur ein einziger Mensch sei einer Regel nur einmal gefolgt. Dieser Satz hat deshalb keinen Sinn, weil eine Regel Bestandteil sein muß einer irgendwie institutionalisierten Praxis: Eine Spielregel gibt es nur als etwas zu einem Spiel Gehöriges [...]. Ein angeblich privates Regelfolgen wäre nichts weiter als ein vermeintliches Regelfolgen: Es fehlen alle üblichen Konsequenzen des Regelfolgens, und der Betreffende kann höchstens glauben, einer Regel entsprechend zu handeln. Aber 'der Regel zu folgen glauben [im Original kursiv] ist nicht: der Regel folgen. Und darum kann man nicht der Regel 'privatim' folgen, weil sonst der Regel zu folgen glauben dasselbe wäre, wie der Regel folgen.' (PU, § 202)." Eine ausführlichere Diskussion bietet Kripke 1987.

20 Meisel 1991: S. 169.

Sprachlosigkeit und anschließend mit den Mitteln der Kultur wieder in den Primärzustand, so stellt man sich gemeinhin die Emanzipation des Menschen vor. Meisel deutet diese Bewegung anhand Freudscher Äußerungen zur Ökonomie des Todestriebes physikalisch. Während der dadurch möglichen Einordnung der Clarissefigur in ein dem Gesamtroman unterstelltes thermodynamisches Entropiemodell muß er allerdings überaus häufig auf Nachlaßentwürfe zurückgreifen, Texte, deren Autorität für das MoE-Konzept nach Abschluß von Kapitel III.38 aufgrund verhältnismäßig früher Entstehung zumindest fraglich bleibt.

Auf diesem Niveau der Musillektüre kann es m. E. hilfreich sein, eine Relektüre der Geschichte Clarissens zu beginnen, welche sich um das Aufspüren von Verkehrsknotenpunkten bemüht. Sie zielt, um erst an ihrem Ende eventuell über "Identität" sprechen zu können, zunächst einmal darauf ab, die Vergewaltigungsepisode - durchaus im Einklang mit Freud/Lacan - als Darstellung, nicht aber als Motivation Clarisscher Äußerung zu begreifen.[21]

Sie wird dann allerdings eine andere Motivationsweise zu suchen haben, einem anderen Gewaltakt nachspüren, einen anderen Konflikt hervorkehren und zu einem, gewissermaßen anderen *Urteil* kommen.

Dazu ist es in einem ersten Schritt erforderlich, die Geschichte Clarissens noch einmal einem gesonderten Augenmerk zu unterziehen:

Das Kapitel I.70 trägt die Überschrift "Clarisse besucht Ulrich, um ihm eine Geschichte zu erzählen". Es ist eine Geschichte, die auffallend deutlich mit psychoanalytischem Potential angereichert ist. Vom Vater wegen angeblicher Geldsorgen zu Ulrich geschickt [I,291], erzählt Clarisse die Geschichte einer versuchten Verführung der nach eigenem Bekunden damals Fünfzehnjährigen durch eben diesen Vater. Die Geschichte ist einfach und verwickelt zugleich.[22] Der Vater, eine Art "Schönheitsarzt" für die Einrichtung von Palästen und Landschlössern, habe sich während der Ausstattung des Pachhofenschen Schlosses in die siebzehn-

---

21 Meisels Clarisselektüre wird also in ihrem Recht gelassen; sie bekommt allerdings eine völlig andere Ausrichtung.

22 Die folgende Zusammenfassung bezieht sich auf die Seiten I,291 - I,295.

jährige Lucy Pachhofen, Modell seiner klassizistischen Bilder[23] und Tochter des abwesenden Hausherren, verliebt. Walter, der spätere Mann Clarissens, sei zu dieser Zeit ebenso Gast auf dem Anwesen gewesen wie Meingast, der spätere Philosoph, der damals aber noch 'Hahn im Korb' aller Familien mit Töchtern gewesen sei. Walter hätte eine ambivalente Beziehung zu Clarissens Vater gehabt, einerseits hätte er ihren Vater anfangs mehr geliebt als Clarisse, ihn andererseits aber wegen des altmodischen Malstils außerordentlich verachtet. Diese Kritik hätte den alten Maler auffallend verunsichert. Angestachelt durch Clarissens Liebe und aufgehetzt von Clarissens Mutter habe Walter eine überaus begünstige Machtposition innerhalb der Familienbeziehungen gewonnen. Der Vater indes sei drauf und dran gewesen, mit seiner Liebe zu Lucy die eigene Familie zu ruinieren. Lucy selber sei zusätzlich zum Status des Noch-Nicht-Geliebten von Clarissens Vater auch noch beste Freundin Clarissens gewesen.[24] Nachts, wenn sich Clarisse in ihrem Turmzimmer zur Ruhe gelegt habe, sei Lucy zu ihr ins Bett gekommen, um ihre Abenteuer zu beichten.

Bereits bis hierher verrät der Text in der Fülle verschiedenster Doppelbesetzungen eine intime Kenntnis ödipaler[25] Konstellationen.[26] Die Geschichte nimmt aber eine noch deutlichere Wendung:

Lucys Vater sei zurückgekommen und habe seine Tochter mitgenommen, wenn auch nur zu einer Spanienreise. Clarissens Vater habe darauf angeblich mit dem Verlust seiner malerischen Potenz reagiert. Er sei von morgens bis abends

---

23 Die Tochter als Wandgemälde des väterlichen Hauses. Eine bildhaftere Inszenierung von Besitz und Bildung ist nur sehr schwer vorstellbar.

24 Was der ambivalenten Position des Mädchens im ödipalen Drama haargenau entspricht.

25 So sind z.B. beide Mädchen der Meinung, daß sich Clarissens Vater eigentlich zu erschießen habe. [I,293]

26 Deutliche Anspielungen auf die Haus/Ich Symbolik und den Traumdeutungscharakter der ganzen Szenerie liefert die folgende Sentenz: "Ich glaube, das alte Schloß hatte seit seiner Erbauung noch keine solchen Komplikationen beherbergt. Den ganzen Tag über trieb sich Lucy, wo sie nur konnte, mit Papa herum, und nachts kam sie zu mir in den Turm beichten. Ich schlief nämlich im Turm, und wir brannten fast die ganze Nacht Licht." [I,293]

unhergeritten, ohne einen Strich zu malen, hätte seine Frau manchmal fast erwürgen wollen und auch zu Hause "keinen Pinsel" [I,293] angerührt, obwohl er sonst wie eine Maschine gemalt hätte. Der Vater - so scheint es - ist mit den Stellvertretungen eines anderen Bildes beschäftigt:

> Und ich denke mir, das Bild, wie er Lucy und mich oft gesehen hat, als zwei Freundinnen, die einander den Arm um den Leib legen und vertraut miteinander plaudern, muß in ihm damals aufgegangen sein, - wie ein wilder Samen. Vielleicht hat er auch davon gewußt, daß Lucy immer zu mir in den Turm gekommen ist. Kurz, einmal, so gegen elf Uhr nachts, alle Lichter waren bereits ausgelöscht, war er da! Du, das war etwas!" [I,294]

Die folgenden Textpassagen stehen unter deutlicher Vorherrschaft zweier Verkehrsformen. Auffällig oft werden Übergänge von Bewegung und Starre, von Sprechen und Schweigen, thematisiert:

> "Er muß reglos in der Tür stehen geblieben sein, denn man hörte eine ganze Weile nichts. Er war wahrscheinlich auch erschrocken. Dann zog er vorsichtig die Türe zu und hat mich leise angerufen. Ich bin wie durch alle Sphären gesaust. Ich habe ihm keineswegs antworten wollen, aber das ist das Sonderbare: ganz aus mir heraus, als wäre ich ein tiefer Raum, ist ein Laut gekommen, der wie ein Winseln war. Kennst du das?" "Nein. Erzähl weiter!" "Nun einfach, und im nächsten Augenblick hat er sich mit unendlicher Verzweiflung an mir festgehalten." [I,294]

Bei solch untätig verkrampftem Handgriff bleibt es allerdings nicht:

> "Ich glaube, daß ihn wegen des Versäumten tolle Wut gegen alle Sittsamkeit gepackt hat. Ich [...] weiß sofort, obgleich es stockfinster war, daß er jetzt ganz zusammengekrampft ist von rücksichtslosem Hunger nach mir. Ich weiß, jetzt gibt es keine Schonung und Rücksicht [...]; ich habe gefühlt, wie sein Arm sich an meinem Körper hinabschlängelt und von meiner Schulter löst. Und da wollte ich dich etwas fragen. Deshalb bin ich gekommen -" Clarisse unterbrach sich. "Was? Du hast doch nichts gefragt!" half ihr Ulrich nach kurzer Pause. "Nein. Ich muß vorher noch etwas anderes sagen: Ich habe mich bei dem Gedanken, daß er meine Reglosigkeit für

ein Zeichen des Einverständnisses halten müsse, verabscheut; aber ich bin ganz ratlos liegengeblieben, eine steinerne Angst hat auf mir gelastet. Wie denkst du darüber?" "Ich kann da gar nichts sagen." [I,294/5]

Erst nach dieser Introduktion, zu der Ulrich buchstäblich nichts zu sagen hat, kommt es zu denjenigen Sequenzen, die in den oben genannten Musillektüren Potts und Meisels Beweisgrund aller Ausführung sind:

> "Mit einer Hand hat er mich immerzu im Gesicht gestreichelt, die andere ist gewandert. Zitternd, mit gespielter Harmlosigkeit, weißt du, über meine Brust wie ein Kuß hinweg, dann, als wartete sie und lauschte auf Antwort. Und zuletzt wollte sie - nun du verstehst wohl, und sein Gesicht suchte zugleich das meine. Aber da habe ich mich doch mit letzter Kraft ihm entwunden und zur Seite gedreht; und wieder ist dabei dieser Laut, den ich sonst nicht an mir kenne, so zwischen Bitte und Stöhnen liegt er, aus meiner Brust gekommen. Ich habe nämlich ein Muttermal, ein schwarzes Medaillon-" "Und wie hat sich dein Vater verhalten?" unterbrach sie Ulrich kühl. [I,295]

"Verhalten", könnte man ebenso kühl antworten. Der Laut aber, den Clarissens Körper abgesondert haben soll, ist nicht sprachlich (dazu fehlt ihm vor allem das Kriterium bewußter Wiederholbarkeit[27]), er ist eher ein Verhalten, wie das Winseln des Tiers; er liegt jenseits des Spracherwerbs. In Clarissens Geschichte allerdings wird er gegen diese Bestimmung zum Abwehr-Zeichen funktionalisiert:[28]

Wer diesen Laut als Einverständnis zum Inzest interpretiert, macht sich zum Tier. Und dahingestellt, ob er das selbst versteht oder nicht: Der Vater unterbricht den Verkehr mit seiner Tochter. Das Gespräch allerdings geht weiter und wird überdies dramatisch:

---

27 Vgl. II,436.

28 Logischerweise macht die Tatsache, die dem Laut die Weihe der Sprache verweigert (nicht beliebig iterierbar zu sein), ihn radikal interpretierbar. So gilt er auch wahlweise als Ruf, Bitte oder Abwehr und erst durch die Bewegung des Wegdrehens bekommt er den "intersubjektiven" Charakter der Warnung.

> Aber Clarisse ließ sich nicht unterbrechen. "Hier!" sie lächelte gespannt und zeigte durch das Kleid eine Stelle einwärts der Hüfte. "Bis hierher ist er gekommen, hier ist das Medaillon. Dieses Medaillon besitzt eine wunderbare Kraft oder es hat damit eine besondere Bewandtnis!" Das Blut strömte ihr plötzlich ins Gesicht. Ulrichs Schweigen ernüchterte sie und löste den Gedanken, der sie gefangen gehalten. Sie lächelte verlegen und schloß rasch mit den Worten: "Mein Vater? Er hat sich augenblicklich aufgerichtet [...] Ich hatte ihn doch im letzten Augenblick erlöst." [I,295]

Kein Zweifel, die Kompositionslogik der Geschichte verweist auf Freud, die Themen sind deutlich: Der Häuser einrichtende Vater, die Komplikationen, die das alte Schloß beherbergt, der Inzestversuch, die Stellvertretungen im ödipalen Dreieck.

Und es erscheint legitim, solch analytische Stimmigkeit als Realitätsbeweis zu nehmen.

Es ist aber mindestens ebenso legitim, den Text mit einer ganz anderen Freudschen Matrix zu korrelieren: Der Theorie der Urphantasien, hier insbesondere mit dem Skandalon der Verführungstheorie.

Laplanche/Pontalis fassen die Entstehungsgeschichte dieser Theorie konzis zusammen:

> In den Jahren 1907-1909 [...] bemüht sich Freud, typische Szenen, imaginäre Szenarien (Familienroman) oder theoretische Konstruktionen (infantile Sexualtheorien) herauszuarbeiten, durch die der Neurotiker und vielleicht "jedes menschliche Kind" die großen Rätsel seiner Existenz zu beantworten sucht. Aber es ist bemerkenswert, daß die volle Kenntnis der Phantasie als eines autonomen, erforschbaren Gebietes, das seine eigene Konsistenz besitzt, Freud der Frage des Ursprungs dieser Phantasie nicht enthebt. Die Analyse des *Wolfsmanns* [i. O. kursiv] gibt das treffende Beispiel dafür: Freud versucht, die Realität der Szene über die Beobachtung des elterlichen Koitus durch Rekonstruktion der kleinsten Details zu beweisen, und als er durch die Jungsche These, wonach eine solche Szene nur ein vom Erwachsenen konstruiertes Zurückphantasieren ist, verunsichert scheint, hält er nichtsdestoweniger mit Beharrlichkeit daran fest, daß die Wahrnehmung dem Kind Hinweise geliefert habe, aber vor allem führt er den Begriff der 'Urphantasie' ein. In diesem Begriff vereint sich das, was

> man den Grundstein des Erlebnisses nennen könnte, und das Bemühen, die Struktur der Phantasie selbst auf etwas anderes als das Erlebnis zu gründen. [...] Betrachtet man nun die Themen der Urphantasien (Urszene, Kastration, Verführung), so ist man von einem gemeinsamen Zug beeindruckt: Alle beziehen sich auf die Ursprünge. *Wie die kollektiven Mythen*, so nehmen auch sie für sich in Anspruch, eine Beschreibung und eine "Lösung" für das, was für das Kind das Hauptrātsel darstellt, bereitzuhaben. Was dem Subjekt als eine Realität erscheint, die nach einer Erklärung verlangt, nach einer Theorie, *dramatisieren sie* zum Erscheinungsmoment, *zum Ursprung einer Geschichte*. In der "Urszene" ist es der Ursprung des Subjekts, der dargestellt wird; in den Verführungsphantasien der Ursprung, das Auftauchen der Sexualität; in den Kastrationsphantasien der Geschlechtsunterschied.[29]

Für die Geschichte des Freudschen Denkens war es der entscheidende Schritt ins neue Jahrhundert, seine zwischen 1895 und 1897 ausgearbeitete Verführungstheorie dahingehend zu destruieren, daß er die Realität der Verführungsszene bezweifelte. Das steht gewissermaßen am Ursprung moderner Psychoanalyse. Von nun an wird das kleine Kind seine Sexualität schon immer gehabt haben.[30] Anders gewendet: Das Verhältnis von Realität und Phantasie gerät neu in den Blick.

> Wenn die Hysteriker ihre Symptome auf erfundene Traumen zurückführen, so ist eben die Tatsache die, daß sie solche Szenen phantasieren, und die psychische Realität verlangt neben der praktischen Realität gewürdigt zu werden. *Es folgte bald die Einsicht, daß diese Phantasien dazu bestimmt seien, die autoerotische Betätigung der ersten Kinderjahre zu verdecken, zu beschönigen und auf eine höhere Stufe zu heben.* Und nun kam hinter

---

29 Laplanche/Pontalis 1986: S. 575

30 Die Psychoanalyse sieht sich daher im Umkehrschluß von einer Erneuerung der Verführungstheorie mit Recht ernsthaft bedroht. Hierzu Laplanche/Pontalis 1986: S. 591: "Die Gefahr einer solchen Erneuerung der Verführungstheorie liegt darin, daß der voranalytische Begriff der sexuellen Unschuld des Kindes, die durch die erwachsene Sexualität verdorben wird, eine Erneuerung erfährt."

> diesen Phantasien das Sexualleben des Kindes in seinem ganzen Umfange zum Vorschein.[31]

Wenn die Verführung aber weniger reales Faktum ist, das in die Geschichte des Subjekts zu verlegen ist, sondern eine strukturelle Gegebenheit, die historisch nur in Form eines Mythos übermittelt werden kann,[32] wenn sie vor allem der Kaschierung kindlicher Autoerotik dient,[33] wenn eine reale Verführung oft zu einem relativ späten Zeitpunkt stattgefunden hat, wobei der Verführer nunmehr ein anderes gleichaltriges oder etwas älteres Kind ist[34] und wenn diese Verführung nachträglich durch Zurückphantasieren in eine frühere Periode verlegt und einem Elternteil zugeschrieben wird,[35] so ergibt dies ein umfangreiches Tableau, welchem im MoE zuerst einmal nachgespürt werden müßte, um der Figur Clarisse eine eigene Kontur geben zu können. Gedeckt wird die Mutmaßung einer Clarisschen Verführungsphantasie durch einige Auffälligkeiten betreffs der dramatischen Szenerie. Die von Freud hervorgehobene Analogie zum in sich geschlossenen mythischen Schauspiel[36] zeigt sich deutlich, wenn Clarissens dramatische Schilderung einfach nicht zu unterbrechen ist [I,295], oder wenn die an der Szenerie Beteiligte den "kühl" Außenstehenden plötzlich befragt, ob er jetzt *im Bild* sei [I,292]. Der in dieser Hinsicht vielleicht (doppel)deutlichste Erzählerkommentar lautet bezeichnenderweise:

> Clarisse wurde jetzt lebhaft von der Bedeutung *ihrer eigenen Geschichte* hingerissen. [I,294]

---

31 Freud 1914: GW, X, 56.

32 Laplanche/Pontalis 1986: S. 591.

33 ebenda: S. 590.

34 ebenda.

35 ebenda.

36 Es scheint m. E. für den Ort des Mythos konstitutiv zu sein, ihm entweder von außen kritisch gegenüberzustehen, oder ihn "innerhalb" des Mythos nachvollziehen zu müssen.

Doch bei aller Analogie, ein Einwand liegt noch immer auf der Hand: Literatur wird nicht in erster Linie dazu geschrieben, psychoanalytische Theorie zu verifizieren.[37]

Daher soll gegen die Authentizität von Clarissens Geschichte noch ein anderer Einspruch geltend gemacht werden: Dem Wortlaut der Geschichte selbst ist ein konterkarierender Faktor eingeschrieben. In dem Moment nämlich, in welchem sich Clarisse an Dr. Meingast erinnert - und es wird noch zu zeigen sein, auf welche Weise dieser Name auf Clarissens tatsächlichen Gast verweist - taucht eine bemerkenswerte Fehlleistung auf:

> "Sie [Lucy] war damals siebzehn und ich fünfzehn; Papa sollte das Schloß einrichten und umbaun." "? Nun ja, natürlich, das Pachhofensche. Wir waren alle eingeladen. Auch Walter war zum erstenmal mit uns. Und Meingast." "Meingast?" Ulrich wußte nicht wer Meingast sei. "Aber ja, du kennst ihn doch auch; Meingast, der dann in die Schweiz gegangen ist. Damals war er noch nicht Philosoph, sondern Hahn in allen Familien, die Töchter hatten." "Ich habe ihn nicht persönlich gekannt;" stellte Ulrich fest "aber jetzt weiß ich wohl, wer er ist." "Also gut," - Clarisse rechnete angestrengt im Kopf "warte: Walter war damals dreiundzwanzig Jahre alt und Meingast etwas älter." [I,291/2]

Trotz oder wegen der Anstrengung, die Rechnung ist falsch: Der Roman beginnt bekanntermaßen im August 1913. Bei der Einführung von Walter und Clarisse in Kapitel I.14 finden sich folgende Angaben zu ihrer beider Alter:

> Als Clarisse vor drei Jahren [also im Sommer 1910] seinen [Ulrichs] Jugendfreund heiratete, war sie zweiundzwanzig Jahre alt gewesen. [I,49]

> Er [Walter] war ein angenehmer Mensch mit sprechenden, gehaltvollen Augen, noch heute, soviel stand fest, obgleich er das vierunddreißigste Jahr schon überschritten hatte [I,50].

---

37 Vgl. Grathoff 1985: S. 174.

Wenn Walter im Sommer 1913, also zu der Zeit, als Clarisse 25 ist, das vierunddreißigste Lebensjahr bereits überschritten hat, dann ist er strenggenommen 34 (Jahre und n Tage alt). Und wenn Clarisse zum Zeitpunkt der sommerlichen Verführung [also im Jahre 1903] fünfzehn Jahre alt gewesen sein will, so hieße das für Walter, damals ein Alter von 24 Jahren gehabt zu haben. Es sei denn, Walters Geburtstag läge gegen Ende Juli und Clarissens gegen Jahresanfang; diese Konstellation würde für Clarissens Berechnung sprechen. Dagegen ist aber auch dann noch einzuwenden, daß im Roman von Clarissens Erinnerung an einen *anderen Sommer 1903* berichtet wird, den alle zusammen, nicht im Schlosse der Pachhofens, sondern in der Sommerfrische in mehreren gemieteten Villen an einem See verbracht haben [II,438]. Und genau dort hätten Walter und Clarisse begonnen, sich ineinander zu verlieben [II,439/40], und zu diesem Zeitpunkt, meint Clarisse, ebenfalls 15 gewesen zu sein [II,439]. Die Realität dieses Sommers 1903 läßt sich mit Walters Erinnerungen an das Erwachen beiderseitiger Liebe [III,829-32] sowie deren Datierungen [I,50;III,829] vergleichen und letztlich bestätigen. Fazit: Clarissens angebliche Verführung durch den Vater entzieht sich ihrer exakten zeitlichen Bestimmung.[38]

Ungleich wichtiger als die Bestätigung einer gemeinsamen Sommerfrische 1903 (mit einer fünfzehnjährigen Clarisse am See) durch die Übereinstimmung zweier gleichlautender Figurenaussagen[39] ist aber, daß die Bedeutung dieser Sommer-Episode im Gegensatz zur Verführungsphantasie[40] durch den Erzähler symbolisch als Clarissens Sündenfall beglaubigt wird. So jedenfalls ist der lapidare Kommentar zu verstehen, der sich an den Bericht des gravierenden Ereignisses und dessen Verarbeitung durch Clarisse anschließt.

---

38 Das heißt ohne weitere Indizien an und für sich noch nicht allzuviel, da eine einzelne Äußerung einer Erzählerkippfigur nicht umstandslos als Wahrheitsgarant herangezogen werden kann.

39 Übereinstimmung herrscht nicht nur bezüglich des Zeitpunktes, sondern auch bezüglich der Übergriffe Meingasts und dessen baldigem Verschwinden [II,441;III,829] sowie den Ausschweifungen der Verlobungszeit zu Beginn des Jahres 1904 [I,442;III,831].

40 Im Titel von I.70 ist die Verführung der Tochter durch den Vater ja lediglich eine Geschichte.

> Clarisse hatte wieder ihren Apfel gefunden, benagte ihn und zerkaute kleine Stückchen. [II,439]

Wie um auch die letzte Datierungsunsicherheit[41] hinsichtlich dieses Sündenfalls zu beseitigen, wird des weiteren explizit klargestellt:

> Und nun wußte sie auch das: es war der Sommer vor dem Sommer mit Lucy gewesen.[42] Meingast küßte sie damals, wann es ihm beliebte. [II,439]

Dr. Meingast küßt nicht nur Clarisse, er stellt auch ihren Freundinnen nach. Die anschließenden Abenteuerberichte Meingasts quittiert Clarisse mit lustvoller Beschimpfung des bereits Erwachsenen: "Sie sind ein Schwein!"[43] [II,439]. Ungleich wichtiger aber ist, daß Clarisse wegen des Noch-nicht-Philosophen Meingast selbst einen Besuch bekommt, einen Besuch von "ihrem Gast", der nicht "Mein-gast" ist, ebenso wie (in Kap. I.70) die Geschichte eines Menschen nicht seine eigene ist.

> Sie lebten gerade in einem Sommerquartier [...] Clarisse schlief mit Marion, und um elf Uhr kam manchmal Dr. Meingast auf einer heimlichen Mondscheinrunde zu ihnen ins Zimmer, um zu plaudern, der jetzt in der Schweiz ein berühmter Mann war und damals den Vergnügungsmeister und Abgott aller Mütter abgab. Wie alt war sie damals? Fünfzehn oder sechzehn Jahre oder zwischen vierzehn und fünfzehn,[44] als sein Schüler Georg Gröschl mitkam, der nur um weniges älter war als Marion und Clarisse? Und Dr. Meingast war an jenem Abend zerstreut, hielt bloß eine kurze Rede über Mondstrahlen, empfindungslos schlafende Eltern und

41 "Wie alt war sie damals? Fünfzehn oder sechzehn Jahre oder zwischen vierzehn und fünfzehn." [II,438]

42 Einen Sommer im Hause Pachhofen kann es mit einer fünfzehnjährigen Clarisse und einem dreiundzwanzigjährigen Walter also nicht gegeben haben.

43 Die Ironie dieser Tierprädikation erschließt sich am Ende des vorliegenden Kapitels nahezu von selbst.

44 Vgl. die Klarstellung etwas weiter unten: "Und nun wußte sie auch das: es war der Sommer vor dem Sommer mit Lucy gewesen." [II,439]

> neue Menschen, verschwand plötzlich und schien nur gekommen zu sein, um den stämmigen kleinen Georg, der sein Bewunderer war, bei den Mädchen zurückzulassen. [II,438]

Dieser Georg, später aussichtsvoller und eleganter Regierungsjurist [II,439], macht sich im Dunkel einer Zimmerecke lautlos an Marion zu schaffen.

> Das dauerte sehr lange. Schließlich aber löste sich, während Marion sich so wenig wie vorher regte, Georg wie ein Mörder aus dem Schatten los, wurde in der mondhellen Zimmermitte einen Augenblick lang an Schulter und Seite bleich sichtbar und kam zu Clarisse, die sich rasch wieder niedergelegt und die Decke bis ans Kinn gezogen hatte. Sie wußte, nun würde sich das Heimliche wiederholen, das bei Marion geschehen war, und war starr vor Erwartung, indes Georg stumm neben ihrem Bett stand und, wie es schien, die Lippen unheimlich fest aufeinanderpreßte. Endlich kam seine Hand, wie eine Schlange, und machte sich an Clarisse zu schaffen. Was er sonst tat, blieb ihr unklar; sie hatte keine Vorstellung davon und konnte das wenige, was sie trotz ihrer Erregung von seinen Bewegungen wahrnahm, nicht zusammenreimen. Sie selbst empfand da gar keine Wollust, die kam erst später, im Augenblick war nur eine starke, namenlose, ängstliche Aufregung vorhanden; [II,438]

Bewegung und Starre,[45] (Nicht)Sprechen und Erregung,[46] Dunkelheit und Zeichendeutung,[47] Lust und Mörder,[48] Hand[49] und Schlange:[50] Was sich in dieser Passage versammelt hat, klingt wie ein komplettes 'Themenlexikon Clarisse'.

---

45 Vgl. I,146/7,291; II,607/9,659; III,780,829,836,929.

46 Vgl. II,354,357,608/9,658-61.

47 Vgl. II,442,444/5; III,913.

48 Vgl. I,217; III,921/2.

49 In diesem Zusammenhang ist auffällig, wie über "Nacht", "Bewegungslosigkeit", "Hand" und "Heimlichkeit" die unterbundene Handlung Marions [II,437], die Gröschlszene und der Beginn der Beziehung von Walter und Clarisse korrelliert werden: "[I]n der Hauptsache sah er sie bloß immerzu an, sie unter allen ihren Freundinnen, darin bestand anfangs die Beziehung, und das war so, wie wenn der Mond herschaut, man faltet die Hände. Wirklich ging ihre Beziehung zueinander dann auch durch Hände-

Aber an diesem Verkehrsknotenpunkt geht es um mehr, er fällt nicht lediglich einen Richterspruch über die Identität Clarissens und demonstriert ebensowenig nur die prekäre Koexistenz von Verkehrsformen der Bewegung und Sprache. Er macht gleichfalls eine Zeugenaussage über den Romanstatus: Das Urteil, zu dem die Passage führt, ist kafkaesk. Denn von dem Prager Kaufmannssohn stammt bekanntermaßen der ungeheuere Einfall, jene Sentenz, in welcher sich der an einem Brückengeländer hängende Protagonist Georg Bendemann (genau in dem Augenblick, als ein schwerer "Autoomnibus"[51] über die Brücke rollt) ins Wasser fallen läßt, mit den Worten abzuschließen:

> In diesem Augenblick ging über die Brücke ein geradezu unendlicher Verkehr.[52]

Die Konstellation von Übergang, schwerem Verkehrsmittel, Duldung und 'abseitigem' Individuum macht den Zitatcharakter der entsprechenden MoE-Stelle deutlich.

> [Clarisse] verhielt sich still wie ein zitternder Stein in einer Brücke, über die endlos langsam ein schweres Fuhrwerk rollt, vermochte nichts zu sagen und ließ alles mit sich geschehen. [II,438/9]

Und doch gibt es einen entscheidenden Unterschied: Die "starke Ejakulation" unendlichen Verkehrs, an die Kafka bei dieser Schlußsequenz nach eigenem Bekunden gedacht haben soll,[53] kommt in der Logik des Kafkaschen Textes durch die

---

drücke weiter; stille Händedrücke, jetzt ohne Worte, in denen eine einzigartig bindende Kraft lag. Clarisse fühlte ihren ganzen Körper gereinigt durch seine Hand." [III,439/40] Allen weiteren relevanten Textstellen zum Motiv der Hand wird im Verlauf des vorliegenden Kapitels eingehende Aufmerksamkeit gewidmet.

50 I,146/295; II,606.

51 Zu dieser merkwürdigen Wortschöpfung vgl. die letzte Anmerkung des Döblin-Exkurses im vorliegenden Kapitel.

52 Kafka 1983: ER S. 52.

53 Brod 1966: S. 114.

Eskamotierung des Protagonisten zustande. In Clarissens Fall ist die Unendlichkeit des Verkehrens hingegen durch einen ganz und gar anderen Verlustmodus gegeben. Ein endlos langsames Verkehrsmittel läßt Clarisse zwar überleben, aber nur um den Preis einer Eskamotierung von Gefühl und Ejakulation: Ein im Kantischen Sinne wechselseitiger Gebrauch der Geschlechtseigenschaften findet in der Ehe von Walter und Clarisse nicht statt.

Warum aber generell diese Anspielung, wenn es um Identitätsfragen geht? Weil der Text seine Identität damit in die Hände eines anderen Textes begibt, sich dem Urteil eines anderen unterwirft.

Genau die Frage bürgerlicher Identität, mit ihrem Widerspruch von Souveränität und Fremdbestimmung, von autonomen und determiniertem Sprechen, ist - wie Gerhard Neumann in seinem vorzüglichen Kafka-Kommentar[54] eindrucksvoll gezeigt hat - auch Thema des Kafkaschen "Urteils".

Noch die grammatische Form des Urteilsspruches ist vom gleichermaßen notwendigen wie unmöglichen Zusammenfallen dieser Ambivalenz gezeichnet. Nicht einfach zum "Tode durch Ertränken" wird Georg Bendemann verurteilt, sondern viel präziser zum "Tod des Ertrinkens", ein Tod, bei dessen Logik Richter und Delinquent in eins fallen müssen,[55] ein Tod, der, wörtlich genommen, sogar die Strafe selbst noch ereilt.

Kafkas Protagonisten, auch darauf hat Neumann bereits hingewiesen, können ihr Dilemma zwischen Regression und Emanzipation[56] letztlich nicht lösen, ohne ihre vitale Existenz aufzugeben, mithin sämtlich zu versterben.

Einzig der Affe "Rotpeter" findet im "Bericht für eine Akademie" eine Strategie, derartig menschliche Gewaltakte zu überleben. Selbstredend muß aber auch er dafür seine naturale Identität opfern: Nach einem "Namensschuß" in die

---

54 Neumann 1981.

55 Vogl 1990: S. 245 weist daraufhin, daß der Vater am Schluß des "Urteil[s]" im Bett niederstürzt.

56 Neumann 1981, S. 136.

Wange und einem "Kastrationsschuß" in den Unterleib beschließt der nunmehr hinkende[57] Affe Rotpeter, doch lieber gleich Mensch zu werden.[58]

Eine Wunde im Unterleib, vorzeigbares Wundmal nach theologischem Muster:[59] "Sehet, (welch) ein Mensch", ist quasi die Eintrittsvoraussetzung, um überhaupt Mensch zu sein, und - um über andere urteilen zu können. Daher hat sie auch der väterliche Richter Georg Bendemanns aufzuweisen. Dessen (Selbst)Darstellung in Form einer Auferstehung (des bis dato "gut Zugedeckten") von den Toten[60] findet nicht umsonst genau in dem Moment statt, als es um die sexuelle Befriedigung des Sohnes geht:

> "Aber schau mich an!" rief der Vater, und Georg lief, fast zerstreut, zum Bett, um alles zu fassen, stockte aber in der Mitte des Weges. "Weil sie die Röcke gehoben hat", fing der Vater zu flöten an, "weil sie die Röcke so gehoben hat, die widerliche Gans",[61] und er hob, um das darzustellen, sein Hemd so hoch, daß man auf seinem Oberschenkel die Narbe aus seinen Kriegsjahren sah, "weil sie die Röcke so und so und so gehoben hat, hast du dich an sie herangemacht, und damit du an ihr ohne Störung dich befriedigen kannst, hast du unserer Mutter Andenken geschändet, den Freund verraten und deinen Vater ins Bett gesteckt, damit er sich nicht

---

57 Vgl. die berühmte Studie des Ödipus-Mythos in der "Strukturalen Anthropologie". Lévi-Strauss 1958/1971: S. 235f.

58 Vgl. Neumann 1981: S. 129, 157.

59 Vgl. die angeblich vom Freund berichtete, vom Vater mehrmals wiedererzählte Revolutionsepisode, nach der sich ein Priester, bei einem Tumult in Kiew sich auf einem Balkon stehend, ein Blutkreuz in die flache Hand geschnitten, diese Hand erhoben und die Menge hernach angerufen haben soll. Kafka 1983: ER S. 49.

60 Bis zu diesem Zeitpunkt insistiert der Text immer wieder auf einem vom Sohn "gut zugedeckten" Vater. Dieses 'Abdeckermotiv' hält die Semantik des Todes überdeutlich parat, etwa im Vorwurf des Vaters: "Du wolltest mich zudecken, das weiß ich mein Früchtchen, aber zugedeckt bin ich noch lange nicht. Und ist es auch die letzte Kraft, genug für dich, zuviel für dich." Kafka 1983: ER S. 50.

61 Die Geliebte - eine "widerliche Gans". Gemäß der Logik, die mittels Kastration den Menschen macht, wird, wer die Röcke hochhebt, ohne einen Unterleibsschuß zu haben, unweigerlich zum Tier.

> rühren kann. Aber kann er sich rühren oder nicht?" Und er stand vollkommen frei und warf die Beine. Er strahlte vor Einsicht.[62]

Der Vater, der, obgleich im "*Schlafrock*", "*seit Jahren schon aufpaßt*" und den keiner "lehren muß", selbst in einem "*unerträglich dunklen Zimmer*" den Sohn "zu durchschauen", spielt (s)ein (Leben als) "*komödiantisches Schauspiel*". Als tragikomisches Drama allerdings, denn schließlich fällt er das (und mit dem) Todesurteil über Georg, den "*teuflischen* Mensch[en]", der es ablehnt, aus sich einen geeigneteren "*Menschen heraus[zu]schneiden*".[63]

Die Parallelen sind frappant. Alle im obigen Absatz kursiv angeführten Motive verweisen auf Clarisse,[64] und doch inszeniert der Text des MoE eine ganz andere Geschichte als derjenige der Kafkaschen Erzählung. Denn eines fällt sofort ins Auge: Clarisse überlebt die Attacke sozialisierender Gewalt, allerdings nur um den Preis der Schizophrenie. Die phantasierte Verführungsepisode durch den Vater, soviel dürfte nunmehr deutlich sein, ist 'Menschbleibungstrick'.[65]

Und dieser funktioniert, wie sollte es in einem Verkehrsroman auch anders sein, nach einer Logik der Verkehrung.

Es ist nämlich das *fundamentale elterliche Verbot*, sich selbst anzufassen, in dessen Schatten Clarisse aufgewachsen ist, welches sie in ihrer Phantasie *gegen den verbietenden Vater* wendet: In Kapitel I.70 ist das Medaillon (dessen "besondere Bewandtnis" es ist, Äquivalent der "Oberschenkelnarbe" zu sein) für die Hand ihres Vaters ebenso *bindend*, wie es vor ihren Augen der Arm des Gesetzes für die Hände ihrer Schwester Marion gewesen war. Denn nur per Gewalt trennt man Tiere und Menschen:[66]

---

62 Kafka: ER S. 51

63 Zitate in obiger Reihenfolge in: Kafka 1983: ER S. 47,53,51,47,51,53,46.

64 In der obigen Reihenfolge vgl. II,435; II,294,438; II,656; II,659/60; II,658.

65 Der Erzähler deutete ja bereits an, daß Clarisse ihren "Apfel" selbst zernagt [II,439].

66 An die folgende Szene erinnert sich Clarisse bezeichnenderweise, nachdem es ihr nicht gelingt, den vorsprachlichen Winsellaut noch einmal hervorzubringen. [II,436]

> Mit vier Jahren hatte man Marion[67] nachts die Hände festbinden müssen, weil sie sonst ahnungslos, aus bloßer Freude am Angenehmen, unter die Decke gingen, wie zwei junge Bären in einen Honigbaum. [II,437]

Die dergestalt *unterbundene Hand*lung ist in Clarissens 'bürgerlichem' Leben ständiger Quell gewalt(tät)igen Entsetzens:[68]

Bei allen Masturbationsszenen, denen Clarisse beiwohnt,[69] reagiert sie auf den ersten Blick auffallend empfindlich. Die gemeinschaftliche Beobachtung der notwendigen Vorbereitung eines Exhibitionisten [III,786], bei der auch der Lehrer Georg Gröschls anwesend ist, soll hier als Beispiel für die im Wortsinn angedeutete Verbindlichkeit genügen:

> Es fiel Clarisse auf, wie bleich der Mann war, sein Gesicht war zu einer blassen Scheibe verzerrt. Sie empfand heftiges Mitleid mit ihm. Aber er führte sonderbare kleine Bewegungen aus, die sie lange Zeit nicht verstand, *bis sie plötzlich entsetzt Halt für ihre Hand suchen mußte*; und weil Meingast noch immer ihren Arm festhielt, so daß sie keine weiten Bewegungen machen konnte, erfaßte sie seine breite Hose und klammerte sich Schutz suchend an das Tuch, das am Bein des Meisters zerrte wie eine Fahne im Sturm. So standen die beiden, ohne loszulassen. [II,786/7]

---

67 Marion ist nur unwesentlich jünger als Clarisse, wie aus II,438 hervorgeht.

68 Einzig auf der Insel der Gesundheit, einem - nach Jakob 1987: S. 127ff - Ort utopischen Gegenlebens, findet sich eine gegenläufige Reflexion. Siehe hierzu die Schlußsequenz des vorliegenden Kapitels

69 Neben dem hier angeführten Beispiel "realer" Masturbation ist diejenige im Irrenhaus und die symbolische von Walters Klaviermusik zu nennen. Daß Walters Musikpraxis als Masturbationsphantasie konzipiert ist, läßt sich im Anschluß an Howald 1984: S. 217 entwickeln. Die MoE-Terminologie einer "Bezauberung des Rückenmarks" stammt ursprünglich von Nietzsche und ist auf Richard Wagner gemünzt, erinnert aber mindestens ebenso deutlich an die Drohungen sogenannter "schwarzer Pädagogen". Der Kontext der entsprechenden Begriffe ist in dieser Hinsicht jedenfalls eindeutig. Vgl. I,60,67,142; II,615; im übertragenen Sinn auch III,713. Nach der hier vorgelegten Interpretation Clarissens wird im Umkehrschluß sogar die folgende Kausalität plausibel: "Ulrich wußte, daß sie [Clarisse] sich wochenlang Walter verweigerte, wenn er Wagner spielte. Trotzdem spielte er Wagner, mit schlechtem Gewissen, wie ein Knabenlaster." [I,49]

Bewegungsunfähig ohne loszulassen - etwas Fesselndes scheint sich trotz allem in Clarissens Ausweg erhalten zu haben. Von daher ist es auch kein Zufall, daß ausgerechnet "lösen" in Form von "Erlösung" zu Clarissens Lieblingsausdruck wird.

Aber: Das Motiv der Bewegungsunfähigkeit, der lähmenden Starre, ist nicht nur durch die pädagogische Fesselung der Kinderhände durch den Vater bestimmt. Der Wortlaut der Verführungsphantasie macht nicht nur deutlich, daß der Hand des Vaters das Geschlecht der Tochter letztlich verboten bleibt, er spricht darüber hinaus ganz eindeutig aus:

> "Mama war natürlich auch da."[70] [I,292]

Von daher ist Clarisse Modell eines kompletten ödipalen Dramas; sie hat und braucht keine Instanz außerhalb. Sämtliche konstitutiven Merkmale sind *in* ihr versammelt. Als Vater-Mutter-Tochter geht der Riß, der in ihrem Namen angedeutet ist, mitten durch ihre Sexualität hindurch, zerlegt sie nach Maßgabe des ödipalen Modells in eine Vielzahl dualer Beziehungen: In Personalunion begehrt sie sich selbst, verbietet sich das selbst und bestraft sich dafür selbst. Mit Notwendigkeit sagt sie von sich, sie sei "Doppelwesen" [III,922] und "ziehe sich rascher an als ein Mann" [III,836], zwangsläufig spürt sie auch der Doppelsinnigkeit von Wörtern wie "Knaben-Haft" [III,919] und "Lust-Mord" [III,921] nach. Daß Clarisse immer Mann/Frau zugleich ist [vgl. V,1538] wird signifikant bei der Einführung des Begriffs "Teufelsauge" in den Roman:

> Sie legte den Spiegel weg und sah sich vorsichtig um, das Bewußtsein, daß sie allein sei, mit tastendem Auge bekräftigend. Dann suchte sie, mit den Fingerspitzen durch ihr Kleid fühlend, das samtschwarze *Mutter*mal, mit dem es eine so sonderbare Bewandtnis hatte. In der Gegend der Leistenbeuge, halb verdeckt vom Schenkelschluß und am Rande der Haare, die dort ein wenig unregelmäßig auswichen, lag es; *sie ließ ihre Hand darauf ruhen, wehrte jeden Gedanken ab und lauerte auf die Veränderung*, die vor sich gehen sollte. Sofort spürte sie diese. Es war nicht das weiche Strömen

70 Meisel 1991: S. 169 hat gegen Pott bereits darauf hingewiesen, daß die "Mutter" im Begriff des Muttermals signifikant enthalten ist.

der Wollust, sondern *ihr Arm wurde* steif, starr wie ein *Männerarm*; [...] Sie nannte diese Stelle an ihrem Leib das Auge des Teufels. An dieser Stelle war ihr Vater umgekehrt. Das Auge des Teufels hatte einen Blick, der durch die Kleider drang; dieser Blick «faßte» die Männer «ins Auge», zog sie gebannt an, aber erlaubte ihnen nicht, sich zu rühren, solange Clarisse wollte. [II,437]

Die Anführungszeichen stehen nicht nur wegen des herausgehobenen, - dem Arm analog - angespannten Sinnes [II,437].

Es ist vorrangig das Motiv der Umkehr, was sie motiviert: Die Männer(hände) fassen Clarisse ins Auge - Clarisse faßt die Männer ins Auge. Die Formulierung ist austauschbar. In Kapitel II.123 findet sich unter der deutlichen Überschrift "Die Umkehrung" ein Satz, der schon im Druckbild die Wiederholung beschwört:

Clarisse drehte sich nachdenklich auf dem Absatz herum und ging von Ulrich fort; in einiger Entfernung nahm sie wieder Stellung und ihn . [II,657]

Erst nach diesem 'bösen Blick' beginnt Clarisse von Ulrich, den sie ebenso selbstredend wie umstandslos einen "Teufel" [II,658] nennt, mit allen ihr zur Verfügung stehenden Mitteln ein Kind zu fordern. Als Ulrich sich weigert, wird sie *handgreiflich*.

Clarisse rückte ihm nun plötzlich auf den Leib. Sie schlang so geschwind, daß er es nicht abwehren konnte und ordentlich verdutzt darüber war, ihren Arm um seinen Hals und preßte ihre Lippen auf seine, hatte ihre Beine mit einer raschen Bewegung unter sich gezogen und rutschte zu ihm hin, so daß sie in seinen Schoß zu knien kam, und an der Schulter fühlte er den kleinen Ball ihres Busens. [...] Sie stammelte von ihrer Kraft zu erlösen [...], eigentlich waren ihre Worte aber nur ein wildes Spiel nahe an seinem Ohr, ein halblautes hastiges Murmeln, mehr mit sich beschäftigt als mit der Mitteilung, und nur hie und da war in diesem drieselnden Bach ein einzelnes Wort, wie «Moosbrugger» oder «Teufelsauge», wahrzunehmen. [II,660/1]

Aber von außen gibt es keine Hilfe: Ulrich macht sich tatsächlich zum Lust-mörder, und die Tötung der Lust vollzieht sich in genau der Form von Naturbeherrschung, die das "Teufelsauge überhaupt erst auf den Plan rief:

> Er hatte zu seiner Verteidigung seine kleine Bedrängerin *an den Oberarmen gefaßt* und auf den Diwan gedrückt, nun arbeitete sie mit den Beinen an ihm herum, preßte das Haar ihres Kopfes an sein Gesicht und trachtete sein Genick wieder zu umschlingen. [...] Die Anstrengung, sie zu bändigen, ließ das Fließen der Wollust in ihren Gliedern dabei nur schwach fühlen; trotzdem hatte Ulrich den Augenblick, wo er fest seinen Arm um ihren Körper schlang und sie niederdrückte, heftig empfunden [...]; er kannte sie doch schon so lange und hatte oft ein wenig mit ihr gebalgt, aber er hatte dieses vertraut-fremde kleine Wesen, mit seinem wild springenden Herzen noch nie so von oben bis unten berührt, und als sich Clarissens Bewegungen nun, *von seinen Händen gefesselt*, sänftigten und diese Lösung der Glieder zärtlich in ihren Augen zu schimmern begann, wäre beinahe das geschehen, was er nicht wollte. [II,661]

Ulrich beherrscht sich rechtzeitig und mit Erfolg. Buchstäblich geht in Kapitel III.19 aber eine andere Form spezifisch bürgerlicher Naturbeherrschung. Als Clarisse vor Walter, Meingast und ihrem Bruder Siegmund die Notwendigkeit eines Irrenhausbesuches proklamiert, gelingt es Clarissens Ehemann nur um einen sehr hohen Preis ruhig bleiben:

> Walter, der, um an sich zu halten, eine Mandarine schälte, schnitt in diesem Augenblick zu tief, und ein ätzender Strahl spritzte ihm ins Auge, so daß er zurückfuhr und nach dem Taschentuch suchte. Siegmund, wie immer sorgfältig gekleidet, betrachtete zuerst mit Liebe zur Sache die Wirkung der Reizung auf seines Schwagers Auge, dann die Wildlederhandschuhe, die als Stilleben der Ehrbarkeit mitsamt einem runden steifen Hut auf seinem Knie ruhten, und erst als der Blick seiner Schwester nicht von seinem Gesicht wich, und niemand durch eine Antwort für ihn eintrat, sah er mit einem ernsten Kopfnicken auf und murmelte gelassen: "Ich habe niemals bezweifelt, daß wir alle ins Irrenhaus gehören." [III,835]

Und an diesen Ort gelangen Ulrich, Clarisse, Siegmund und der General schließlich auch: "Der General bringt Ulrich und Clarisse inzwischen ins Irrenhaus" ist Kapitel III.32 überschrieben, und die dort Einsitzenden scheinen dem Besuch nicht abgeneigt, wie der Titel von Kapitel III.33 deutlich macht, im Gegenteil: "Die Irren begrüßen Clarisse".

Doch auch die dort stattfindende Masturbationsszene läßt eine Korrelation des MoE mit einem anderen Text zu, mehr noch, sie erlaubt die Gegenüberstellung zweier 'Dichtungskonzepte'. Diese These wird plausibler, wenn man das Irrenhaus als den Ort betrachtet, an dem "Sanktionsapparat", "Integration und Seperation", "Menschwerdung", "Spracherwerb", "Künstler" und "Wahnsinn" verknüpft werden. Als den Ort also, an dem die beiden Verkehrsformen der Sprache und der Bewegung literarisch in produktive Reibung gebracht werden können.

Das so verstandene Irrenhaus ist nicht nur für den MoE bedeutend, es ist auch Kulminationspunkt des "Berlin Alexanderplatz", des zweiten zeitgenössischen Großromans, gewissermaßen des Berliner Gegenstückes zum Wiener Jahrhundertroman,[71] wenn auch mit einem entscheidenden Unterschied: Bei Döblin folgt auf den Irrenhausbesuch das Romanende, bei Musil eine Zwischenfortsetzung nach der anderen. Damit die Verknüpfung zweier Werke, deren Autoren einander in gegenseitiger Hochachtung verbunden waren,[72] evident werden kann, soll der Verlauf der Clarisselektüre an dieser Stelle kurz unterbrochen werden für einen 'Exkurs im Diskurs': Für einen literarischen Abstecher in Richtung Berlin, und zwar an genau jene Stelle, wo die Geschichte des Protagonisten Franz Biberkopf an ihr Ende kommt. Auch hier geht es um das Dilemma einer Selbstbestimmung an der Grenze von Natur und Kultur, um Probleme der Ausbildung dessen, was "Ich" sagt und um die Institutionen und Machtmittel, die solch ein "Selbst" gewährleisten sollen.

---

71 So die Rowohlteigenwerbung am Ende eines jeden Bandes der Gesamtausgabe (Italo A. Chiusano in: "La republica" 29. März 1978).

72 Musil zählte die "unübertrefflich Menschenschilderung 'Berlin Alexanderplatz'" zu den besten Büchern des Jahres 1930. [IX,1722] Döblin sprach Musil 1923 für "Die Schwärmer" den Kleistpreis zu. Vgl. IX,1888: "Nur mit wenigen Autoren seiner Zeit (und seiner Generation) verband RM ein ähnlich wechselseitiger Respekt wie mit Döblin."

4.2 Exkurs: Irrenanstalt Buch, festes Haus[73]

Im 'festen Haus Buch'[74] begegnet der Leser merkwürdigen Gestalten und Redeweisen offensichtlichen Irrsinns, wie dem Diskurs eines offensichtlich betrunkenen "Autodidakten" [BA,380], welcher behauptet, alles was er sei, sei er nur von sich aus. Sie alle stecken in einem 'festen Haus', rund um das Haus ist fast nichts, nur offenes flaches Land und das Geheul des Windes, keine Straße führt hin, nur ein paar Telegraphenmasten ragen aus freier Fläche hervor [BA,378].

Ziel des 'festen Hauses Buch' ist es, psychische Gesundheit zu produzieren, tüchtige Kerle, die im Leben ihren Mann stehen. Dazu werden Wahnsinnige eingesperrt und, wenn alles klappt, im 'festen Haus Buch' in ordentliche Ichs umgewandelt. *Wenn der Bildungsroman gelingt*, darf das neue Ich das 'feste Haus Buch' verlassen und ins Leben treten. Was vorher war, muß allerdings sterben: Ist das Tier tot, freut sich Der Mensch. Sind alle Tiere tot, hat das 'feste Haus Buch' ausgedient. Herr im Hause Buch ist der Mediziner [BA,383], der muß allerdings, sofern er nicht schlechterdings alles unterschreibt [BA,384], zunächst die richtige Diagnose stellen, und dazu muß der Patient zwei Bedingungen erfüllen. Er darf nicht sterben [BA,382] und er muß sprechen [BA,383], sonst ist es schlecht bestellt um das 'feste Haus Buch'. Franz, dessen Vorname auf den heiligen Franziskus zurückgeht, der mit den Tieren sprach,[75] und dessen Nachname ihn als abscheuliche Zwittergestalt ausweist, erfüllt beide Bedingungen nicht [BA,382/3]. Doch die Ärzte geben nicht auf. Auf die Frage "Wie bringt man einen Biberkopf zum Sprechen?" gibt es auch hier nur eine Antwort: Indem man ihn foltert. Man

---

73 Mit diesem Titel ist der hier interpretierte Text im Neunten Buch des Buches "Berlin Alexanderplatz" überschrieben. Zitiert wird im folgenden nach: Döblin 1990.

74 Eine Irrenanstalt im Ortsteil "Berlin Buch" hat es tatsächlich gegeben, Döblin war in ihr eine Zeit lang als Arzt angestellt. Die nachfolgenden Passagen werden aber zeigen, daß es trotzdem legitim ist, den Titel auf eine Reflexion der literarischen Kategorie Buch zurückzuführen.

75 An dieser Stelle sollte nicht unerwähnt bleiben, daß es Clarisse ist, die den heiligen Franziskus in den MoE einführt. [I,66]

bohrt ihm Sonden in den Rachen [BA,382], faradisiert ihn [BA,383], jagt Stromstöße durch Hals- und Mundpartie [BA,384]. Wenn doch einmal ein Laut entweicht, gilt der sogleich als Zeichen: Der Patient will leben, sprich essen [BA,398]. Man füllt ihn solange mit Nahrung, bis er bricht [BA,382]. Angesichts solcher Interpretationspraxis sind Tiere die überlegeneren Zuhörer: Graue Mäuse, Feldhasen und Eichhörnchen verstehen Franz besser [BA,386], sitzen allerdings auch nicht im 'festen Haus' [BA,386].

Doch anstelle des ordentlichen Lebens kommt der Tod zum Biberkopf und mit ihm der Unsinn. Franz schreit, er schreit, es schreit [BA,389], dabei wird der Biberkopf buch-stäblich zerhackt, in kleinste Einheiten zerlegt,[76] "Zentimeter um Zentimeter" und "jenseits der Zentimeter [...] fällt nichts runter, lebt alles weiter" [BA,390]. Die Ärzte um den Biberkopf herum hören davon nichts [BA,390], es ist lediglich ein Wahn/Sinn. Der Tod aber macht dem Biberkopf Vorwürfe, er habe immer nur stark sein wollen, habe immer nur getönt: "'Ich' und 'Ich' und 'das Unrecht, das ich erleide' und wie edel ich bin, wie fein, und man läßt mich nicht zeigen, was ich für einer bin" [BA,391]. Der Biberkopf fragt, was man denn tun solle. "Nichts!" brüllt der Tod, vor allem nicht reden. Seine Schnauze könne der Biberkopf behalten [BA,392]. Im 'festen Haus Buch' kommt schließlich die Geschichte, seine Geschichte, zum Biberkopf [BA,394-99], und er läßt sie gewähren, "Herankommen lassen" lautet das Motto [BA,394]. Und während dem Betrachter klargemacht wird, daß er gerade ein Buch in der Hand hält, opfert der Biberkopf weinend seine Identität:

> Worüber aber, meine Damen und Herren, die ihr dies lest, weint Franz Biberkopf? Er weint darüber, daß er leidet und was er erleidet und auch über sich. Daß er dies getan hat alles und so gewesen ist, darüber weint Franz Biberkopf. Jetzt weint Franz Biberkopf über sich. [...] Was Franz hat, wirft sich hin. Er hält nichts zurück. [...] Hier ist zu schildern, was Schmerz ist. [...] Hier ist zu beschreiben, was der Schmerz mit Franz Biberkopf tut. Franz hält nicht stand, er gibt sich hin, er wirft sich zum Opfer hin an den Schmerz. [...] Abbrechen, niederkappen, niederwerfen, auflösen, [...] Franz

76 In linguistischer Terminologie: Grapheme.

> weint und weint, ich bin schuldig, ich bin kein Mensch, ich bin ein Vieh, ein Untier. [BA,397/9]

"Ein Vieh" spricht nicht, es stirbt im 'festen Haus Buch'. Davon berichtet der Erzähler:

> Gestorben ist in dieser Abendstunde Franz Biberkopf, ehemals Transportarbeiter, Einbrecher, Ludewig, Totschläger. Ein anderer ist in dem Bett gelegen. Der andere hat dieselben Papiere wie Franz, sieht aus wie Franz, aber in einer anderen Welt trägt er einen neuen Namen. *Das ist also der Untergang des Franz Biberkopf* gewesen, *den ich beschreiben wollte* vom Auszug Franzens aus der Strafanstalt Tegel bis zu seinem Ende *in der Irrenanstalt Buch* im Winter 1928-29. Jetzt hänge ich noch einen Bericht an von den ersten Stunden und Tagen eines neuen Menschen, der dieselben Papiere hat wie er. [BA,399]

Und tatsächlich, "der wackelige Mann, den sie nach dem Gestorbenen Biberkopf nennen" [BA,402], wird noch einmal umbenannt:

> [W]ir wollen ihn Franz Karl Biberkopf nennen, um ihn von dem ersten zu unterscheiden, Franz hat bei der Taufe [a]uch [Fehler im Original] den zweiten Namen bekommen, nach seinem Großvater, dem Vater seiner Mutter [BA,404].

Ein "Karl" ist nicht nur etymologisch ein tüchtiger Kerl:

> Dem Biberkopf wird gleich nach dem Prozeß eine Stelle als Hilfsportier in einer mittleren Fabrik angeboten. Er nimmt an. Weiter ist hier von seinem Leben nichts zu berichten. Wir sind am Ende dieser Geschichte. [BA,409]

Genau so kommen Leben und Lebensweg im modernen Verkehren zu ihrem Namen:[77]

---

77 Die Verknüpfung von Verkehrswegen und personaler Identität in Figurationen des Namens hat Robert Musil bereits vier Jahre zuvor in dem kurzen Prosastück "Über Fürsten- und Straßennamen" versuchsweise skizziert.

> Wir sind eine dunkle Allee gegangen, keine Laterne brannte zuerst, man wußte nur, hier geht es lang, allmählich wird es heller und heller, zuletzt hängt da die Laterne, und dann liest man endlich unter ihr das Straßenschild. Es war ein Enthüllungsprozeß besonderer Art. Franz Biberkopf ging nicht die Straße wie wir. Er rannte drauflos, diese dunkle Straße, er stieß sich an Bäume, und je mehr er ins Laufen kam, um so mehr stieß er an Bäume. Es war schon dunkel, und wie er an die Bäume stieß, preßte er entsetzt die Augen zu. Und je mehr er sich stieß, immer entsetzter klemmte er die Augen zu. Mit zerlöchertem Kopf, kaum noch bei Sinnen, kam er schließlich doch an. Wie er hinfiel, machte er die Augen auf. Da brannte die Laterne hell über ihm, und das Schild war zu lesen. [BA,409]

Aber, auch das weiß Franz Karl Biberkopf am Ende: Namen sind Worte, und das Wort ist gefährlich, wie alle modernen Verkehrsmittel:

> Ich bin schon einmal auf ein Wort reingefallen, ich habe es bitter bezahlen müssen, nochmal passiert das dem Biberkopf nicht. Da rollen die Worte auf einen an, man muß sich vorsehen, daß man nicht überfahren wird, paßt du nicht auf auf den Autobus,[78] fährt er dich zu Appelmus. [BA,410]

4.3 Irrenhaus

Es ist ein Mietwagen, der Ulrich in Kapitel III.33 zur Besichtigung des städtischen Irrenhauses bringt [III,978]. Und mit einer Einführung in modernen Stellvertreterverkehr beginnt der Besuch. Nach bekanntem Muster werden die Ankömmlinge "im Namen des Chefs der Klinik" [III,978] durch einen Abgesand-

---

78 Der Name "Autobus" ist selbst ein merkwürdiger Zwitter, korrekterweise müßte es "omnibus" heißen, was übersetzt "für alle" bedeutet. Ein Auto-bus gilt demnach tendenziell mehr "für einen selbst". In einer Gegenprobe auf diese Semantik hat Robert Musil in "Der Riese Agoag" durchgespielt, welche Frustration es bedeutet, wenn man einen elitären Identitätsanspruch an das egalitäre Verkehrsmittel "omnibus" koppelt. Zur Erinnerung: Franz Kafka läßt am Ende des Urteils einen "Autoomnibus" über die Brücke rollen.

ten[79] begrüßt und über eine Treppe in ein kleines Empfangszimmer hinaufgeführt,

> das mit seinen Stühlen aus verschossenem grünen Samt an die altmodischen Wartesäle erster Klasse auf Eisenbahnhöfen erinnerte [...]. Da saßen die vier, nachdem sie der Abgesandte verlassen hatte, und sprachen anfangs kein Wort, bis Ulrich, um das Schweigen zu brechen, Clarisse mit der Frage neckte, ob ihr nicht schon davor grusele, Moosbrugger von Angesicht zu Angesicht gegenüberzutreten. "Ach!" sagte Clarisse wegwerfend. "Er hat ja nur Ersatzweiber gekannt; da hat es so kommen müssen!" [III,978]

Nachdem der Übergang vom Schweigen zum Sprechen per "Moosbrugger" vollzogen ist, kommt der Klinikleiter zu seinem kurzen aber wirkungsvollen Auftritt.

> Dann kam der Hofrat mit seiner Kavalkade von Assistenten und Volontärinnen hereingefegt, war sehr liebenswürdig, namentlich zu Stumm, erzählte von etwas Dringendem und bedauerte, sich gegen seine Absicht auf diese Begrüßung beschränken zu müssen und nicht selbst die Führung übernehmen zu können. Er stellte Dr. Friedenthal vor, der das an seiner Stelle tun werde. Dr. Friedenthal war ein großer schlanker, etwas weichlich gebauter Mann, hatte einen üppigen Scheitel und lächelte *bei der Vorstellung wie ein Akrobat*, der die Leiter hinaufsteigt, einen Todessprung vorzuführen. Als sich der Chef empfahl, wurden die Kittel gebracht. [III,978/9]

Nach soviel Stellvertretung eine zweite Haut [I,279] zu bekommen, verunsichert das Selbstbild einiger Besucher erheblich:

> Der General suchte einen Spiegel. [III,979]

Während sich der Trupp in Bewegung setzt, bittet der kundige Dr. Friedenthal seine etwas verwirrten Besucher, sich durch nichts aus der Fassung bringen zu

79 Nach derselben Logik funktioniert die verblüffende Ähnlichkeit aller kakanischen Staatsdiener [I,84].

lassen [III,979]. Nachdem man die Wirtschafts- und Kanzleiräume der Anstalt durchquert hat, öffnet Friedenthal eine schwere eiserne Tür. Im gleichen Augenblick vernimmt

> Clarisse einen gellenden und fürchterlichen Schrei, wie sie noch im Leben keinen gehört hatte. Trotz ihrer Tapferkeit zuckte sie zusammen. "Bloß ein Pferd!" sagte Dr. Friedenthal und lächelte. Wirklich befanden sie sich auf einem Stück Straße, das von der Anfahrt des Amtsgebäudes nach hinten zu dem Wirtschaftshof der Anstalt führte. Nichts unterschied es von anderen Straßenstücken mit alten Radspuren und gemütlichem Unkraut, und die Sonne brannte heiß darauf. Trotzdem waren auch alle anderen bis auf Friedenthal sonderbar davon überrascht, ja auf eine verdutzte und verworrene Weise darüber empört, daß sie sich auf einer gesunden und gewöhnlichen Straße befanden, nachdem sie schon einen langen und abenteuerlichen Weg überstanden hatten. [III,980][80]

"Jetzt kommt es erst!" erläutert Friedenthal [III,980], und beginnt seine gekonnte Präsentation der Anstaltsinsassen. Die Besucher sind schockiert und außerordentlich beeindruckt. Friedenthal aber gibt sich im Verlauf seiner dramatischen Führung immer deutlicher zu erkennen, als der, der er eigentlich ist. Als unfehlbar selbstgewisser, gelehrter, souveräner und letztlich mythischer Künstler: Was auf dem Terrain der Anstalt bedeutend ist, hängt einzig ab von Friedenthal:

> Dr. Friedenthal wartete auf seine Schar. Der Platz der Engel erwies sich als leicht umgittert, und der Führer durchschritt ihn, ohne ihm Bedeutung zu geben, als ein bloßes Vorspiel. [III,981]

> Solche Säle mit Idioten hohen Grades gehören zu den erschütterndsten Eindrücken, die man in der Häßlichkeit des Irrenhauses findet, und Clarisse fühlte sich einfach in ein völliges grauenvolles Schwarz gestürzt, darin nichts mehr zu unterscheiden war. Der Führer Friedenthal aber sah auch

80 Das Motiv der "gewöhnlichen Straße" ist eines der ältesten Motive in Robert Musils schriftstellerischer Praxis. Vgl. dazu bereits TB I,8f.

im Dunkeln, und auf verschiedene Betten weisend, erklärte er: "Das ist Idiotie, und das hier ist Kretinismus." [III,984]

Wenn auch kein Zauberwort, deutliche Worte sind es immerhin (an einem Ort, der sich dem 'hermeneutischen Gespräch' von vornherein entzieht), klangvolle allemal:

> Clarisse ging von Bett zu Bett. Sie bohrte ihre Augen in die Kranken und strengte sie aufs äußerste an, ohne von diesen Gesichtern, die von ihr nicht Kenntnis nahmen, auch nur das Geringste zu verstehn. Alle Einbildungen erloschen daran. Dr. Friedenthal folgte ihr leise und erklärte: "Amaurotische familiäre Idiotie". "Tuberöse hypertrophische Sklerose", "Idiotia thymica"... [III,985]

Daß Friedenthals Habitus dem Gestus souveräner Kunst zuzurechnen ist, darüber läßt der Roman in seinen Topoi von Exklusivität, Kairos, Versunkenheit, Dramaturgie und Orginalität wenig Zweifel:

> [Friedenthal] empfand die spukhafte Verruchtheit der Welt, in der er lebte nur noch dann, wenn durch eine Berührung mit der gewöhnlichen der Gegensatz geweckt wurde; man kann es nicht täglich, aber Besuche sind solche Gelegenheiten, und darum war das, was Clarisse zu sehen bekam, nicht ohne ein Gefühl für Spielleitung aufgebaut und setzte sich, nachdem er sie aus ihrer Versunkenheit geweckt hatte, sogleich wieder mit etwas Neuem gesteigert Dramatischen fort. [III,986]

Menschen, die "wie Puppen" wirken [III,989], oder wie "sehr gut nachgemachte, künstliche Blumen" [III,989], abgeschlossene Höfe, die "modernen Kunstgärten" gleichen [III,989]. Der Regisseur Friedenthal inszeniert "meisterlich bis auf den höchsten Punkt" [III,992] und setzt erst dann, wenn der Kollege "kein Wort mehr" hervorbringt, dazu an, ein "erlösendes Zeichen" zu geben [III,992].

> Aber der Zauberkünstler Friedenthal verstand seine Darbietungen noch zu steigern. [III,989]

Vom Künstler zum Zauberkünstler: Der Akrobat steigt nicht nur die Leiter zum Todessprung hinauf [III,979], er führt ihn durch, und destruiert sich dabei selbst. Denn auch das macht Musils Text deutlich. Den gottähnlichen[81] Autorenstatus im "Namen des Klinik-Vaters" gewinnt man stets und nur auf zweifache Weise, erstens durch Ausschluß der Kunst anderer "Götter" und zweitens durch mangelnde Information.

1) Konsequent leugnet Friedenthal den Kunstcharakter anderer Produktionen. Er zerreißt die Briefe seiner Patientinnen, bestreitet deren Einzigartigkeit [III,982], leugnet nach gleichem Muster die Exklusivität an Bildern seiner Patienten, würdigt auch die Kunst eines ausdrücklich nicht schizophrenen Malers herab [III,983] und würde eine Selma Lagerlöf nach eigenem Bekunden nicht einmal in die Klinik hineinlassen [III,714]. In diesem Sinne eilt ihm sein 'guter' Ruf bereits voraus. Schon vor dem Klinikbesuch kann Clarisse über ihren Bruder Siegmund van Helmond[82] berichten:

> Siegmund [hat] mir erzählt, daß Dr. Friedenthal Psychiatrie für eine halb künstlerische Wissenschaft hält, und hat ihn einen Dämonenzirkus-Direktor genannt. [III,714/5]

2) Die Sicherheit in der Benennung verdankt sich dem Nicht-Wissen. Zum einen fehlt dem Spielleiter die ausreichende Erklärung der Zusammenhänge [III,986]. Zum anderen sitzt er, gerade während der im Zusammenhang mit Clarisse so zentralen Masturbationsszene, einem entscheidenden Irrtum auf. Entscheidend ist der Irrtum insbesondere deswegen, weil er explizit die Frage nach Identität betrifft: Zur Disposition steht die Identität Clarissens.

Die Szenerie der sogenannten "unruhigen" Abteilung verweist auf die altbekannte Konstellation von Sprache, Unverständlichkeit, Bewegung und Starre:

---

81 Es ist daher nicht von ungefähr, daß die Klinik in einem alten Kloster untergebracht ist [III,715].

82 So heißt jedenfalls der Vater. Clarissens Nachname bleibt im MoE unbenannt: Eine komplette ödipale Szenerie kann unmöglich einen Namen haben.

> Was in den Betten saß, flatterte, aufgeregt und schreiend, mit Armen und Augen, es machte den Eindruck, daß jeder in einen Raum hineinschreie, der nur für ihn da sei, und doch schienen alle in einer tobenden Konversation begriffen zu sein, wie fremde, in einem gemeinsamen Käfig gesperrte Vögel, von denen jeder die Sprache eines andern Eilands spricht. Manche saßen frei, und *manche waren mit Schlingen an den Bettrand gefesselt, die den Händen nur wenig Spielraum ließen.* "Wegen der *Selbstmordgefahr*" erläuterte der Arzt. [III,987]

Einen dieser Irren spricht Friedenthal zunächst im Scherz an.

> Der Irre erwiderte nicht gleich darauf, aber plötzlich fragte er: "Wer ist der Herr?" *und gab durch eine Bewegung zu verstehen*, daß er Clarisse meine. Friedenthal wies auf ihren Bruder und antwortete, dieser sei ein Arzt aus Stockholm. "Nein, dieser!" entgegnete der Kranke und beharrte auf Clarisse. Friedenthal lächelte und behauptete, das sei eine Ärztin aus Wien. "Nein. Das ist ein Herr" widersprach der Kranke und schwieg. Clarisse fühlte ihr Herz schlagen. Auch der hielt sie also für einen Mann! Da sagte der Kranke langsam: "Das ist der siebente Sohn des Kaisers." Stumm von Bordwehr stieß Ulrich an. [III,987/8]

Es ist nicht zu entscheiden, wer hier wirklich in die Irre geht. Friedenthal wiederholt nämlich genau die Lüge, die man konstruieren mußte, um an ihm vorbei in die Klinik zu kommen. Man sei nicht Künstler, sondern Arzt [vgl. III,714]. Der Kranke, der sich 'lediglich' durch Bewegungen zu verstehen gibt, bezweifelt die Aussage des Allwissenden. Und daraufhin tut auch dieser 'Allwissende' das, was zur Basisregel seines Identitätsspiels gehört: Er apelliert an die Bewegung der Selbstbestimmung. Dem Zuschauer wird kurzfristig das Wort erteilt, um den Künstler *von sich aus* zu bestätigen.

> "Das ist nicht wahr" gab Friedenthal zur Antwort und setzte das Spiel fort, indem er sich an Clarisse mit der Aufforderung wandte: "*Sagen Sie ihm doch selbst, daß er sich irrt.*" [III,988]

Clarisse kommt der Aufforderung nach, aber *der Irre ist unbeirrbar*, als sei es völlig *selbstverständlich*, beharrt er darauf, den siebten Sohn des Kaisers vor sich zu haben.

> "Nein, nein" versicherte Clarisse und lächelte ihm vor Erregung zu, wie in einer Liebesszene mit Lippen, die vor Lampenfieber ganz steif waren. "Du bist es!!" wiederholte der Kranke und sah sie mit einem Blick an, für den sie keine Beziehung wußte. [...] In ihr ging etwas Merkwürdiges vor sich: es bildete sich die Möglichkeit, ihm recht zu geben. Es *löste* sich unter dem Druck seiner wiederholten Behauptung etwas in ihr auf [...]. Aber während sie ihm noch, in diese sonderbare *Verbundenheit* verfangen, in Gesicht blickte, [...] ging in dem Gesicht und an dem ganzen Menschen etwas gänzlich Unverständliches vor sich. [III,988]

Mit dem Diktum gänzlicher Unverständlichkeit wird sich - auch das ist *selbstverständlich* - kein Interpret zufriedengeben, und daher sei an dieser Stelle darauf verwiesen, *daß es die gleiche Handlungsform, die gleiche Bewegung von Reflexivität ist, sich selbst entweder als (sinnvoll) Sprechender-(aus)zu-sprechen oder als Fühlender-(an)zu-fühlen.*[83] Nur die Beurteilung ist eine gänzlich andere. Und genau das inszeniert der Text im folgenden. Denn nicht nur die Lippen des Kranken geraten plötzlich in lebhafte Bewegung und mischen "vernehmliche Unzüchtigkeiten" in sein "flüchtiges Geschnatter" [III,988]:

> Clarisse war von dieser abgleitenden Verwandlung so bestürzt, als entglitte ihr selbst etwas, und machte unwillkürlich eine Bewegung mit beiden Armen zu dem Unseligen hin; und ehe es noch jemand hinderte, sprang ihr da auch der Kranke entgegen: *er warf seine Decke ab, kniete im gleichen Augenblick am Bettende und bearbeitet mit der Hand sein Glied, wie Affen in der Gefangenschaft masturbieren.* "Treib keine Schweinereien!"[84] sagte rasch und streng der Arzt, und im gleichen Augenblick packten die Wärter

83 Zum hier vorgeschlagenen Zusammenhang der Masturbation vgl. die Ausführungen von Derrida 1983: S. 244-282. Konzis zusammengefaßt bei Culler 1988: S. 114-123.

84 Vgl. Clarissens Tierprädikation des erwachsenen Meingast: "Sie sind ein Schwein!" [II,439]

> den Mann und die Decken und machten im Nu ein *reglos* liegenbleibendes Bündel aus beiden. [III,988]

Die dramatische Wiederaufführung ihrer traumatischen Grundfigur entzieht Clarisse den Boden unter ihren Füßen, macht sie im Wortsinn ortlos. Zukunft und Gegenwart kulminieren in einem Punkt.

> Aber Clarisse war dunkelrot geworden; ihr war so wirr wie in einem Lift, wenn man plötzlich das Gefühl unter den Füßen verliert. Es kam ihr plötzlich vor, daß alle Kranken, an denen sie schon vorbeigekommen war, hinter ihr drein schrien, und die anderen, die sie noch nicht besucht hatte, ihr entgegenschrien. Und der Zufall wollte es, oder die ansteckende Kraft der Erregung, daß auch der Nächste, ein freundlicher Alter [...], aufsprang und zu schimpfen begann, mit unflätigen Worten, die einen widerlichen Schaum vor seinem Mund bildeten. Auch ihn faßten die Fäuste der Wärter wie schwere Stempel, die jeden Widerstand zermalmen. [III,988/9].

Wohl steigert Dr. Friedenthal *seine* Darbietungen noch ein weiteres Mal. Aber - und das ist wichtig - er kann sie nicht mehr selbst beenden, sie wird kurze Zeit später abgebrochen. *Es kommt zu keiner Klimax. Friedenthal wird abberufen, zu einem "Zwischenfall [...], dessen Ende nicht abzusehen" ist* [III,992]. Mit anderen Worten: Souveräne Kunst wird vollständig depotenziert. Es ist wohl mehr als eine Mutmaßung, daß nach solch rigider Künstlerkritik auch vom Dichter des MoE nur noch Zwischenfortsetzungen erwartet werden können, deren Ende nicht mehr abzusehen ist.

Clarisse jedenfalls ist in diesem Kapitel an ihr Ende im autorisierten MoE gekommen, denn, wenn Worte zu Schaum werden, wenn ihr alle hinterher und entgegen schreien [III,989], dann wird ihre Einarbeitung in den Verlauf der Zwischenfortsetzungen außerordentlich problematisch, *selbstverständlich* auch und gerade dann, wenn Clarisse selber große Zuversicht fühlt [III,992]. Worauf sich Clarissens Zuversicht gründen könnte, Zeichen, Bewegung, Schweigen und Erstarrung im Sinne einer Versöhnung von Natur und Kultur verwenden zu können, das kann - sozusagen außer Haus[85] - einer der Entwürfe aus den Zwanziger Jahren lediglich andeuten:

> Wenn sie ihre Gefühle und Gedanken in den Sand grub, mit irgend einem Zeichen, das voll davon war wie ein Boot, das kaum noch die Vielfalt der Lasten tragen kann, und der Wind wehte dann einen Tag lang darauf, Tierspuren liefen darüber hin oder ein Regen zeichnete Pockennarben darein und verwischte die Schärfe der Umrisse wie die Sorgen des Lebens ein Gesicht verwischen, gar aber wenn man alles vergessen hatte und nur durch Zufall wieder darauf stieß und plötzlich vor sich stand, vor einer Sekunde gepreßt voll von Gefühl und Gedanke, und eingesunken, verwaschen klein und kaum kenntlich geworden, aber eingewachsen zwischen rechts und links, nicht vergangen, ohne Scheu vor Gräsern und Tieren umlebt, Welt, Erde geworden: Dann - ?: schwer zu sagen, was dann war, die Insel bevölkerte sich mit vielen Clarissen; sie schliefen im Sand, sie fuhren auf dem Licht durch die Luft, riefen aus den Kehlen von Vögeln, es war eine *Wollust, überall sich selbst zu berühren, überall auf sich selbst zu stoßen*, eine unsägliche Empfindsamkeit, es brach ein Taumel aus den Augen dieser Frau und vermochte A. [=Anders/Ulrich] anzustecken, so wie der Anblick der Wollust eines Menschen die höchste eines andren entzündet. [V,1742]

85 Weder im Eltern- noch im Irrenhaus und auch nicht zum "eigentlichen Buch" gehörig: Die betreffende Szene ist abseitig. Sie entstammt dem Nachlaß und spielt auf der nicht-kakanischen "Insel der Gesundheit".

Gehen wir nun zu unserem ([§] 143) Beispiel zurück. Der Schüler beherrscht jetzt - nach den gewöhnlichen Kriterien beurteilt - die Grundzahlenreihe. Wir lehren ihn, nun auch andere Reihen von Kardinalzahlen anschreiben und bringen ihn dahin, daß er z.B. auf Befehle der Form "+n" Reihen der Form 0, n , 2n, 3n, etc. anschreibt; auf den Befehl "+1" also die Grundzahlenreihe. - Wir hätten unsere Übungen und Stichproben seines Verständnisses im Zahlenraum bis 1000 gemacht. Wir lassen den Schüler einmal eine Reihe (etwa "+2") über 1000 hinaus fortsetzen, - da schreibt er: 1000, 1004, 1008, 1012. Wir sagen ihm: "Schau, was du machst!" - Er versteht uns nicht. Wir sagen: "Du solltest doch *zwei* addieren; schau, wie du die Reihe begonnen hast!" - Er antwortet: "Ja! Ist es denn nicht richtig? Ich dachte, so *soll* ich's machen." - Oder nimm an er sagte, auf die Reihe weisend: "Ich bin doch auf die gleiche Weise fortgefahren!" - Es würde uns nichts nützen, zu sagen "Aber siehst du denn nicht...?" - und ihm die alten Erklärungen und Beispiele zu wiederholen. - Wir könnten in so einem Falle etwa sagen: Dieser Mensch versteht von Natur aus jenen Befehl, auf unsere Erklärungen hin, so, wie *wir* den Befehl: "Addiere bis 1000 immer 2, bis 2000 4, bis 3000 6 etc.". Dieser Fall hätte Ähnlichkeit mit dem, als reagierte ein Mensch auf eine zeigende Gebärde der Hand von Natur damit, daß er in der Richtung von der Fingerspitze zur Handwurzel blickt, statt in Richtung der Fingerspitze.
(L. Wittgenstein, Philosophische Untersuchungen § 185)

5. Geister des Ungeists: Der Fall Moosbrugger

Neben der psychisch gestörten Clarisse gehört auch ein auf den ersten Blick geisteskranker Lustmörder zum Stammpersonal des MoE.

Bereits im "Spion"- Entwurf von 1920 [V,1944ff] taucht eine solche Figur an exponierter Stelle und unter dem Namen Moosbrugger auf. Als Romanauftakt eingeführt, reflektiert Musil Moosbrugger folgendermaßen:

> Das zentrale Zentrum das Moosbruggerproblem unter dem dreifachen Gesichtspunkt der Zurechnungsfähigkeit, des Alleinseins der Individualität und der Schwierigkeit der Querschnitte, z.b. Zurechnungsfähigkeit im ka-

nonischen Recht: das gibt es heute auch noch! Zurechnungsfähigkeit! cf. p. 8, 7, 10, 9 p 12. [V,1944]

Gleich im Anschluß an diese Stelle erfolgt unter dem abermaligen Vermerk "Zurechnungsfähigkeit" ein kurzes Referat über medizinische Typisierung von Geisteskrankheit und die Problematik der "Mittlere[n] und Grenzfälle". Der nächste Absatz wendet die Diskussion auf den Protagonisten:

> Das Problem der Zurechnungsfähigkeit als Grenzproblem findet Ach. [=Achilles] nirgends bearbeitet. Im Gespräch sagt ihm ein andrer Dozent: es gibt einen Doktor X., dessen Spezialität ist das, vielleicht gehen sie hin. - Nun man wird doch wohl etwas von ihm lesen können, das gibt ein besseres Bild. - Nein, ich glaube, er hat nie etwas publiziert. Vielleicht hie und da in einer Monatszeitschrift. Er gehört nicht zur Wissenschaft. Ich habe ihn in einem Café kennen gelernt. Solche Spezialisten findet man nie unter den Unseren; vielleicht versuchen sie es. - [V,1946]

Achilles versucht es und macht einen Besuch bei Dr. X. Aus dieser Visite entwickelt sich im weiteren der Romanplot des "Spion". Allerdings fällt auf, daß Musil sich *bei der Darstellung* des Komplexes "Moosbrugger" merkwürdig *unsicher* ist. Eine Zitatcollage mag dies verdeutlichen:

> Es ist zu viel zu erzählen, um es in den Rahmen zu spannen. Man muß während der Unterbrechung des Prozesses hineinspringen. Dieser Traum gibt Ach. den entscheidenden Anstoß; nun folgen seine Aktionen. Man kann immerhin den Verlauf des Prozesses schon vorher erzählen. [V,1944]

> Da nun das Moosbruggerproblem erzählen. Zurechtlegen! [V,1944]

> Fängt an mit Diotimakreis. Er konnte sich lange nicht entschließen, hinzugehen, endlich tut er es wegen Moosbrugger. [V,1948]

> ?Ev doch die Mgeschichte erzählen? Nein! [V,1948]

Die M.geschichte erzählen. Sie ist so ungeheuer begreiflich. [V,1948]

Streitpunkt: M. ist nicht krank [V,1949].

Ergebnis: (wenn nicht das obige erst jetzt.) Gedrängtes Referat (22/8, A 123,124.)
Die Zurechnungsfähigkeit ist ein philosophisches Problem (
Diese Grenzprobleme findet man nirgends ([V,1956]

Nicht zuletzt auf Grund seiner Gewichtung und der weitgehend identischen Anlage in den drei frühen Entwürfen "Spion", "Der Spion" und "Der Erlöser" ist dem Fall Moosbrugger in der Forschungsliteratur außerordentliches Gewicht gegeben worden. Dabei wurde die Zurechnungsfrage allerdings überwiegend sehr verkürzt, meist als lediglich verwaltungs- respektive gesellschaftskritisches Moment, behandelt.[1] Von gleicher Tendenz ist auch eine in immer neuen Spielarten wiederkehrende Argumentation, derzufolge Moosbrugger gegenüber der rationalen Welt ein kritisches Potential gelten zu machen habe. Den meisten dieser Untersuchungen gemeinsam ist der Rückgriff auf eine sehr alte Tradition wissenschaftlicher Musilliteratur, sogenannte Nebenfiguren als einen quasi eigenständigen Teil der Bemühungen des Protagonisten Ulrich zu betrachten.[2] Es ist daher auch wenig verblüffend, daß ein Konzept, das Moosbrugger als Minusvariante, bzw. Partiallösung umschreibt, Ulrich (gegebenenfalls auch Agathe) zur Plusvariante oder Gesamtlösung stilisiert.[3] In diesem Zusammenhang bedeutet es auch keine einschneidende Änderung der Methodik, wenn man mit oder ohne Berufung auf

1 Z. B. Thöming 1974: S. 288-302, Menges 1982: S. 113-123, Goltschnigg 1983: S. 154, Howald 1984: S. 207-216, Meister 1986: S. 70/71.

2 Vgl. Heydebrand 1963: S. 257-259, Rasch 1963/67: S. 89/90, Reis 1983: S. 375, Howald 1984: S. 214, Willemsen 1984: S. 311, Tewilt 1990: S. 186. Methodologisch handelt es sich im übrigen um eine eher bedenkliche Technik, Romane "individuell" zu machen.

3 Beard 1976, Marschner 1981: S. 111/2, Hassler-Rütti 1990: S. 38-41 und 112-116, Puppe 1991, S. 112-116.

Äußerungen Musils den Anderen Zustand[4] zum Mittelpunkt und positiven Zentrum des auf diese Weise letztlich doch vollendeten Werkes macht und Moosbrugger von dort aus als didaktische Präsentation eines mißlungenen Anderen Zustands zu entschlüsseln sucht.[5] Die Frage, die unausgesprochen oder explizit die Sekundärliteratur durchzieht, lautet sinngemäß: Hat Moosbrugger in bezug auf die "Frage nach dem rechten Leben" [I,255] ein kritisches Potential oder nicht? Und je nach Bewertung dieses kritischen Potentiales ist man mehr oder weniger geneigt, im Gegensatz zu falscher juristischer Abstraktion, Moosbrugger als zurechnungsfähig einzuschätzen. Gerhard Meisel ist diesem Kanon unlängst mit der Radikalthese entgegengetreten, Moosbrugger besäße keinerlei kritisches Potential, da ihm, als nicht sozialisiertem Geschöpf des Primärvorganges, jegliche Sprachkompetenz abzusprechen sei.[6] Eine These, der sich in dieser Arbeit nicht angeschlossen werden kann, da in bestimmten Fällen der Moosbruggerhandlung (etwa im Vorfeld der Meisterinnenepisode) auch von Meisel implizit aber notwendig auf gegebene Sprachkompetenz rekurriert werden muß.[7]

Für den kanonisierten Umgang mit Moosbrugger ist zweitens seine Psychologisierung konstitutiv. Sie dient als Stigma, um Moosbrugger gewünscht deutlich von den zumeist goutierten Geschwisterbemühungen abgrenzen zu können. Kritisch gewendet präsentiert sich dieses Verfahren als außerordentlich proble-

---

4 Der Musilforschung ist es durch Großschreibung eines einzigen Buchstabens unter der Hand gelungen, eine Begriff, der im autorisierten MoE nur ein einziges Mal und in der grammatisch korrekten Form des kleingeschriebenen Adjektivs vorkommt [III,766], zum Eigennamen und damit quasi zum Subjekt des Textes zu machen. Da der "Andere Zustand" auf diese Weise aber eine eigene Existenz bekommen hat, wird die Großschreibungen im folgenden angewendet, wenn das Produkt der Forschung intendiert ist.

5 Vgl. Karthaus 1965: S. 66/7, G. Müller 1972: S. 32-35, Beard 1976, Hassler-Rütti 1990: S. 112-116

6 Meisel 1991: S. 165: "So stellt Moosbrugger dieses bewußt- und grenzenlose Wesen dar, das seinen Mord als Instinkthandlung versteht und sich in nichts mehr von der Katze, die eine Maus jagt, unterscheidet."

7 Vgl. Meisel 1991: S. 162. Die hier geschilderte Intrige der Lehrburschen kann nur deshalb gelingen, weil Moosbrugger - im Gegensatz zur instinktgesteuerten Katze - in der Lage ist, den lokutiven Aspekt von Sprechakten richtig zu verstehen.

matisch: Der Interpret wiederholt die Anstrengung der vom Roman ironisierten bzw. der Lächerlichkeit preisgegebenen Berichterstatter und Psychologen auf einer Ebene, auf der die Ironie institutionell zu schweigen hat. Auf diese Weise erzielt er das zweifelhafte Resultat eines "wahren" Krankheitsbildes.

Die Psychologisierung Moosbruggers hält sich drittens an altbewährtes Verfahren: Kindheit und Pubertät werden zur Erklärung des späten Moosbrugger herangezogen. Das diesbezüglich reiche Material des Kapitels I.18 gerät dabei allzu leicht zur Quintessenz biographisch individualhistorischer Spurensuche.

Ein derartiger Kanon ist nicht nur generell problematisch, weil er einen individuellen Gegenstand mit einer standardisierten Form der Erkenntnis belastet. Er erweist sich auch im einzelnen als zumindest überdenkenswert.

Erstens ist Moosbrugger nicht nur in bezug auf Ulrich relevant. Als Alternative zum oben skizzierten Ansatz, der aus Ulrichs Reflexionen ein Romankonzept zu destillieren trachtet, erscheint es m. E. produktiver, das Denken Ulrichs dem Romankonzept unterzuordnen. Außerdem sei bereits hier darauf hingewiesen, daß Moosbrugger die Figur ist, deren Auftreten in besonderem Maße durch einen indirekten Modus gekennzeichnet ist. Moosbrugger taucht weitaus seltener persönlich auf, als in den Gedanken und Berichten anderer Romangestalten: Lediglich vier Kapitel behandeln Moosbrugger pur.[8]

Zweitens ist die Psychologisierung Moosbruggers alles andere als eindeutig. Die Diagnosen widersprechen sich. Die Vielzahl heterogener Urteile verhelfen letztlich der Ironie auch innerhalb einer Institution zu ihrem Recht.[9]

---

8 Es sind dies die Kapitel I.53, I.59, II.87 und II.110

9 Vgl. die in diesem Fall treffende Schilderung des Falles Moosbrugger bei Tewilt 1990, Anm. 356: "Den Autismus als einen zentralen Zug Moosbruggers hat zuerst Gerd Müller auf die Vorlage Bleulers zurückgeführt (Gerd Müller 1971: S. 185f.; siehe jetzt auch Menges 1982: S. 114), wobei er Moosbrugger aus verschiedenen Krankheitsbildern zusammengesetzt sieht. Dagegen meint Luft, eingeschränkter, Moosbrugger verkörpere einen Kretschmer-Typus (Luft 1980: S. 186). G. Graf geht von einer extrem physiologisch reduzierten Betrachtungsweise aus, wenn er Moosbrugger eine Dauersuggestion aus 'subkortikalen Regungen' heraus zuschreibt (G. Graf 1969: S. 148). [vgl. Howald 1984: S. 211, Anm. 56] - Das liest sich so, wie wenn Germanisten eine Figur diagnostizieren. Vielleicht sollte dieser Vor-

Und drittens verschleiert die naive Verwendung der Kindheitsschilderung in Kapitel I.18 deren explizit problematisierten Status:

> Ulrich war, als sein Blick auf dieses Gesicht mit den Zeichen der Gotteskindschaft über Handschellen traf, rasch umgekehrt, hatte einem Wachsoldaten des nahegelegenen Landgerichts einige Zigaretten geschenkt und nach dem Konvoi gefragt, der erst vor kurzem das Tor verlassen haben mußte; so erfuhr er - - : doch so muß derartiges sich wohl früher abgespielt haben, da man es oft in dieser Weise berichtet findet, und Ulrich glaubte schon beinahe selbst daran, aber die zeitgenössische Wahrheit war, daß er alles *bloß in der Zeitung* gelesen hatte. Es dauerte noch lange, ehe er Moosbrugger persönlich kennenlernte, und ihn vorher leibhaft zu sehn, gelang ihm nur einmal während der Verhandlung. [I,69]

Die Informationen über den Fall Moosbrugger, der die Öffentlichkeit so stark interessiert, stammen also aus den Federn der Berichterstatter. Und daß diese Berichterstatter die Erscheinung Moosbruggers nicht befriedigend zu erklären vermögen, macht der Text von vornherein mehr als deutlich: Am Beispiel des Lächelns in Moosbruggers "von Gott mit allen Zeichen der Güte gesegneten Gesicht" wird darauf hingewiesen, daß die Berichterstatter "ersichtlich nach widersprechenden Ausdrücken tasteten" und "in diesem Lächeln verzweifelt" etwas zu suchen "schienen", "das sie offenbar in der ganzen redlichen Erscheinung sonst nirgends fanden" [I,68].

Der "Erfindungsreichtum" des von Musil auch privat so ungeliebten Journalismus[10] hat im MoE den Rang eines Topos. Zeitungen machen Pferde zu Genies

---

schlag noch in die Musil-Forschung aufgenommen werden: '... meiner Ansicht nach ist Moosbrugger ja wohl Epileptiker. Er weist aber auch Züge von Paraphrenia systematica und vielleicht Dementia paranoides auf.' (Friedenthal 1936: S. 1368)." [= V,1368].

10 Musil arbeitete vor, während und nach dem ersten Weltkrieg immer wieder für diverse Zeitungen, hatte sogar zeitweise eine feste und außerordentlich komfortable Stellung bei der Neuen Rundschau inne. In seinen Tagebüchern machte er aus seiner Abneigung gegen diese Form des Schreibens, bei der der Schreiber nicht wüßte, "was u[nd] wie er schreiben sollte, wenn er nicht Auftraggeber hätte" [TB I,633] allerdings nie einen Hehl: "Der Feuilletonismus, selbst der in der Neuen Rundsch[au] oder im Pan ist mir zu ekel-

[I,44], sind dementsprechend keine Versuchsstätten des Geistes, sondern gleichen Magazinen und Börsen [I,325], einer Machttechnik der 'Andeutung durch die Einflußreichen' entspricht die Wahrheitstechnik des 'großletterigen' Berufens auf "Informationen aus einflußreichen Kreisen" und "authentische Quellen" [I,139]. Journalisten schreiben unter Aktualitätsgebot und beständiger "Rücksicht auf den Leser" [I,326], sie erfinden Dinge wie ein "Österreichisches Jahr" [I,138] und halten das halblaute Gemurmel vor der Tür für 'Ingenium' [I,326]. Was als stattgefunden gilt und was nicht, bestimmen sie letztlich qua Beruf:

> Welche sonderbare Angelegenheit ist doch Geschichte! Es ließ sich mit Sicherheit von dem und jenem Geschehnis behaupten, daß es seinen Platz in ihr inzwischen schon gefunden hatte oder bestimmt noch finden werde; aber ob dieses Geschehnis überhaupt stattgefunden hatte, das war nicht sicher. Denn zum Stattfinden gehört doch auch, daß etwas in einem bestimmten Jahr und nicht in einem anderen oder gar nicht stattfindet, und es gehört dazu, daß es selbst stattfindet und nicht am Ende bloß etwas Ähnliches oder seinesgleichen. Gerade das ist es aber, was kein Mensch von der Geschichte behaupten kann, außer er hat es aufgeschrieben, wie es die Zeitungen tun, oder es handelt sich um Berufs- und Vermögensangelegenheiten [...]. [II,359/60]

Wenn Weltgeschichte aber "zweifellos ebenso entsteht wie alle anderen Geschichten", nämlich durch Abschreiben [II,360], so setzt das die Berichterstatter der Zeitungen in ein fraglos schlechtes Licht,[11] denn diese arbeiten permanent unter dem Zwang "endlich mal etwas Interessantes" abzuliefern [I,69]. Neuheit, nie

haft." [TB I,230] "Die Schlamperei des Stils u[nd] das wenig Moralische des Berufs stellt der Journalist sozusagen objektiviert aus sich hinaus." [TB I,634] "Mit Martha über Übersetzen gesprochen. Ich: Wer so lesen kann wie Du, kann auch schreiben. M: Nein. Die Leichtigkeit eines Journalisten ist mir ganz unvorstellbar. Ich: Das ist auch nicht schreiben, sondern irgendeine obszöne Tätigkeit." [TB I,814]

11 Was das für den Autor des MoE heißt, ist eine zweite Frage. Die vorliegende Arbeit versucht, aus der Not des Zitierens eine Tugend zu machen, indem sie sich bemüht, bisher unentdeckten Literaturpfaden zu folgen.

Dagewesenes, aber mit Rücksicht auf den Leser für alle verständlich.[12] Der Kompromiß ist bekannt, die Lösung heißt Klischee.

> Was Ulrich auf diesem Wege von der Geschichte Moosbruggers erfuhr, war ungefähr das Folgende: Moosbrugger war als Junge ein armer Teufel gewesen, ein Hüterbub in einer Gemeinde, die so klein war, daß sie nicht einmal eine Dorfstraße hatte, und er war so arm, daß er niemals mit einem Mädel sprach. Er konnte Mädels immer nur sehn; auch später in der Lehre und dann gar auf Wanderungen. Nun braucht man sich ja bloß vorzustellen, was das heißt. [I,69]

Was nicht ganz zu stimmen scheint, denn wie und was man sich vorzustellen hat, wird selbstredend gleich mitgeliefert.

Nur wer diesen Status der Mitteilungen über Moosbruggers Geschichte geflissentlich überliest, nur wer die Klischees vom "armen Teufel", vom "Hüterbub" im Dorf, das für eine Straße zu klein ist, von den "Mädels" und der sprachverhindernden Armut[13] ernst nimmt, dem kann es gelingen, Moosbrugger zum Fall real existierender Individualpsychologie zu machen. Vor diesem Hintergrund wirkt es außerordentlich befremdlich, wenn Karl Corino in seinem Aufsatz "Ein Mörder macht Literaturgeschichte" in bezug auf genau diese Stelle von der Umsetzung in "bestürzende, bestürzend schöne Bilder" spricht.[14] Gegen die Tendenz, Musil zuerst das Abschreiben aus anderen Texten nachzuweisen, und diese Tatsache aus Gründen persönlicher Wertschätzung nebulös als eine "Umsetzung ins Dichterische"[15] zu veredeln, bemüht sich die vorliegende Arbeit um eine Analyse von Formen der Identität, die *gleichzeitig* Analyse einer Identität der (Roman-)Form sein will.

---

12 Vgl II,400: "... man wartete auf einen Mann, der die Einsamkeit des Genies haben sollte, aber dabei doch die Allgemeinverständlichkeit einer Nachtigall."

13 Diese Aussage läßt sich mit I,240 im übrigen falsifizieren.

14 Corino 1987a: S. 133.

15 Paradigmatisch etwa bei Dresler-Brumme 1987.

Denn das Moosbruggerproblem ist integraler Bestandteil der Romanform. Es bietet mehr als poetisches "Fleisch" auf dem Gerippe von Zeitungsmeldungen. Musils weiter oben angeführte Schwierigkeiten, die Moosbruggergeschichte zu *erzählen*, haben hierin ihren Grund. Musil schrieb im "Spion"-Entwurf:

> Ein Geisteskranker mit schattenhaften Bedeutungen. A. ist von ihnen aufgewühlt. Das ging ihn mehr an als sein eigenes Leben. [V,1985]

Im MoE ist dieses Programm erstaunlich weitgehend umgesetzt.[16] In dem Augenblick, wo "Achilles" "Anders"[17] heißt, nämlich Ulrich, mit dem signifikanten Beinamen "der Mann ohne Eigenschaften", wird der Roman noch deutlicher zum Leben des Protagonisten der gleichnamigen Marathonschrift: Ulrichs Identität und die des Romans rücken aneinander.

Was leistet nun aber Moosbrugger für die Identität dieses Romans? Nicht weniger als eine Diskussion der Darstellungsweise und zwar in Form einer Debatte über Zurechnungsfähigkeit. Gefaßt ist diese Debatte in einer Topologie des Verkehrs, welche nicht zuletzt ein interessantes Licht auf die Diskussion des Anderen Zustands werfen kann, indem sie ein Kunstwerk in Romanform auf seinen "anderen Zustand" verweist, auf ein Gründerdrama der Neuzeit.

Für das Schicksal des Prostituiertenmörders Christian Moosbrugger ist die Beurteilung seines Geisteszustandes durch sogenannte Sachverständige entscheidend. Von ihnen hängt die Verbringung des vagabundierenden Zimmermanns ab: Der geisteskranke, also unzurechnungsfähige Moosbrugger gehört ins Irrenhaus, der zurechnungsfähige, im Vollbesitz seiner geistigen Kräfte mordende Moosbrugger ins Gefängnis, respektive in die Hände des Scharfrichters. Die Crux im Fall Moosbrugger ist aber die exakte Bestimmung seiner geistigen Fähigkeiten. Denn das Verfahren, über Moosbruggers Geist zu befinden, entwickelt sich unter der Hand zur Bruchstelle, die nicht sein soll: Der Sachverstand wird inkompetent,

---

16 Das entsprechende MoE-Zitat findet sich in I,121.

17 Vgl V,1962: "Weshalb Anders? [...] Ich nennen ihn A. [...] weil er anders hieß."

wenn seine Sache der Verstand ist. Es ist ihm nicht möglich, Moosbruggers Geist exakt zu bestimmen.

Die Schilderung psychiatrischer Testverfahren im MoE greift eine lebhafte wissenschaftliche Diskussion nach der Jahrhundertwende auf.[18] Problem aller Testverfahren war und ist, daß Geist in Reinform nicht meßbar ist, folglich in einem indirekten Verfahren ausgewiesen werden muß. Anders gewendet: Geistiges Vermögen zeigt sich immer nur vermittelt. Das hat zur Folge, daß Testpersonen ihren Geist vorzuführen bzw. an Gegenständen darzustellen haben, und dieser Präsentation eignet grundsätzlich etwas Theaterhaftes. Mit dem Theaterbegriff ist aber zwangsläufig auch der Spielbegriff verknüpft. Im vorliegenden Falle heißt dies nichts anderes, als daß die in Frage stehenden Testverfahren nicht unbedingt einen Ist-Zustand des Geistes messen, sondern daß sie ebensogut auch dessen Simulation zum Opfer fallen können. Das Resultat ist paradox: Obwohl der 'Theateraufführung Geist' nicht anzumerken ist, ob sie im Geiste des Geistes oder der Simulation vollzogen wird, unterscheidet der Psychiater zwischen Wahnsinn und Vernunft nach ausschließlich theatralischem Gesichtspunkt. Letztes "Kriterium" bleibt die 'Gelungenheit der Vorführung'. Manfred Schneider schreibt zu diesem Problem in seiner instruktiven Studie "Theater des Wahnsinns - Wahnsinn des Theaters":

> Nach dieser theatralischen Unterscheidung zwischen Wahnsinn und Vernunft arbeitete noch die Psychiatrie unseres Jahrhunderts, wenn es galt, durch Testanordnungen die Simulanten unter den Wahnsinnigen herauszufinden. Diese Sonderung wurde verlangt, wenn die Frage der Zurechnungsfähigkeit von Straftätern oder die Diensttauglichkeit von Wehrpflichtigen beantwortet werden sollte. Eine reiche Literatur wuchs aus dieser Unterscheidungsaporie hervor. Wie aber wurden diese Tests organisiert? Durch Befragung. Und diese Befragung zielte auf paradoxe Binnendifferenzierung des Wahnsinns. Wie stets gab es auch hier zwei Lehrmeinungen. Die eine erklärte: Nicht nur die Unfähigkeit zur Wiederholung sei Wahnsinn, sondern auch die Simulation des Wahnsinns fiele unter seine Generalklausel. Ihr Axiom lautet: Nur das läßt sich simulieren, was

18 Schneider 1989: S. 135.

man auch hat. Die andere Lehrmeinung bestimmte - gemäß der alten Lehre, daß die Vernunft allein die Wiederholung beherrsche - die Fähigkeit, den Wahnsinn zu spielen (zu imitieren, zu wiederholen), zu einer Leistung, die den Wahnsinn eben ausschließt. Gleich welche Theorie galt, die Testanordnung zur Unterscheidung des Wahnsinns von sich selbst, zur Sonderung des theatralischen vom wahren Wahnsinn, folgte stets dem überlieferten Modell. Und so erzählen uns zahlreiche Protokolle immer wieder von Testpersonen, die bei den einfachen Zähl- und Multiplikationsaufgaben versagen, die Münzen falsch identifizieren oder absurde Umrechnungen innerhalb der Währungssysteme vornehmen; sie zählen Wochentage und Monatsnamen unvollständig oder in verkehrter Reihenfolge auf und verwechseln ihre Elternnamen.[19]

Ein gesunder Geist, in welchem Körper auch immer, läßt sich nach Logik derartiger Testanordnungen nur an der korrekten Wiederholung elementarsten Wissens diagnostizieren.

Der Wahnsinn gemäß dieser [...] Psychiatrie ist die Erosion des Elementarcodes Kultur/Familie/Natur [...]. Kein Mangel des Denkens charakterisiert dieses Delirium, sondern die aus der Bahn geratene Fähigkeit, elementare Zeichen und Dinge zu identifizieren/zu wiederholen.[20]

Wer nicht korrekt wiederholen kann, an dem haftet das Stigma der Geisteskrankheit. Wer Vorgemachtes korrekt imitiert, gilt dem Verfahren nach als mündig. Nebenbei bemerkt, diese Logik hat Folgen, denn nur wem die Habitualisierung des Vernunfttheaters möglichst vollständig gelingt, dessen Menschenverstand eignet jene sprichwörtliche Gesundheit:

Nach einer alten Tradition wird das Alter der Mündigkeit auch das Unterscheidungsalter genannt. Wer entmündigt wird, mithin zum Kind erklärt,[21] dem ist gemäß gesetzlicher Vorschrift die Kraft zur Unterscheidung abgesprochen. Dabei ist die Mündigkeit eben der Verlust der Unter-

---

19 ebenda, S. 134/5.

20 ebenda, S. 134.

21 Vgl. hierzu II,394.

scheidung von Wirklichkeit und Spiel, von Original und Wiederholung, von erster und zweiter Natur. Mündigkeit ist die automatisierte Simulation der Vernunft.[22]

Auch Moosbrugger wird dem Zwang geballten Sachverstandes ausgesetzt, einmal gelerntes Elementarwissen zu wiederholen, allerdings holen seine (Re)Produktionen nichts wieder:

> [D]a taten die Psychiater wunder wie neugierig, wenn sie Moosbrugger das gemalte Bild eines Eichhörnchens zeigten, und er darauf antwortete: "Das ist halt ein Fuchs oder vielleicht ist es ein Hase; es kann auch eine Katze sein oder so." Sie fragten ihn dann jedesmal recht schnell: "Wieviel ist vierzehn mehr vierzehn?" Und er antwortete ihnen bedächtig: "So ungefähr achtundzwanzig bis vierzig." Dieses "Ungefähr" bereitete ihnen Schwierigkeiten, über die Moosbrugger schmunzelte. Denn es ist ganz einfach; er weiß auch, daß man bei achtundzwanzig anlangt, wenn man von der Vierzehn um vierzehn weitergeht, aber wer sagt denn, daß man dort stehen bleiben muß?! [I,240]

Wo man in diesem/r Falle stehenzubleiben hat, "sagt" das Testverfahren. Dabei stellt sich grundsätzlich das im Motto dieses Kapitels aufgeworfene Problem, was es heißt, wenn man den Satz "Jemand folgt einer Regel" als angemessen oder passend empfindet. Im Abschnitt 182 der "Philosophische[n] Untersuchungen" schreibt Ludwig Wittgenstein hierzu:

> Die Kriterien, die wir für 'Passen', 'Können', 'Verstehen' gelten lassen, sind viel komplizierter, als es auf den ersten Blick scheinen möchte. D. h., das Spiel mit diesen Worten, ihre Verwendung im sprachlichen Verkehr, dessen Mittel sie sind, ist verwickelter - die Rolle dieser Wörter in unsrer Sprache eine andere, als wir versucht sind, zu glauben. (Diese Rolle ist es, die wir verstehen müssen, um philosophische Paradoxe aufzulösen. Und

22 Schneider 1989: S. 136. Ein Urteil, dem man sich in seiner Rigorosität nicht unbedingt anzuschließen braucht. Das prinzipielle Problem des "Theatergeistes" sollte aber nicht verloren gehen. Die vorliegende Arbeit zielt tendenziell darauf ab, die Anteile von 'Geist' und 'Ungeist' in der Schwebe zu halten.

darum genügt dazu gewöhnlich nicht eine Definition; und erst recht nicht die Feststellung, ein Wort sein "undefinierbar".)

Wittgenstein versuchte, die philosophischen Paradoxe in seiner Sprachspielkonzeption aufzulösen. Aber Moosbruggers Fall gewinnt in seiner Koppelung mit einem Kapitalverbrechen noch eine besondere Brisanz. Wittgensteins Gedankenexperimente unterstellen den Beteiligten einen "guten Willen". Die juristische Logik arbeitet dagegen mit dem Vorbehalt, der Delinquent könne eventuell simulieren. Gleichzeitig trifft sie noch eine weitere Unterstellung. Betreffs der Zurechnungsfähigkeit kennt sie nur ein entweder/oder: "Für Juristen gibt es keine halbverrückten Menschen". [II,534]

> Immerhin, ein Verbrecher läßt es sich oft recht leicht werden, im Vergleich mit der anstrengenden Denkarbeit, zu der er die Gelehrten nötigt. Der *Inkulpant*[23] macht es sich einfach zunutze, daß die Übergänge von der Gesundheit zur Krankheit in der Natur gleitend sind; [...]; der Jurist [dagegen] hält sich aus logischen Gründen vor Augen, daß man "in betreff derselbigen Tat niemals ein Mischungsverhältnis zweier Zustände zugeben dürfe", und er läßt nicht zu, daß sich "das Prinzip der sittlichen Freiheit im Verhältnis zu den körperlich bedingten Seelenzuständen in die nebelhafte Unbestimmtheit des Erfahrungsdenkens auflöse". Er holt seine Begriffe nicht aus der Natur,[24] sondern durchdringt die Natur mit der Flamme des Denkens und dem Schwert des Sittengesetzes. [II,534/5]

---

23 Eine Korrekturlesehaltung würde Musil hier einen Schreibfehler zugestehen wollen. Als Inkulpanten gelten gemeinhin die Beschuldigenden und nicht die Beschuldigten (Inkulpaten). Die hier vorliegende Untersuchung zeigt aber, daß man Moosbruggers Verhalten ebensogut als Anklage gegen juristische Denkverfahren analysieren kann, daß "n" im Inkulpanten hat also neben seinem unbefugten Auftreten auch seine Berechtigung.

24 Hier wird lediglich juristisches Verhalten beschrieben. Anweisungen, wie man Begriffe (per se Kulturprodukte) aus der Natur zu holen habe, werden hier und im folgenden selbstredend nicht gegeben. Letztlich bleibt auch hier nur das Kriterium der "Angemessenheit" bzw. des "Verständnisses", wobei nach Wittgenstein aber ebenfalls gilt: Anwendung bleibt ein Kriterium des Verständnisses. (PU, § 146)

Und vor diesem Hintergrund wird die Frage der Simulation im Testverfahren doppelt wichtig. Unter der Voraussetzung der Strafandrohung bei erwiesener Vernunft ist dem 'Inkulpa(n)ten' nämlich durchaus zuzutrauen, daß er Unzurechnungsfähigkeit nur vorspielt. Und innerhalb dieses 'Framings' wird Moosbruggers merkwürdige Beteuerung im Gerichtssaal [I,76], daß er im Vollbesitz seiner geistigen Kräfte sei, zur perfidesten aller Strategien, zur möglicherweise gespielten Naivität des eventuell angeblich wirklich Kranken.

Gegen solch psychologische "labeling-approach"-Methodik[25] macht es die Qualität der Darstellung im MoE aus, daß sie über Moosbruggers Geistesverfassung kein definitives Urteil abgibt. Sie nimmt vielmehr die Möglichkeit von Geist und Ungeist in die Reflexionen Moosbruggers hinein. Deutlich wird dies etwa am Beispiel der Beschwerden, die Moosbrugger gegen seine Behandlung im Gefängnis führt:

> Der Gefängnisarzt aber meinte zu Moosbrugger, alles, worüber er sich beklage, sei doch gar nicht so schlimm, gab ihm einen behaglichen Klaps und ließ sich durch nichts bewegen, auf seine Beschwerden einzugehen, denn *wenn Moosbrugger recht verstand*, sei das überflüssig, solang die Frage, ob er krank sei oder simuliere, keine Antwort durch die Fakultät gefunden habe. Ergrimmt *ahnte* Moosbrugger, daß jeder von denen sprach wie es ihm paßte, und daß es dieses Sprechen war, was ihnen die Kraft gab, mit ihm umzugehen wie sie wollten.[26] [I,235]

---

25 Gemeint ist das von Gilka Rohlfs kritisch beschriebene Verfahren "moderner" Anstaltspsychiatrie, aus einem normalen Menschen (mittels verschärfter Beobachtung und Ausdeutung) in Annäherung an ein Etikett einen 'Schizophrenen' zu produzieren. Es ist eine ironischen Qualität ihres ebenso ideologiekritischen wie lesenswerten Buches, daß sich Gilka Rohlfs auf dem Autorenfoto in der seit den frühen Tagen der Krankenphotografie anerkannten Pose des Schizophrenen präsentiert: Weit aufgerissene und starr beiseite gedrehte Augen einer offensichtlich geistig verwirrten Frau reizen die Neugier des "labelnden" Betrachters (Rohlfs 1986). Zur Fotografie psychisch kranker Patienten um die Jahrhundertwende vgl. den informativen Beitrag von Schuller 1989.

26 In gewisser Weise ist diese Vermutung durch das Verhalten der anderen Romanfiguren bestätigt. Sie alle machen per Sprache aus "Moosbrugger",

Die Frage des erst noch zu klärenden geistigen Zustandes des Prostituiertenmörders, der wie "ein Schauspieler in der Garderobe sitzt und auf den Auftritt wartet" [II,394], ist innerhalb der Sekundärliteratur zum MoE immer wieder gleichermaßen vorschnell wie indirekt (nach oben bereits zitiertem Muster) dadurch entscheiden worden, daß man Moosbrugger eine Funktion als Teil Ulrichs bzw. als Form des Anderen Zustandes zubilligte. Paradigmatisch sind die Formulierungen von Ulrich Karthaus:[27]

> Mit der Welt, in der er lebt, teilt Moosbrugger die Bewußtseinsspaltung. [...] Beide, die Gesellschaft und Moosbrugger, sind der Tat fähig. Sie sind potentielle oder wirkliche Täter, und dieser Umstand macht nicht viel aus. [...] Moosbruggers Gefängniszeit stimmt mit der Zeit Ulrichs auch darin überein, daß beide keine Orientierung mehr erlauben; man kann die Zeit "vor- und zurückdrehen", ähnlich wie es der Roman auch tut. Der an der Grenze des Pathologischen stehende Moosbrugger kann alle diese Züge deutlicher noch als Ulrich aufweisen; in seiner Geistesverfassung ist dem Erzähler die Möglichkeit gegeben, allgemeine Charaktere der Zeit und der Welt deutlicher herauszukehren,[28] als er es bei der Darstellung von Ulrichs Bewußtsein kann, ohne das Problem seiner Hauptfigur als willkürlich-fiktiv oder gar pathologisch zu desavouieren. [...] Vergleichen wir diese Textstelle [gemeint ist II,543] mit der Beschreibung der Polizeiausstellung (cf. 456f.), so sehen wir eine merkwürdige Übereinstimmung: was geschieht ist gleichgültig, und Moosbrugger weiß das, während sich die Gesellschaft in lächerlichen Banalitäten überbietet, um den Anschein des Geschehens zu schaffen. Was Moosbrugger von dem Leben außerhalb des Gefängnisses trennt, ist einzig die Illusion, frei zu sein."

---

was sie wollen, die Zeitungen einen Fall, der Sektionschef eine Stimulans seiner schläfrigen Gattin [I,69], Ulrich den Traum der Menschheit im Ganzen, die Richter einen Schuldigen, Clarisse den Erlöser und Bonadea einen Kitt für den Bruch in ihrem Leben.

27 Karthaus 1965: 63ff.

28 Im Umkehrschluß hieße dies: Der Erzähler macht Ulrich bewußt undeutlich, damit er dem Leser nicht unzurechnungsfähig erscheint. Hinsichtlich des Erzählerstandpunktes ähnlich argumentiert Thöming 1974: S. 302.

Solch gutgemeinte und behagliche Literaturanalyse übersieht das Materielle angewandter "Illusion": Außerhalb des Gefängnisses wird selbstredend nicht mit Prügel gedroht, bekommt man nicht den Kopf geschoren, um besser gemessen werden zu können, wird man nicht unter dem Vorwand der Desinfektion mit stinkender Schmierseife abgerieben [I,235f], erhält man keine Stöße in den Rücken, hat Arme und Beine nicht in Eisenschellen [I,211f] und wird auch nicht gescholten, wenn man einen zugewiesenen Bezirk von sechs Quadratmetern verlassen möchte [II,531].

So fragwürdig die Streitereien von Ulrichs Vater und seinen Kollegen auch sein mögen, die Folgen für die Betroffenen sind alles andere als angenehm oder gar illusionär.

Fragwürdigkeit und Brisanz juristischer Abhandlungen über den mit allen Zeichen der Gotteskindschaft gesegneten Zimmermann sind im MoE in einem traditionell überdeterminierten Bild aufgefangen, in dem die Frage nach dem rechten Leben (verstanden als 'Leben im rechten Geiste'), die mögliche Wiederkehr eines Erlösers, und die Identität des "Seins der Zeichen mit den Zeichen des Seins"[29] seit knapp zweitausend Jahren versuchsweise eingefangen wird. Es ist das vertraute Bild des "heiligen Abendmahls", welches in der Formulierung des Evangelisten Lukas auch heute noch in kirchlichen Institutionen beschworen wird:

> Und er nahm den Kelch, dankte und sprach: Nehmet ihn und teilet ihn unter euch; denn ich sage euch: Von nun an werde ich nicht trinken von dem Gewächs des Weinstocks, bis das Reich Gottes kommt. Und er nahm das Brot dankte und brach's und gab's ihnen und sprach: Das ist mein Leib, der für euch gegeben wird; das tut zu meinem Gedächtnis. Desselbigengleichen nahm er aber auch den Kelch nach dem Mahl und sprach: Dieser Kelch ist das neue Testament in meinem Blut, das für euch vergossen wird.[30]

---

29 Hörisch 1979.

30 Lukas 22, 17-20.

Das Motiv des Weins hat spätestens durch Gerhard Neumann[31] und Jochen Hörisch[32] seine verdiente und ausführliche germanistische Würdigung erfahren, und seine Erwähnung wäre an dieser Stelle alles andere als originell, wenn im MoE nicht auch das explizite und konsequente Gegenprogramm zur Sprache kommen würde. Gemeint ist eine Weiterführung des Weinmotivs, die bereits im 'Buch der Bücher' deutlich anklingt, und zwar aufgrund ihrer Wichtigkeit gleich bei allen vier Evangelisten:

Nach Lukas 22, Vers 17 verspricht der Erlöser zwar, bis zur Ankunft des göttlichen Reiches nicht mehr vom Gewächs des Weinstockes trinken zu wollen, aber der ironische Spott seiner Peiniger macht ihm einen dicken Strich durch die Rechnung: Die Kriegsknechte reichen dem Gekreuzigten in einer höchst signifikanten Geste ausgerechnet vergorenen Wein als Getränk: Zwecks Löschung seines Durstes erhält der Gottessohn einen Schwamm voller Essig.

Der theologische Spielraum in der Ausdeutung des Essigreichens ist weit. Er reicht von einer Geste der Menschlichkeit über Verhöhnung bis hin zur eigentlichen Erfüllung der Schrift.[33]

Der literarische Spielraum des Motives ist nicht wesentlich enger. Insbesondere die Verknüpfung des Weines mit dem initiatorischen Weitergaberitus einer abgesicherten und wahrhaften Zeichenlehre des Vaters für das rechte Leben der Söhne produziert im Kontext der Moosbruggerhandlung eine Vielzahl semantischer Effekte.

In MoE taucht das Wein/Geist-Motiv zum erstenmal in gleichermaßen spöttischer wie entlarvender Absicht im Zusammenhang mit der ersten großen Parallelaktionssitzung auf. Im Gegensatz zum stetiger Ermahnung bedürfenden Protago-

---

31 Neumann 1982.

32 Hörisch 1992.

33 Die selbstimplikative Pointe des Johannesevangeliums (Joh. 19, 25ff) (das den Ritus des Abendmahls nicht kennt, dafür aber die Identifizierung von Gott mit dem rechten Weinstock) ist die paradox bekräftigende Motivierung, mit der der Gekreuzigte (nachdem er qua Wort und gegen die Natur eine Mutter/Sohn Bindung gestiftet hat) seinen Wunsch, trinken zu wollen, äußert: "Danach, da Jesus wußte, daß schon alles vollbracht war, auf daß die Schrift erfüllt werde, spricht er: Mich dürstet!"

nisten [II,535], befindet sich der selbsternannte Gottessohn Arnheim [II.112] selbstredend in vollem Einklang mit der Wahrheit des Weines:

> Ulrich beobachtete Arnheim, während Diotima sprach. [...] In Ulrich erwachte eine Gassenjungenlust, mit Steinen oder Straßendreck nach diesem in Vollkommenheit und Reichtum aufgewachsenen Menschen zu werfen, während er zusah, mit welcher Aufmerksamkeit der sich anstellte, um den albernen Vorgängen zu folgen, denen sie beiwohnen mußten; er trank sie förmlich wie ein Kenner, dessen Gesicht ausdrückt: ich will nicht zuviel sagen, aber das ist ganz edles Gewächs! [I,178/9]

In analogem Kontext steht auch die Beschreibung des geistig eher schlicht zu nennenden Generals Stumm von Bordwehr, der, obwohl er vom Wein eigentlich nichts wissen will [I,343], auf der Suche nach brauchbarer Lebenswahrheit bei Sitzungen der Parallelaktion mit einem Glas Wein in der Hand umherstreift [I,346].

Ungleich mehrdeutiger ist das Weinmotiv aber, wenn es, um die Essigmetapher ergänzt, die gerichtsmedizinischen Bestimmungen von Geist und Ungeist durch die Juristen (reflexiv) zu fassen versucht, wobei gleichzeitig kein Zweifel daran bestehen kann, daß Ulrichs Vater seinen Sohn auf die Nachfolge seines Werkes 'festzunageln' beabsichtigt.[34]

> Gerichtshöfe gleichen Kellern, in denen die Weisheit der Vorvordern in Flaschen liegt; man öffnet diese und möchte darüber weinen, wie ungenießbar der höchste, ausgegorenste Grad menschlicher Genauigkeitsanstrengung wird, ehe er vollkommen ist. Dennoch scheint er unabgehärtete Personen zu berauschen. Es ist eine bekannte Erscheinung, daß der Engel der Medizin, wenn er längere Zeit den Ausführungen der Juristen zugehört hat, sehr oft seine eigene Sendung vergißt. Er schlägt dann klirrend die Flügel zusammen und benimmt sich im Gerichtssaal wie ein Reserveengel der Jurisprudenz. [I,244]

---

34 Vgl. z. B. II,535 und III,697.

Das Weinessigmotiv erhält seine volle Relevanz erst in dieser Sentenz, in der die Metapher einer verbindlichen und vom Protagonistenvater abgesicherten juridischen Weltordnung auf Moosbrugger, den mit allen Zeichen der Gotteskindschaft [I,69] gesegneten Apologeten des Jus [I,236], bezogen wird. Das obige Zitat zeigt deutlich: Die Möglichkeit späterer Vollkommenheit ist zwar nicht ausgeschlossen. Gegenwärtig aber gilt: Der Wein macht Weinen. Mit der juristischen Beurteilung real gegebener Zeichen hinsichtlich eines möglicherweise wahren Seins ist es dem Wortspiel nach Essig.

In einem aus guten Gründen[35] nicht zum autorisierten MoE gehörenden Kapitelentwurf wird die juristische Methode ebenso spöttisch wie prägnant von einem gewissen Dr. Pfeiffer auf den Punkt gebracht:

> ["]Man legt uns einen aus dem Leben entstandenen 'Fall' auf die Klinik, wir vergleichen ihn mit dem, was wir wissen, und den Rest, einfach das, was wir nicht wissen, einfach unsere Unwissenheit muß der Delinquent verantworten. [...] Trotz allen Pomps der Gerechtigkeit wie der Wissenschaft, trotz allen Haarspaltens, trotz unserer Perücken von gespaltenen Haaren, läuft das Ganze am Schluß doch nur darauf hinaus, daß der Richter sagt: 'Ich hätte das nicht getan', und daß wir Psychiater hinzufügen: '*Unsere* Geisteskranken hätten sich auch nicht so benommen'!" [IV,1362]

Das gespenstische Vorgehen der Juristen wird in der präzisen MoE-Darstellung des Protagonistenvaters ironisch aufgefangen. Erstens bekommt der im Roman außerordentlich unbestimmte, nämlich ebenso namenlose[36] wie stets abwesende,[37] Beurteiler der Vernunft anderer am Ende seines Daseins ebenso eine Zeitungsbiographie auf den Leib geschrieben [III,692/3], wie sie den Prostituiertenmörder von Anfang an auszeichnet. Und zweitens wird die Identität des Rechts-

---

35 Vgl. den Schluß des vorliegenden Kapitels.

36 Gleichzeitig mit dem Namen Ulrichs wird im Roman auch der Name des Vaters mit Rücksicht auf eben diesen verschwiegen [I,18].

37 Leiblich präsent ist im MoE lediglich der tote Vater, ansonsten führt Ulrichs "alter Herr" [I,14] ausschließlich eine Schriftexistenz. Es ist konsequenterweise auch Teil des Verbrechens von Ulrich und Agathe, daß sie diese Schriftexistenz durch Testamentsfälschung zu widerrufen trachten.

verwahrers von seiner sich emanzipierenden Tochter durch einen signifikanten Gestus untergraben, der ihn in deutliche Parallele zu seinem Opfer Moosbrugger setzt. Von diesem stammt nämlich die 'Theorie', wonach Menschen und Gegenstände nur deswegen sind, weil ihnen anderes anhängt, vornehmlich in Form eines Verbotes.

Daß dies für Moosbrugger in besonderer Weise in bezug auf Frauen gilt, wird in der "Meisterinnenepisode" deutlich, in welcher Moosbrugger dem Spott anderer Lehrburschen auf den Leim geht und der Frau seines Lehrherren eine ungewollt obszöne Geste präsentiert:

> "Meisterin," sagte er, "ich möchte ihnen etwas Liebes tun..." *Sie waren allein*, da sah sie ihm in die Augen, mußte etwas darin gelesen haben und erwiderte: "Scher dich nur aus der Küche!" Darauf hielt er ihr die Faust mit dem hindurchgestreckten Daumen entgegen. Der Zauber wirkte aber nur halb; die Meisterin wurde blutrot und schlug ihn so schnell, daß er nicht davonkommen konnte, mit dem Holzlöffel, den sie in der Hand hielt, über das Gesicht [...] er stürzte sich auf das mächtige Frauenzimmer, das ihn so schändlich beleidigt hatte, *der Meister kam herbei*, und was von da an geschah, bis zu dem Augenblick, wo er mit wankenden Beinen auf der Straße stand und seine Sachen ihm nachgeworfen wurden, war, als ob man ein großes rotes Tuch in Fetzen risse. So hatte man sein Jus verhöhnt und geschlagen, und er begann wieder zu wandern. [I,237]

Der 'eingreifende Meister' deckt sich mit Moosbruggers grundsätzlicher Erkenntnis:

> Nach Moosbruggers Erfahrung konnte man kein Ding für sich herausgreifen, weil eins am anderen hing. [I,240]

Moosbruggers Bestimmung weiblicher Identität ist daher auch entsprechend simpel:

> Frauen sind Frauen und Männer; weil die ihnen nachrennen [II,396].

Problematisch ist diese Bestimmung allerdings, wenn einem Frauen nur als verbotene erscheinen. Zu dieser Ansicht kommt der auf der Suche nach seinem Recht wandernde Moosbrugger jedenfalls in Kapitel II.87.

> Findet man das Jus auf der Straße?! Alle Weiber waren schon das Jus von irgendwem, und alle Äpfel und Schlafstätten; und die Gendarmen und Bezirksrichter waren schlimmer als die Hunde. [I,237]

Lediglich in der völligen Isolierung der Gefängniszelle gelingt es Moosbrugger halbwegs,[38] sich gegen die "Hunde" in Allmacht zu phantasieren.

> [A]ber einen Eindruck, wie ein großes spiegelndes Wasser ausgebreitet zu sein, das durch nichts zu stören ist, den hatte er jetzt fast immer, wenn er auch die Worte dafür nicht hatte. Die Worte, die er hatte, waren: - Hmhm, soso. Der Tisch war Moosbrugger. Der Stuhl war Moosbrugger. Das vergitterte Fenster und die verschlossene Tür war er selbst. Er meinte das keineswegs verrückt und ungewöhnlich. Die Gummibänder waren einfach weg. Hinter jedem Ding oder Geschöpf [...] ist ein Gummiband, das sich spannt. Sonst könnten ja auch am Ende die Dinge durch einander hindurchgehen. Und in jeder Bewegung ist ein Gummiband, das einen nie ganz tun läßt, was man möchte. Diese Gummibänder waren mit einemmal fort. Oder war es bloß das hinderliche Gefühl von Gummibändern? Das kann man wohl nicht so genau unterscheiden? "Zum Beispiel, Frauen halten ihre Strümpfe mit Gummibändern. Da hat man's!" - dachte Moosbrugger. "Sie tragen wie ein Amulett Gummibänder ums Bein. Unter den Kitteln. Wie Ringe, mit denen man die Obstbäume beschmiert, damit die Würmer nicht hinaufsteigen." [II,395]

Strumpfbänder als Verbot der Früchte des Obstbaums sind sicherlich ein drastisches Bild. Wenn man aber gemäß der obigen Definition anerkennt, daß "Frauen Frauen und Männer sind, weil Männer ihnen nachrennen" und das "alle Weiber immer schon das Jus eines anderen sind", macht Agathes Emanzipationsversuch

38 Das nachfolgende Zitat zeigt gegen Menges 1982: S. 121 deutlich, daß Moosbrugger auch in seinen Phantasien nur bis zur verschlossenen Zellentür kommt.

am Totenbett des Vaters einen überraschend psychologischen Sinn, er gerät zum Aufbruch in eine "taufrisch-morgendliche" [II,707] Geschlechterordnung:

> Da hatte sich Agathe aber schon gebückt und ein seidenes breites Strumpfband, das sie zur Entlastung des Gürtels trug, vom Bein gestreift, hob die Prunkdecke und schob es dem Vater in die Tasche. Ulrich? Er traute zuerst seinen Augen nicht [...]. Dann wäre er beinahe hinzu gesprungen und hätte es verhindert; einfach *weil es so ganz gegen alle Ordnung war*. Dann aber fing er in den Augen seiner Schwester einen Blitz von reiner Taufrische des frühen Morgens auf, in die noch keine Trübe des Tagwerks gefallen ist, und das hielt ihn zurück "Was treibst du da?!" sagte er, leise abmahnend. Er wußte nicht, ob sie den Toten versöhnen wolle, weil ihm Unrecht geschehn sei, oder ob sie ihm etwas Gutes mitgeben wolle, weil er selbst so viel Unrecht getan habe: er hätte fragen können, aber die barbarische Vorstellung, dem frostigen Toten ein Strumpfband mitzugeben, das von dem Bein seiner Tochter warm war, schloß ihm von innen die Kehle und richtete in seinem Gehirn allerhand Unordnung an. [III,707]

Allerhand Unordnung herrscht auf den ersten Blick auch im Geiste Moosbruggers, die Art und Weise aber, in der im MoE von dieser Unordnung erzählt wird, ist *außerordentlich* spezifisch. Moosbrugger kennzeichnet eine durchaus emphatische Vorstellung seines Geisteslebens:

> Moosbrugger glaubte nicht an Gott, sondern an *seine persönliche Vernunft*. Die ewigen Wahrheiten hießen bei ihm verächtlich: der Richter, der Pfaffe, der Gendarm. Er mußte sich seine Sache allein machen, und da hat man schon manchmal den Eindruck, daß einem alle den Weg verstellen! Er sah vor sich, was er oft gesehen: die Tintenfässer, das grüne Tuch, die Bleistifte, dann das Kaiserbildnis an der Wand und wie sie alle dasaßen; in seiner Anordnung kam ihm das wie ein Schnappeisen vor, zugedeckt mit dem Gefühl, es muß so sein, statt mit Gras und Blättern. [II,394]

Die kakanische Beamtenstube als Fangeisen, die Insignien der Schriftkultur (Tintenfass und Bleistift) als dessen Zähne. Von Vertrauen in bürgerliche Bildungs(re)formen ist bei Moosbrugger ganz generell nicht viel zu spüren:

> Die Arbeiterheime und Volksbildungsvereine, wo man ihm sagen wollte, wie er denken solle, haßte er [II,397].

Gesprochene ebenso wie gedachte Sprache gerät Moosbrugger unter der Hand zum verunglückten Dressurakt:

> In der Einzelzelle dachte Moosbrugger darüber nach, was *sein* Recht sei. Das konnte er nicht sagen. Aber es war das, was man ihm sein Leben lang vorenthalten hatte. In dem Augenblick, wo er daran dachte, schwoll sein Gefühl an. Seine Zunge wölbte sich und setzte zu einer Bewegung an wie ein Hengst im spanischen Schritt; so vornehm wollte er es betonen. "Recht," dachte er außerordentlich langsam, um diesen Begriff zu bestimmen, und dachte so, als ob er mit jemand spräche, "das ist, wenn man nicht unrecht tut oder so, nicht wahr?" - und plötzlich fiel ihm ein: "Recht ist Jus." So war es; *sein* Recht war *sein* Jus! [I,236]

Der logophobe Moosbrugger neidet den anderen Menschen die intersubjektive *Selbstverständlichkeit* des Sprechens:

> Er beneidete alle Menschen, die schon in der Jugend gelernt hatten, leicht zu sprechen; ihm klebten die Worte zu Trotz gerade in Zeiten, wo er sie am dringensten brauchte, wie Gummi am Gaumen fest, und es verging dann manchmal eine unermeßliche Weile, ehe er eine Silbe losriß und wieder vorwärtskam. [I,238]

Aber trotz "leimender" Zunge [I,238] weiß sich Moosbrugger im Besitz einer besseren Wahrheit als all die Zungenfertigkeit, die ihn umstellt.

> Die Juristen konnten zwar besser reden als er und hielten ihm alles mögliche entgegen, aber von den wirklichen Zusammenhängen hatten sie keine Ahnung. [...I Er dachte besser als andere, denn er dachte außen und innen. [I,238,240]

Überzeugt von der Wahrheit einer buchstäblich persönlichen Vernunft seiner Gedanken, hat Moosbrugger eigentlich nur einen wirklichen Wunsch:

"Erzählen können," dachte Moosbrugger [...] [I,212].

Und er träumte: "Ich könnte ihnen etwas erzählen!" Wie ein junger Mensch träumt. Und den hatte man so oft eingesperrt, daß er nie alt wurde. "Das nächste Mal werde ich mir das genauer anschauen müssen," dachte Moosbrugger "sonst verstehen sie mich ja doch nicht." Und dann lächelte er streng und sprach wie ein Vater über sich mit den Richtern, der von seinem Sohn sagt: er taugt nichts, sperrt ihn nur tüchtig ein, vielleicht nimmt er sich dann zusammen! [II,394]

"Tüchtig einsperren" hilft allerdings wenig. Auch der eingesperrte Moosbrugger bleibt unfähig, seine Erlebnisse mit eigenen Erfahrungen und persönlicher Vernunft so zu erzählen, daß sie anderen verständlich wären, nicht zuletzt deshalb, weil seinen Erlebnissen die Iterierbarkeit abgeht.

Wie er da so auf seiner Bank in der Zelle saß, die zugleich sein Bett und sein Tisch war, beklagte er seine *Erziehung*, die ihn nicht gelehrt hatte, seine Erfahrungen so auszudrücken, wie es sein müßte [...]; was wirklich geschehen war, das kam ihm so vor, als ob er plötzlich fließend etwas in einer *fremden Sprache* gesprochen hätte, das ihn sehr glücklich gemacht hatte, das er aber *nicht* mehr *wiederholen* konnte. [I,241/2]

Was sich hingegen wiederholt, und zwar als Problem des gesamten Romans, ist die Frage nach der Beschaffenheit einer persönlichen Wahrheit, die gleichzeitig intersubjektiv vermittelt werden kann. Genau dieses Dilemma kommt signifikanterweise auch den Bemühungen Ulrichs und Agathes um jenen anderen Zustand des Lebens zu, jenes mystische Allgefühl der Geschwister, mit dem aufgrund seiner Unbestimmtheit so erheblich 'Schindluder' getrieben werden kann. "Schleudermystik" war Musils geringschätziges Etikett für einen allzu naiv-gläubigen Umgang mit jenem anderen Zustand des Verhältnisses von Ich und Welt. Und, so muß man hinzufügen, die Angst, "Schleudermystik" zu produzieren, war einer der subjektiven Gründe, weshalb Musil in immer wieder neuen Anläufen und Kapitelentwürfen endlos nach gültiger Formulierung suchte. "Gelungenheit" mochte er letztlich keinem dieser Entwürfe zubilligen.[39] Nach einer positiven Darstellung jenes zweiten Zustandes des Menschen sucht man im autorisierten MoE vergebens. Dennoch ist 'der andere Zustand' auch von Robert Musil als Thema des Romans immer wieder reklamiert worden, was man im Falle der Sekundärliteratur - mit jeweils guten Gründen - zwischen deutlich interpretierter Dichtung und deutlicher Interpretendichtung ansiedeln kann. Für welche Spielart man sich auch entscheiden mag, das Dilemma der Darstellungen von Moosbruggers Geist und dem Geist des anderen Zustands ist formal identisch und wiederholt sich zudem in der prinzipiellen Problematik spezifisch bürgerlicher Kunstproduktion: *Es müssen Lösungen gefunden werden, mittels allgemeiner Sprache Einmaliges zu sagen.*

In dieser radikalen Zuspitzung muß jede Lösung prinzipiell mißlungen wirken, trotzdem ist die Formulierung im Grundsatz gültig. Je nachdem,[40] wie stark ein Gefühl von Gelungenheit sich des Interpreten bemächtigt, desto eher wird er geneigt sein, eine dialektisch aufhebende Synthese der Gegensätze zu konzedieren. Diskursanalytische Ansätze beharren dagegen im gleichen Gefühl von Gelungenheit auf der bloß metaphorischen Verwendung des Synthesebegriffes, sprechen ihm eine Versöhnung jenseits der Rhetorik generell ab.

Was in dem hier vorliegenden Kapitel versucht wird, ist, die mit dem MoE vorgelegte Partiallösung, innerhalb ihrer eigenen Grenzen, in wünschenswerter Klarheit zu verdeutlichen.

Geleitet wird diese Bemühung von der für die vorliegenden Arbeit fundamentalen These, daß im MoE das Problem einer Identität persönlicher Vernunft vorrangig in der Auseinandersetzung mit der literarischen Tradition bearbeitet wird, wobei die Identität persönlicher Vernunft in der Identität des Kunstwerkes ihren Ausdruck findet. Literaturwissenschaftlich gesehen versucht der Verfasser dieser

---

39 Körperlicher Zwang und "tüchtig einsperren" blieb auch im Falle Musils ohne das erwünschte Resultat. Während den immer wiederkehrenden Phasen der Arbeitshemmung, denen Musil durch Disziplinierung und Psychotechnik zu entgehen suchte, lief, einer Überlieferung von Corino 1988: S. 338 zufolge, der Dichter des MoE, eingeschlossen in seinem Zimmer, vor dem mit Decken verhängten Schreibtisch ebenso verzweifelt wie untätig auf und ab.

40 Vgl: "So ist der Geist der große Jenachdem-Macher..." [I,154]

Studie, aus der Komplikation, daß Identität niemals vollständig autonom, sondern immer von einem (oder mehreren) als identisch gesetzten Anderen abhängig ist, den Vorteil zu ziehen, Orte des Anderen im MoE aufzuspüren. Bei einer artifiziellen Konstruktion wie dem MoE nimmt es nicht Wunder, daß es sich bei diesen Ortswechseln weniger um das positive Zitat wissenschaftlicher Literatur, sondern wesentlich um das gebrochene Zitat als "autonom" *anerkannter* Kunstwerke handelt. Gerade die Gebrochenheit der Zitate hat dabei für die Autonomiebemühung des MoE einzustehen, ein gläubiges Zitieren autonomer Meister wäre letztlich nicht mehr als bloßes Klonen. Um ein bereits gedeutetes Bild zu gebrauchen: Ein Kind gibt dem Vater das Strumpfband zurück.

Sozusagen als MoE-Vater[41], der durch diese Geste gleichermaßen anerkannt wie beiseite gelegt wird, fungiert das in dieser Arbeit schon mehrfach zitierte Gründungsdokument des deutschen Bildungsromans, "Wilhelm Meisters Lehrjahre".

Als "Ursprung" einer Gattung kennzeichnet diesen Roman eine besondere Pointe: Er kann in seiner Identitätsbildung nicht auf vorgängige Tradition eigener Art zurückgreifen, sich gleichzeitig aber auch nicht aus dem Nichts schöpfen. Daher, und da ist er historisch konsequent,[42] greift der Roman nach einem anderen Zustand der Kunst, nach dem Drama, im Fall des "Wilhelm Meister" nach Shakespeares "Hamlet".

Die Untersuchungshypothese lautet also zugespitzt: Im MoE ist ein Wissen davon aufbewahrt, daß es spezifische *formale* Konsequenzen hat, daß Wilhelm Meister über die Auseinandersetzung mit "Hamlet" seine eigene Identität herausbildet.

---

41 'Vater' bedeutet in diesem Zusammenhang erstens soviel wie 'erstes Exemplar einer Gattung', zweitens aufgrund eines Status der Vorbildlichkeit eine gewisse 'Verantwortlichkeit für Charakterausprägungen der Kinder'. Bei der herkömmlichen, Platons Phaidros entstammenden Bestimmung des Autors als Vater des Werkes ist insbesondere die erste Bestimmung nicht gegeben.

42 Kittler 1978: S. 35.

Daß dem Dänenprinzen Hamlet im "Wilhelm Meister" für den Werdegang des Protagonisten außerordentliche Bedeutung zukommt, lehrt bereits ein flüchtiger Blick in die Lehrjahre:

Am Hamlet übt sich Wilhelm zunächst in der Erfassung des "Autorensinnes" [WM,216,218]. Der dänische Heldensohn wird danach von Wilhelm, dem ebenfalls kranken Königssohn,[43] in einer von ihm bearbeiteten Aufführung persönlich verkörpert [WM,320/23], obwohl er sich für die Rolle physiognomisch völlig ungeeignet fühlt [WM,306].[44] Dann ist es der Geist des alten Hamlet, der Wilhelm zur Stimme des eigenen Vaters gerät [WM,322]. Shakespeare selbst kommt nach Wilhelms eigenem Bekunden schließlich die beachtliche Fähigkeit zu, "mit sich selbst bekannt zu machen" [WM,192] und letztlich fühlt der Protagonist, bei aller Problematik solcher Wahlverwandtschaft, auch noch eine über den gemeinsamen Vornamen hinausgehende Verbindung zu dem englischen Dichter [WM,210].[45]

All diese Punkte laufen auf einen gemeinsamen Umstand hinaus: Wilhelm Meisters Hamlet ist Produkt identifikatorischer Lektüre. Die Ganzheit [WM,216/7] des Stückes, von der Wilhelm so gerne spricht, und die er unter allen Umständen gewahrt sehen möchte, ist pure Phantasie. Erstens zielt Wilhelms Deutungsbemühen explizit auf den Sinn des Autoren bzw. Verfassers, nicht aber auf den des Textes [WM,216,218], zweitens muß Wilhelm zum richtigen Verständnis dem erwachsenen Hamlet eine Kindheits- und Jugendzeit hinzuerfinden [WM,217] (die der eigenen recht ähnlich gerät), und drittens übersieht Wilhelm seine Interpretationsmaxime, daß man zunächst den Sinn des Buchstabens und dann erst den Geist des Ganzen zu erklären habe [WM,309/10], indem er die 'Möglichkeitsbedingung Buchstabe' allzu selbstgefällig liquidiert: Wilhelm verän-

---

43 Das Bild des kranken Königssohns hat für den Protagonisten schicksalhaften Charakter. Die auf Wilhelms Lieblingsbild dargestellte antike Variation eines ödipalen Konflikts endet bezeichnenderweise mit einem Rücktritt des Vaters (von den Ansprüchen an seine Frau) zugunsten des Sohnes. Vgl. Bahr 1989: S. 33-37.

44 Ein zeitgenössisches Mißverständnis, das aus einer falschen Übersetzung Wielands und auch Schlegels entstand.

45 Wilhelm nennt ihn erst einen Freund, dann seinen Paten.

dert die Textgestalt des Shakespearschen Dramas nach eigenem Gutdünken [WM,296].

Es macht eine Qualität des Goetheschen Textes aus, daß Wilhelms Aktionen gegenläufige Kommentierungen beigegeben werden, etwa in den Figuren Mignon und Serlo. Serlo beispielsweise weist Wilhelm mehr oder weniger unverholen auf den Ungeist seiner Praxis hin. Auf Wilhelms identifikatorische Wunschauslegung, nach welcher der Held des Stückes keinen Plan habe, das Stück aber den größten, der je ersonnen wurde, erwidert ihm der Berufsschauspieler Serlo, Wilhelm mache dadurch den Dichter zum Gott, und zwar gegen dessen Absicht [WM,255]. Und als Wilhelm den Kontrakt, nach dem er den Hamlet zu spielen hat, nur unter der Bedingung unterzeichnen will, daß auch der ganze Hamlet[46] zur Aufführung gebracht werde, antwortet Serlo ebenso umsichtig wie vorausschauend [WM,293]: Ja, falls möglich!

Denn obwohl Wilhelm (im Gegensatz zu Serlo) Shakespeare mit dem göttlichen Attribut der Vollkommenheit [WM,293/4] belegt, ist es der junge Hauptdarsteller persönlich, der sich plötzlich daran macht, den Vollkommenen veredeln zu wollen. Unter der Maxime "Ich verbessere Hamlet" behauptet Meister Wilhelm plötzlich, die äußeren Umstände des "Hamlet" würden die Einheit des "Hamlet" zerstören [WM,296]. Und so wird Hamlets Fahrt nach England, seine Gefangennahme durch die Seeräuber, der Zug des jungen Fortinbras nach Polen, die Reise des Laertes nach Frankreich etc. [WM,296] im Namen einer Einheit des Stückes als fehlerhaft gestrichen, und der Handlungsgang dahingehend abgeändert, daß Hamlet am Schluß nach Norwegen gesandt werden soll, von Laertes aber wegen ungünstiger Winde rechtzeitig wieder eingeholt werden kann [WM,297/8].[47]

---

46 Vordergründig zielt diese Formulierung auf die zeitgenössische Theaterpraxis ab, in der es durchaus üblich war, Hamlet am Schluß, mit Rücksicht auf das Publikum, überleben zu lassen.

47 Meister Wilhelm übersieht hierbei, daß das Windmotiv im Hamlet das Spiel um die Zurechnungsfähigkeit zuspitzt. In H,II/2 teilt Hamlet dem Höfling Güldenstern ziemlich unverhohlen mit: "Ich bin nur toll bei Nordnordwest; wenn der Wind südlich ist, kann ich einen Kirchturm von einem Leuchtenpfahl unterscheiden." Brisant wird diese Definition in H,V/2. Auf die Bemerkung Osricks, daß es sehr heiß sei, antwortet Hamlet: "Nein, auf mein Wort, es ist sehr kalt; der Wind ist nördlich." Erst nach dieser Introduktion

Hamlet ist für Wilhelm Modell des großen Individuums, welchem es unmöglich ist, das zu tun, was seine persönliche Schicksalsaufgabe ist [WM,244/46]. Die Geister der Väter übernehmen in dieser Auslegung das funktionale Zentrum.[48] Verständlich bei Neuschöpfung einer Gattung, denn schließlich verschafft der Verweis auf väterliche Göttlichkeit nach einem MoE-Zitat aus Kapitel I.112 den Adelsbrief edler Abstammung [II,546]. Zudem bestimmt Wilhelm in seiner Gegenüberstellung von beschleunigtem, schicksalgeleiteten Drama [WM,308] und gebremsten, zufallsgesteuerten Roman [WM,307] den "Hamlet" selbst als die Mitte [WM,308], respektive den Übergang. F. A. Kittler hat in seiner Diskursanalyse des "Wilhelm Meister" den Übergang vom Drama zum Roman im Anschluß an Foucault als entscheidenden Schritt in die matrilinear codierte Kleinfamilie ausgewiesen.[49] Unter Verschiebung weiblicher Aufmerksamkeit vom Vater auf ein erotisches Zentrum Kind produziert der mütterliche Reiz des duftenden[50] Puppentheaters eine Struktur, in der sich Kinder zum erstenmal in der Geschichte angeblich "selbst" entwickeln. Individuen, die fortan nicht bereit sind, ihre vorgeschriebene Biographie als Entfaltung eigener Kindheitsdispositionen zu betrachten, fallen unter das Verdikt negativer Ausgrenzung.[51] Väterliche Autorität ist in dieser neuen Diskursordnung identisch mit Verbot. Das Lob ausgerechnet durch den Geist des Vaters, der seinem Sohn Wilhelm in aller Doppelsinnigkeit bescheinigt, mit der Mißachtung des väterlichen Berufswunsches letztlich mehr in seinem Sinne gehandelt zu haben, als er selbst das gewußt habe [WM,495], gilt Kittler daher auch als Neurotikerphantasie par excellance.

---

spielt Hamlet mit Osrick das [weiter unten ausgeführte] Vor- und Nachsprechspiel.

48 Sie bestimmen die Aufgabe und kritisieren gegebenenfalls die Ausführung.

49 Kittler 1979: S. 35.

50 Vgl. WM,19: "Die Kinder haben, fuhr Wilhelm fort, in wohleingerichteten und geordneten Häusern eine Empfindung, wie ungefähr Ratten und Mäuse haben mögen: sie sind aufmerksam auf alle Ritzen und Löcher, wo sie zu einem verbotenen Naschwerk gelangen können; [...]."

51 In den "Lehrjahren" sind dies insbesondere Serlo, welcher in seiner Kindheit zum Schauspielerberuf geprügelt wurde, sowie Mignon, die an den ihr unterstellten Dispositionen zugrunde geht.

Shakespeares "Hamlet" umstandslos als väterlichen Geist zur Entstehung eines würdigen Selbst (Wilhelm Meister) oder zur Gründung einer neuen Romanform (Goethe) herbeizuzitieren, verdeckt aber das unerhört spannende Moment eben dieses "Hamlet":

Shakespeares Drama thematisiert die Frage nach der Identität des Vatergeistes nicht im Rückgriff auf eine andere Kunstgattung, sondern in Form eines selbstimplikativen Zirkels. Das Verfahren ist dramentheoretisch beachtlich: Zur Entscheidung darüber, ob der Geist, den Hamlet gesehen hat, Wahrheit verkündet oder Unsinn verbreitet, fungiert ein Spiel im Spiel. Und mit einer *Theateraufführung als Vernunftbeweis* ist "Hamlet" - wie der obige Exkurs zu den Zurechnungsfähigkeitstests des zwanzigsten Jahrhunderts gezeigt hat - unglaublich modern. Denn auch die ebenso enorme wie fragwürdige Bedeutung, welcher der fundamentalen Kategorie der Wiederholung bei der Bestimmung von Vernunft dabei zukommt, findet sich hier präfiguriert. In genau derjenigen Szene, in der Hamlet im Beisein seiner Mutter vom Geist des Vaters aufgesucht wird [H,III/4], vermag die Mutter nichts zu sehen. Für sie trägt Hamlets Verhalten vielmehr alle Insignien der Geisteskrankheit: Schweißausbrüche, zu Berge stehende Haare, angebliches Stimmenhören, Sprechen zu einem nicht vorhandenen anderen. Manfred Schneider hat als erster darauf hingewiesen:[52] Hamlets Reaktion auf den Vorwurf des Wahnsinns ist außerordentlich signifikant. Denn der Dänenprinz antwortet seiner Mutter mit aller nur denkbaren Modernität: "Bring me to the test!" Und woraus ein solcher bestehen soll, darüber gibt er - in völliger Übereinstimmung zur psychiatrischen Wissenschaft des zwanzigsten Jahrhunderts - ebenfalls Aufschluß: In korrekter Wiederholung vorgesprochener Sätze bei gleichzeitigem Normalpuls. [H,III/4]

Aber ob mit solch theatralischer Szenerie Wahrheit überhaupt gefunden werden kann, ist grundsätzlich fraglich. Denn auch das Dilemma moderner Zurechnungsfähigkeitsprüfung taucht im "Hamlet" auf: An der Figur des Polonius wird unmißverständlich klar, daß korrekte Wiederholung erstens ebensogut als

52 Schneider 1989,: S. 139.

uneigentliches Sprechen (also Simulation) verstanden werden kann,[53] und daß der Beobachter zweitens immer nur das hört, was er schon vorher hören wollte.[54] Und schließlich setzt Shakespeare in Polonius auch noch das Dilemma des in der Soziologie der Siebziger Jahre so populären "eingreifenden Beobachters" in Szene. Denn als sich Polonius in H,III/4 aus seinem Versteck zu Worte meldet, wird er vom 'Inkulpa(n)ten' mit den Worten "Wie? Was? eine Ratte?" ohne Umschweife exekutiert.

An Hamlet, als eindeutiger Zentralfigur des Dramas,[55] verdeutlicht sich die ebenso theatralische wie unmögliche Bestimmung von Zurechnungsfähigkeit in ihrer schärfsten Form. Entsprechend seiner Protagonistenrolle findet diese Demonstration im formalen Zentrum des gleichnamigen Dramas statt,[56] in der Szene vom Spiel im Spiel.

Hamlet, bis zu diesem Punkt von der Identität des Geistes, der ihm erscheint, alles andere als überzeugt, entwirft zur Ermittlung der Wahrheit über den Geist ein Spiel, zu dessen Aufführung er den Schauspielern einschärft, so perfekt wie eben nur möglich zu spielen.[57] Zur Struktur dieses Beweises sei angemerkt, daß die Handlung des Stückes auf ein reales Vorbild abzielt, den 1538 geschehenen

---

53 Die Textstelle (welche im nachgelassenen MoE übrigens von Agathe zitiert wird) lautet: "Hamlet: Seht ihr die Wolke dort, beinah in Gestalt eines Kamels? - Polonius: Beim Himmel, sie sieht aus wirklich wie ein Kamel. - Hamlet: Mich dünkt sie sieht aus wie ein Wiesel. - Hamlet: Oder wie ein Walfisch? - Polonius: Ganz wie ein Walfisch." [H,III/3]

54 Überzeugt davon, daß Hamlet aus Liebe zu Ophelia wahnsinnig geworden sei, führt Polonius, um dem Skeptiker Claudius seine Hypothese zu beweisen, ein Zusammentreffen des jungen Paares herbei, das vom Hofe heimlich beobachtet werden kann. An dessen Ende sind sich alle Beteiligten sicher, daß Liebe nicht das Problem sein kann. Einzige Ausnahme - Polonius: "... aber dennoch glaub ich, Der Ursprung und Beginn von seinem Gram [s]ei unerhörte Liebe." [H,III/2]

55 Vgl. Klein 1990: S. 131.

56 Zur Wichtigkeit dieser Szene vgl. Beyer 1981: S. 173.

57 Siehe in der Shakespeareforschung Plett 1981 und im "Wilhelm Meister" das Gefecht zwischen Wilhelm und Laertes [WM,223].

Giftmord des Herzogs von Urbino durch seinen Neffen Luigi Gonzaga.[58] Das Stück soll dem mutmaßlichen Übeltäter Claudius vorgespielt werden, unter gleichzeitiger Beobachtung von dessen Reaktion. Ein ebenso altes wie immer wieder angewandtes Verfahren zur Überführung von Tätern bzw. Therapie von Irrsinnigen. Um eventuelle Voreingenommenheiten auszuschließen, plant man, das Ergebnis intersubjektiv zu deuten. Horatio und Hamlet beschließen, unabhängig voneinander zu beobachten und ihre Ergebnisse danach zu vergleichen [H,III/2]. Shakespeares Drama macht aber zugleich deutlich, daß auch Horatio bereits geneigt ist, Claudius für schuldig zu halten. Konsequenterweise ist es dann auch die Crux des Spiels im Spiel, daß das Stück letztlich nur für Eingeweihte zum Beweis taugt. Denn gespielt wird die Ermordung eines königlichen Onkels durch seinen Neffen nebst dessen schändlichem Buhlen um die eigene Tante. Und es ist nicht zufällig Hamlet, der Ophelia explizit auf diesen Umstand aufmerksam macht. Wenn das Stück für den höfischen Beobachter etwas beweisen kann, dann nur die Absicht Hamlets, seinen Onkel verbrecherisch zu töten, von daher motiviert sich auch die vielzitierte Handlungshemmung der Hauptfigur.[59] Wenn Hamlet im Anschluß an die Aufführung des Gonzagomordes versuchen würde, Claudius anzugreifen oder zu beschuldigen, so hätte er sich bereits seinen eigenen Strick gedreht. Denn nur durch die Aufführung weiß Claudius von den Plänen Hamlets gegen ihn, weshalb er schlau genug ist, Hamlets Ermordung in die Wege zu leiten. Allerdings: Die Aktionen, die Claudius damit auslöst, treffen ihn letztlich selbst. Sein Plan, Hamlet zu Fall zu bringen, schlägt ebenso rigide auf ihn selbst zurück wie dessen Falle für Claudius. Die aber hat zumindest den Vorzug eines außerordentlich signifikanten Namens. Denn unter einem solchen führt Hamlet das Spiel um Fangen und Gefangenwerden in das Drama ein:

> K ö n i g: Wie nennt ihr dieses Stück? H a m l e t: Die Mausefalle. Und wie das? Metaphorisch. Das Stück ist die Vorstellung eines in Vienna gesche-

58 Ein diesbezügliches Drama gibt es allerdings nicht. Vgl. Shakespeare 1984: Bd. 2, S. 340f.

59 Sie ist somit kein Charakterproblem Hamlets, als vielmehr Produkt einer Folgenanalyse. Vgl. Klein 1990: S. 136.

> henen Mordes [...] Ihr werdet gleich sehen, es ist ein spitzbübischer Handel. Aber was tut's? Eure Majestät und uns, die wir ein freies Gewissen haben, trifft es nicht. Der Aussätzige mag sich jucken, unsere Haut ist gesund. [H,III/2]

In Wien geschieht auch ein anderer literarischer Mord: Der gleichermaßen wahnsinnige wie nicht wahnsinnige Lustmörder Christian Moosbrugger bringt in dieser Stadt das entlaufene Dienstmädchen Hedwig um. Und diesem Moosbrugger, der so fest an die persönliche Vernunft glaubt, stellt sich die Welt und sein ganzes Leben resümierend in genau jenem Bild des "Hamlet" dar:

> Wenn man es so bedachte, im einzelnen war es ja eine verworrene und öde Angelegenheit, aber schließlich lief sein Weg mitten durch, und hinterdrein konnte man ihn ganz deutlich sehn, von der Geburt bis zum Tode. [...] *Und alles war doch irgendwie zusammengefaßt zu einem Ganzen:* die Landstraßen, die Städte, die Gendarmen und die Vögel, die Toten und sein Tod. Er selbst verstand es nicht ganz, und die anderen noch weniger, wenn sie auch mehr darüber reden konnten. Er spuckte aus und dachte an den Himmel, der wie eine blau überzogene *Mausefalle* aussieht. "In der Slowakei machen sie solche runden, hohen Mausefallen" dachte er. [II,398]

Das Bild ist mehr als ein Zufall. Es spiegelt das Moosbruggerproblem präzise. Das Verkehrsmotiv des individuellen Lebensweges, den man aber erst am Ende als solchen zu sehen bekommt, spielt selbstredend auf Wilhelm Meister an. Allerdings erfreut sich Moosbrugger am Ende nicht der Würde gebildeten Menschseins. Der Zimmermannsgeselle, dem die "kleine Person mit den Mausaugen" [I,241] so viel Unannehmlichkeiten bereitet hat, resümiert nicht selbstzufrieden seinen Werdegang. Ihm erscheint sein Leben im ganzen als Mausefalle. Zum Einverständnis mit sich selbst kommt man unter den Bedingungen des Gefängnisses ohnehin nur in sehr utopieloser Form. Die Verkehrsmotive, welche als Reflexion des Geschichtenerzählens die Episode einrahmen, in der Moosbrugger dem verhörenden Kommissar in die Falle geht,[60] machen es deutlich: Die Gerechtigkeit die ihm widerfährt, gehorcht dem Muster "Prügel für alle".[61]

> Moosbrugger war eitel; er liebte es nicht, so geschoben zu werden; *er fürchtete, daß ihn die Wache stoßen [...] könnte.* [...] Moosbrugger empfand diese Fahrt als Abwechslung, ohne auf ihren Inhalt viel zu achten. Zwischen zwei dunklen, ruhenden Gefängniszeiten schoß eine Viertelstunde undurchsichtig weiß schäumende Zeit. So hatte er auch seine Freiheit immer empfunden. Nicht eigens schön. "Die Geschichte mit der letzten Mahlzeit," dachte er, "dem Gefängnisgeistlichen, den Henkern und der Viertelstunde, bis alles aus ist, wird nicht viel anders sein; sie wird auch auf ihren Rädern vorwärts tanzen, *man wird fortwährend zu tun haben wie jetzt, um bei den Stößen nicht von der Bank zu rutschen.* [...] Das Lächeln des *Einverständnisses mit sich selbst* verklärte Moosbruggers Gesicht, *und er vergaß die Soldaten, die ihm gegenüber saßen und geradeso wie er von den Stößen des Wagens hin und her geschleudert wurden.* [I,211-213]

Aber die zitierte Hamletstelle birgt noch eine weitere Erkenntnis. Eine Erkenntnis, die das Problem von Originalität und Allgemeinverständlichkeit unfreiwillig erneut aufgreift, indem sie das Verhältnis zur Übersetzung berührt.[62]

---

60 Die Tatsache, daß Moosbrugger ein Geständnis nicht aus Schuldgefühl ablegt, sondern nur um dem "feinen sowie leise sprechenden" Herren Kommissar eine Freude zu machen, hat in der juristischen Logik (Mangel an Gewissen, besondere Roheit) bekanntlich strafverschärfende Folgen.

61 Vgl. MoE: "Wenn ein Pferd sich bei dem Versuch, es zu reiten, wie toll benimmt, so wird es mit besonderer Sorgfalt gewartet, bekommt die weichsten Bandagen, die besten Reiter, das ausgewählteste Futter und die geduldigste Behandlung. Wenn sich dagegen der Reiter etwas zuschulden kommen läßt, so steckt man ihn in einen von Flöhen besetzten Käfig, entzieht ihm das Essen und gibt ihm Eisenschellen. Die Begründung liegt darin, daß das Pferd bloß dem tierisch empirischen Reich angehört, während der Dragoner an dem logisch-sittlichen teilhat. In diesem Sinne zeichnet es den Menschen vor dem Tiere, und man darf hinzufügen, auch vor dem Geisteskranken aus, daß er nach seinen geistigen und sittlichen Eigenschaften imstande ist, rechtswidrig zu handeln und ein Verbrechen zu begehen; und da also erst die Strafbarkeit jene Eigenschaft ist, die ihn zum sittlichen Menschen erhebt, wird es verständlich, daß der Jurist eisern an ihr festhalten muß." [I,242].

Denn im Wortlaut der Schlegelübersetzung findet sich ein Motiv, welches im englischen Original nicht vorkommt. Schlegel übersetzt "and we that have free souls, it touches not; let the galled winche our withers are unwrung"[63] figurativ mit "und uns, die wir ein freies Gewissen haben, trifft es nicht. Der Aussätzige mag sich jucken, unsere Haut ist gesund". Außerordentlich ironisch hat diese "Fehlleistung" Schlegels Folgen für die Gestaltung des Musilschen Romanes. Denn im MoE wird dem Identitätsmotiv ein Bezug zur Haut unterlegt, der sich in seiner Logik aus dem Vorbild der Mausefalle speist. Denn für Moosbrugger, den Aus(ser)sätzigen, gilt nicht nur, daß ihn die Gedanken unter dem Schädel jucken [II,396], daß ihm das "Brodeln unter einer Haut der Lebensoberfläche" zu Bewußtsein kommt [I,241] und daß sein mächtiger Leib nicht ganz zuhält [II,534]. Von dem gefangenen Mörder heißt es explizit:

> Moosbrugger reagierte auf die Entspannung nach dem Kampf der Verhandlungen mit dem gesamten starken Körper. Er kam sich vor wie ein lockerer Zahn. Die Haut juckte ihn. [I,236]

Auch bei anderen Romanfiguren, die sich in ihrer Identität problematisch wissen, fungiert die Haut gleichsam als Index ihrer Problematik. Das gilt zumindest für Gerda Fischel, Clarisse und die projektive Beobachtung Bonadeas:

> Ulrich beobachtete den feinen schwarzen Flaum, der auf Gerdas blonder Haut als Widerspruch hervorbrach; das vielfältig Zusammengesetzte armer Menschen von heute schien mit diesen Härchen aus dem Leib zu sprossen. [I,315]

---

62 Mit dem grundlegenden Problem, wie ein Sinngehalt aus einer bestimmten Sprache in eine andere übertragen werden kann, ohne entweder den Sinn zu verfälschen, oder aber die Form zu ignorieren.

63 Wörtlich übersetzt etwa: "Und wir, die wir freie Seelen haben, uns berührt es nicht - mag die wundgeriebene Schindmähre zusammenzucken, unsere Nacken sind unversehrt."

... und Clarisse juckte der mit einemmal lebhaft gewordenen Gedanke an selbstständige Wirtschaft, Kinder und öffentlich-gemeinsames Schlafzimmer wie ein Riß in der Haut, der nicht heilen kann, weil man unaufhörlich an ihm immer weiter kratzt. [III,830]

Sie war liebenswürdig, melancholisch und schön, als sie vor ihm saß, und fühlte sich im Magen elend. Er stand "wie ein Jüngling" vor ihr. Seine Haut marmorn poliert von großen Vorgängen und Diplomatie, die sie ihm zutraute.[I,258]

Es findet sich sogar ein in diesem Sinne generelles Zitat zum "Haut-Ich":

Denn letzten Endes kommen alle Gedanken aus den Gelenken, Muskeln, Drüsen, Augen, Ohren und den schattenhaften Gesamteindrücken, die der Hautsack, zu dem sie gehören, von sich im ganzen hat. Die vergangenen Jahrhunderte haben vielleicht einen schweren Irrtum begangen, indem sie auf Verstand und Vernunft, auf Überzeugung, Begriff und Charakter zu viel Wert legten; es war so, wie wenn man Registratur und Archiv für den wichtigsten Teil eines Amts halten wollte [...]. [II,408/9]

Und auch der Versuch Ulrichs und Agathes, ihre Identität neu und gemeinsam zu bestimmen, steht im Zeichen der Haut: Agathes Haut ist von der "gleichen duftigen Trockenheit", die Ulrich "als einziges an seinem eigenen Körper liebt" [III,676]. Der berühmte Satz Ulrichs an seine Schwester: "Du bist meine Eigenliebe" mit seiner sofortigen Einschränkung, daß ihm "eine richtige Eigenliebe gewissermaßen immer gefehlt" habe [III,899], gewinnt durch diese Beobachtung einen materialen Sinn.

Allerdings, die Aufnahme des Hautmotivs aus der Hamletszene in ein modernes Sprachkunstwerk beruht auf einem Mangel an Sprachkompetenz auf Seiten Robert Musils:

Der poeta doctus konnte kein Englisch.

Dieses verbürgt jedenfalls jene Textstelle, die Rolf Kieser[64] in den Briefen Musils an dessen Freund Erwin Hexner entdeckt hat.

> Ich freue mich sehr, Ihre Studies seit einigen Tagen auf dem Tisch zu haben, wo sie meine Augen betasten, denn lesen können sie sie nicht, da ich nicht nur wenig, sondern so gut wie nichts englisch kann. [B I,1266]

Wenn der Dichter des MoE aber der wichtigsten Fremdsprache des zwanzigsten Jahrhunderts nicht mächtig war, ist es eine *buchstäblich eigenartige* Struktur, nach der sich eine dichterische Eigenleistung im MoE aufgrund eines Übersetzungsfehlers quasi einschleicht.[65] Musil kann eine solche Originalitätsbedingung in dieser Form auch gar nicht bewußt gewesen sein. "Selbstreflexion"[66] hat genau dort ihren blinden Fleck.[67] Daß ihm aber bei der Verwendung der Schlegelausgabe nicht ganz geheuer gewesen sein könnte, läßt eine Szene zwischen Agathe und Ulrich zumindest ahnen, in der Agathe die Geisteshaltung ihres Ehemanns Professor Dr. Gottlieb Hagauer bei Ulrich dadurch denunzieren möchte, daß sie ihrem Bruder das Hagauersche Korrekturverfahren erläutert: Der pedantische Pädagoge korrigiert die laut Agathe "schöne" und "wörtliche" Schülerübertragung einer Shakespeare-Stelle, ausgerechnet "nach der Ratsche der Schlegelübersetzung" [III,704].

Daß Musil trotz solcher Bedenken letztlich auf die "Ratsche Schlegel" zurückgegriffen hat, macht neben dem Motiv der Haut eine Szene aus dem Nachlaß deutlich, in welchem von der 'schlegelfeindlichen' Agathe in einer Situation des Sich-Nicht-Ganz-Sicher-Seins eine Hamletstelle (H,III/3) affirmativ und im

---

64 Kieser 1984: S. 142.

65 Auch die Illusion des "fetten Hamlet" hatte in der Theaterpraxis ja reale Folgen.

66 "Selbstreflexion" (wörtlich als Selbst-Selbst-Bezug) ist formell ein Pleonasmus, der seiner Konstruktion nach durch Wiederholung ein-eindeutig werden will, Faktum und Skandalon der bloßen Wiederholung aber zugleich zu verdecken trachtet.

67 Moosbrugger hat diese sonderbare Stelle in seinem Bewußtsein explizit; die Welt der "Gesunden" kennt sie demgegenüber nicht. [II,532]

Schlegelschen Wortlaut zitiert wird [IV,1348]. Signifikanterweise ist es genau diejenige Stelle, in der Polonius die wechselnden Wolkenbeschreibungen Hamlets wörtlich wiederholt. Und bezeichnenderweise sieht Ulrich in der Repetition des Polonius mehr als nur "das Spottbild geflissentlicher Übereinstimmung" [IV, 1348].

Der Darstellung Moosbruggers eignet aber noch eine letzte Pointe. Die Finalität des Letzten kommt dieser Dichtungstechnik insbesondere deshalb zu, weil sie die Unerzählbarkeit eines anderen Zustands von Vernunft reflektiert. Denn wenn der unzurechnungsfähige Moosbrugger ins Irrenhaus gehört, der zurechnungsfähige aber ins Gefängnis, die Trennung, mithin aber auch der Übergang zwischen beiden Zuständen nicht präzis festzulegen ist, so ist es keineswegs zufällig, daß es im MoE zwar einerseits ein Kapitel gibt, in dem Moosbrugger von einem Gefängnis zu einem anderen geführt wird,[68] andererseits aber keines, in dem von seiner Verbringung ins Irrenhaus berichtet wird. Denn hier müßte als formale Gestaltungskonsequenz aus Moosbruggers geistiger Eigenheit auch die intersubjektive Verständlichkeit der dichterischen Sprache in einen Zustand übergehen, den der Leser als Wahnsinn betrachten würde. Dieser Verlust von Verständlichkeit bedeutet strenggenommen: Der Übergang zwischen beiden (Orts)Zuständen ist unkommunikabel. Der Roman spart diesen Transport daher notwendig aus. Wie um auf diese Leerstelle hinzuweisen, betont er demgegenüber aber in geradezu monotoner Wiederholung zu Beginn jedes Moosbruggerkapitels, den Ort an dem sich der Delinquent befindet:

> Der Prostituiertenmörder Christian Moosbrugger war, wenige Tage nachdem in den Zeitungen die Berichte über die gegen ihn geführte Verhandlung zu erscheinen aufgehört hatten, vergessen worden [...]: die Hinrichtung war auf unbestimmte Zeit verschoben worden, und man führte Moosbrugger in ein anderes Gefängnis. [I,211]

68 Es macht Teil seiner Bedeutung aus, daß es das erste "reine" Moosbruggerkapitel ist.

> Inzwischen hatte sich Moosbrugger in seinem neuen Gefängnis eingerichtet, so gut es ging. [I,235]

> Moosbrugger saß indessen noch immer in einer Untersuchungszelle des Landgerichts. [II,393]

> Moosbrugger saß noch immer im Gefängnis und wartete auf die Wiederholung seiner Untersuchung durch die Irrenärzte. [II,530]

Moosbrugger wird, dem Titel von Kap II.110 nach, in seiner Gefängniszelle letztlich sogar 'aufgelöst und aufbewahrt'.[69]

Im dritten Buch des MoE ist er allerdings plötzlich im Irrenhaus; die Bemühungen des Clarisse-Kreises um eine Besuchsgenehmigung sprechen zumindest dafür. Wie er dahingekommen ist, bleibt ein Rätsel. Im autorisierten MoE fehlt die Schilderung des geisteskranken Moosbruggers zwangsläufig. Beim großen Irrenhausbesuch in Kap III.29 trifft man ihn daher letztlich auch nicht an. Als erstaunliches Fazit einer 'letzten' Pointe Moosbruggers bleibt: Der MoE erzählt schweigend.

---

69 Man kann die Archivierung eines Gegenstandes oder eines Menschen in Registern und Abkürzungstabellen, wie sie in II.110 von der kakanischen Verwaltung angelegt werden, sicherlich ebenso umstandslos wie spöttisch denunzieren. Wenn man aber darüber nachdenkt, das z. B. die hier zugrundegelegte MoE-Ausgabe von Adolf Frisé ohne die penible Kenntnis von Musils Chiffrenlisten [vgl. TB II,1362-1368] schlechterdings nicht zustande gekommen wäre, ist man geneigt, derartige Verweisregister ein wenig milder zu beurteilen.

Timm Ulrichs[1],
Grabsteintext, 1969/1990

---

1 Die obige Grafik ist entnommen aus: Kunstkalender 1991, hrsg. von Michael Klant und Christoph Zuschlag, Heidelberg 1990. Es ist ein Verdienst der 'Dekonstruktion', abseitigen semantischen Möglichkeiten in Rückbindung an das Faktum der Schrift, die immer als vom Autor abwesende begriffen wird, zu ihrer lange verdrängten Geltung zu verhelfen, indem man sie als Möglichkeitsbedingung der 'gültigen' Interpretation etabliert. In einem Text wie dem hier vorliegenden, in dem die eine Identität des Roman-Protagonisten problematisch wird, trifft die (grammatisch sicherlich unkorrekte) Pluralbildung von "Ulrich" die paradoxe Struktur der 'Sache Identität' wesentlich genauer. Der MoE verwendet selbstredend den korrekten Plural, auf Seite I,155 heißt es explizit: "Zwei Ulriche gingen in diesem Augenblick..." Der Thematik dieses Kapitels, der Vermittlungsleistung von Schrift, ist im übrigen die ansonsten unübliche Anmerkung zum Kapitelmotto geschuldet. Nur mittels einer solchen kann es gelingen, Überschrift realiter als Unterschrift zu kennzeichnen.

6. Im Diagramm mit Platon: Sprache als Herrschaft des Hauses

Ein Eigenname, insbesondere einer wie "Ulrich"[1], ist eine ungeheuer prekäre Angelegenheit:

> Bezeichnet man doch auch jedes einzelne Geschöpf während seiner Lebenszeit als das nämliche, wie man z.B. von einem Knäbchen als von derselben Person spricht bis ins Greisenalter; seine Stoffmasse ist in beständigem Wechsel und doch bezeichnet man ihn als denselben, während er tatsächlich sich beständig erneuert und das Alte verliert als da sind Haare, Fleisch, Knochen, Blut, kurz den ganzen Körper. Und das gilt nicht bloß vom Körper, sondern auch von der Seele: Sinnesart, Charakter, Ansichten, Begierden, Gefühle der Lust, der Unlust, der Furcht - nichts von alledem bleibt bei dem einzelnen immer sich gleich, sondern es findet ein beständiger Wechsel von Entstehen und Vergehen statt. Und noch weit auffälliger ist es, daß auch die Kenntnisse nicht etwa bloß in ihrem gegenseitigen Verhältnis zueinander dem Wechsel des Entstehens und Vergehens in uns unterworfen sind, so daß wir auch in bezug auf die Kenntnisse niemals dieselben sind, nein, auch mit jeder einzelnen Kenntnis hat es dieselbe Bewandtnis. Denn wenn man von N a c h s i n n e n spricht, so geschieht das in der Voraussetzung, daß das Wissen verschwinde. Vergessen nämlich ist das Verschwinden der Kenntnis, Nachsinnen aber erneuert die Erinnerung an die schwindende Kenntnis [...].

Um Mißverständnissen vorzubeugen: Dieser "moderne" Text ist antik. Es handelt sich zwar um einen Absatz aus einer Rede Diotimas, aber nicht derjenigen des MoE, sondern der Liebe lehrenden Priesterin aus Platons Symposion,[2] welcher die 'erstere' wiederum ihren Eigennamen verdankt.

---

1 Ulrich bedeutet etymologisch soviel wie "der Herr im Haus".

2 Vgl. Platon 1988: III, S. 54/55. Im folgenden zitiert als [G,54/5].

Modernität, so ist oft geschrieben worden, bedeute den Verlust von Ganzheit. Dieser Lehrsatz scheint sich zunächst im Umkehrschluß zu bestätigen, wenn man das Platonzitat 'als Ganzes' betrachtet. An genau dem Punkt des platonischen Textes, wo das Nachsinnen explizit nur noch in der Lage ist, die Erinnerung an die verschwindende (also nicht vollständig präsente)[3] Kenntnis zu erinnern, tritt eine anthropologische Grundordnung auf den Plan, welche die prekäre und vergängliche Existenz des Menschen retten soll.

> [...] Nachsinnen aber erneuert die Erinnerung an die schwindende Kenntnis und gibt ihr wieder Halt, so daß sie dieselbe zu sein scheint. Denn auf diese Weise erhält sich alles Sterbliche, nicht etwa dadurch, daß es schlechterdings immer dasselbe bleibt wie das Göttliche, sondern dadurch, daß das Abgehende und Veraltende stets ein anderes Neues, von gleicher Art mit sich selbst zurückläßt. Durch diese Veranstaltung, mein Sokrates, fuhr sie fort, hat das Sterbliche Anteil an der Unsterblichkeit, der Körper nicht nur, sondern auch alles andere. [G,55]

Ein "anderes Neues, von gleicher Art mit sich selbst": Diese "Veranstaltung" grenzt an ein Wunder. Ein Wunder allerdings, das man nicht als solches sehen darf. Denn, so fährt Diotima fort:

> Wundere dich also nicht, wenn von Natur aus ein jedes Wesen seinen Sprößling in Ehren hält. Denn die Unsterblichkeit ist es, um deren willen einem jeden diese hingebende Fürsorge und Liebe anhaftet. [G,55]

Der Schüler Sokrates indessen scheint wenig überzeugt:

> Mit Verwunderung hatte ich diese Darlegung vernommen und sagte: Gut denn; aber, weiseste Diotima, steht es damit auch in Wirklichkeit so? [G,55]

---

3 Das hieße, daß die "Kenntnis" eine eindeutigen Gestalt von dem Modus des Nachsinnens abhängig wäre. Gemäß solcher Logik der Nachträglichkeit wäre Eindeutigkeit erst zu dem Zeitpunkt 'existent', wenn es sie nicht mehr gäbe.

Nach bester Pädagogenart greift Diotima, wie alle Lehrer, die ihre Schüler von der Wahrheit ihrer Worte überzeugen wollen, zum Beispiel. In der Wirklichkeit gäbe es das Phänomen menschlichen Ehrgeizes. Menschlicher Ehrgeiz sei aber nur dann befriedigend zu erklären, wenn man den Menschen einen Trieb unterstelle, sich über die körperliche Reproduktion hinaus selbst zu erhalten. Man müsse den Menschen, die sich im folgenden im übrigen allzu rasch als Männer entpuppen, zubilligen, daß sie von einem

> unbändigen Liebesdrang nach Berühmtheit [...] besessen sind und nach "einem unsterblichen Namen, der nimmer vergeht in der Zukunft" und [... daß] sie bereit sind dafür noch größere Gefahren zu bestehen als für ihre Kinder, und ihr Vermögen [...] opfern und alle Mühsal auf sich zu nehmen, ja selbst den Tod dafür nicht [...] scheuen. [G,55]

Der Tod als Einsatz für Unsterblichkeit funktioniert in der Logik Diotimas nur durch Verschaltung mit einem gleichermaßen potenten wie wählerischen Material:

> Alle Menschen nämlich, mein Sokrates, tragen *Zeugungsstoff* in sich, ihre Körper nicht bloß sondern auch ihr Geist, und sobald sie das gehörige Alter erreicht haben, trägt unsere Natur Verlangen nach Zeugung. Zeugen aber kann sie nicht im Häßlichen, wohl aber im Schönen. Die Vereinigung nämlich von Mann und Frau ist Zeugung. Es ist dies aber ein göttlicher Vorgang, und das sterbliche Geschöpf trägt dieses beides, die Schwangerschaft und die Zeugung, als unsterbliche Beigabe in sich. Im Disharmonischen aber ist ein solcher Vorgang unmöglich.[4] Das Häßliche steht zu allem Göttlichen in einem Verhältnis der Disharmonie, das Schöne dagegen in einem Verhältnis der Harmonie. Es ist also die Schönheit, die als Schicksals- und Entbindungsgöttin über der Geburt waltet. [G,52]

Wenn sich das zeugende, dem zu schwängernden Wesen nähert, so empfiehlt es sich letzterem, "schön" zu sein:

---

4 Bereits hier sei angemerkt: Die einzige im MoE stattfindende Zeugung gehorcht dieser Harmoniebestimmung nicht. Vgl. II,601-04 und III,1027.

> So kommt es denn, daß, wenn das zeugungsbedürftige Wesen dem Schönen sich nähert, es froh gestimmt wird und in Wonne zerfließt und sich entlädt und zeugt. Trifft es aber auf Häßliches, dann zieht es sich finster und traurig in sich selbst zusammen, wendet sich ab, rollt zusammen, und zeugt nicht, sondern behält seinen Zeugungsstoff bei sich, an dem es schwer zu tragen hat.[5] Daher das wunderbare Entzücken des Zeugungsbedürftigen und von Zeugungsstoff Strotzenden beim Anblick des Schönen. [G,52/53]

Das Wesen dieses Dranges zu allem Schönen, das im übrigen den Namen Eros trägt, besteht nach Diotimas Vortrag darin, Figur der Vermittlung zu sein. Einer ungeheuer wichtigen Vermittlung überdies, denn von ihr hängt nicht nur der Verkehr in der Welt (insbesondere Ordnung, Ganzheit, Machtverhältnisse), sondern auch der mit den Göttern ab.

---

5 Eine modernere, in ihrer Logik aber weitgehend identische Theorie des "Libidostaus" formuliert Laermann 1970: S. 131-63 im Anschluß an Freud, um den "anderen Zustand" als pathologische "Fernhaltung der Sinnlichkeit vom Objekt" auszuweisen. Willemsen 1984: S. 300-304 erhebt gegen diese Deutung Einspruch. Zunächst ersetzt er dazu das klinisch pathologisierende Vokabular Laermanns durch ein wohlwollend freundlicheres. Ziel Musils sei letztlich weniger eine "rein spirituelle Erotik" gewesen, was daran erkennbar sei, daß im MoE der Geschwistercoitus nicht völlig verschwiegen würde. Willemsens Beispiele für das Auftauchen des inzestuösen Coitus (als "vielleicht möglich[e]" Verbindung mit der "unio mystica", als tragischer Zerstörer zuständlicher Liebe und als Parallelisierung mit dem Tod) sind allerdings eher als plausible Beispiele für Abwehr und Verdrängung geeignet. Letztlich bemüht Willemsens Argumentation daher ein "Vorerleben des Orgasmus", das die orgastischen "Lustmomente" bereits vollständig "befrei[e]" und an "Ideenkomplexe bewußtester Prägung" binde. An dieser wunderlichen Verwandlung bleibt verständlicherweise unklar, wie es dort, wo ein Orgasmus strukturell unmöglich ist, zu einem derartigen "Vorher" des Erlebens gekommen sein soll. Wenn Willemsen abschließend nachzuweisen sucht, daß in der geschwisterlichen Einheitsidee der Orgasmus durch beständig wiederkehrende "Bilderfluchten" und "sensorielle Reizzustände" fortwirke, so besteht zwischen Libido und anderem Zustand doch wieder nur das altbekannte pathologisch-mechanische Verhältnis wie zwischen kochendem Wasser und Dampfkesselpfiff.

> Wirkend als Dolmetsch und Bote von den Menschen bei den Göttern und von den Göttern bei den Menschen: von diesen übermittelt er [Eros] die Gebete und Opfer, von jenen Befehle und Vergeltungen der Opfer; zwischen beiden ist er das den Zusammenhang wahrende Verbindungsglied, so daß das All ein festgefügtes Ganzes ist. Durch diese Dämonenkraft wird auch die gesamte Wahrsagekunst (Mantik) in Gang gehalten, wie auch die Kunst der Priester, derer sowohl, die es mit Opfern und Weihungen zu tun haben wie derer, die sich auf Besprechungen, Wahrsagung aller Art und Zauberkünste verstehen. Gott gesellt sich nicht unmittelbar zu den Menschen, vielmehr vollzieht sich aller Verkehr und alle Zwiesprache der Götter mit den Menschen durch Vermittlung dieses Dämonentums, sei es im Wachen oder im Schlaf. [G,46/7]

All diese Vermittlungen leistet Eros durch seine spezifische Wirkung auf den Menschen, denn:

Eros ist - nach Diotima - das allen Menschen gemeinsame Verlangen nach dem dauernden Besitz des Guten. Sein eigentliches Wirkungsfeld ist dabei die Zeugung des Schönen, und zwar in körperlicher wie geistiger Hinsicht. In dieser Bestimmung liegt (s. o.) ein Verlangen nach Unsterblichkeit ausgedrückt, das nur durch ihn den Menschen eingepflanzt ist, und das sich konkret als Streben nach Ruhm und Ehre äußert. Daran, daß die Zeugung unsterblich geistiger Kinder der Zeugung vergänglich leiblicher Kinder insgesamt als schöner und besser vorzuziehen ist, läßt die Mantinäer-Priesterin Diotima im übrigen zu keiner Zeit einen Zweifel.

Nachdem Diotima alle diese Eigenschaften des Eros erläutert hat, geht sie mit einer erstaunlich elitären Wendung zum 'eigentlichen Kern' ihrer Ausführungen über:

> Soweit kannst auch du, mein Sokrates, in die Geheimnisse der Liebe eingeweiht werden; ob du aber auch für die letzte und höchste Weihe, die auf dem richtigen Wege zu erreichen der Zweck des Bisherigen war, empfänglich genug bist, weiß ich nicht. Ich, fuhr sie fort, werde dir Kunde geben und an gutem Willen soll es dabei nicht fehlen. Versuche du nur zu folgen, sofern du es vermagst. [G,57/8]

Es muß, um zum Ziel des Eros, der beseeligenden Schau des Urschönen (einer Art Ideenschau) zu gelangen, ein genau festgelegter Weg penibel eingehalten werden. Derjenige, der den Weg "zum Höchsten" geht, muß eine Art Stufenleiter passieren. Und deren unterste, gleichwohl aber notwendige Stufe,[6] ist homosexuell päderastisch.

Eine solche Bestimmung unterster Liebesstufe verweist auf eine grundlegende Differenz zwischen antiker und moderner Erotik.

Zum besseren Verständnis sei an dieser Stelle auf einige Ergebnisse von Michel Foucaults Untersuchung antiker Sexualität[7] hingewiesen, die eventuelle Mißverständnisse eines modernen Blicks auf die Antike ausschließen können. Denn obwohl sich die Themenstellungen des Sexuellen in vielen Punkten zu gleichen scheinen, lassen sich bei näherem Hinsehen grundlegende Unterscheidungen zwischen einer griechischen "Selbsttechnik"[8] (auf den Gebieten der Diätik, der Ökonomik und der Erotik) sowie einer christlich motivierten "Pastoral des Fleisches" ausmachen:

> In der christlichen Doktrin des Fleisches lassen sich ohne weiteres ähnliche Angstthemen finden: die unfreiwillige Gewalt des Aktes, seine Verwandtschaft mit dem Übel und sein Platz im Spiel des Lebens und des Todes. Aber in der unbezwingbaren Kraft des Begehrens und des Sexualaktes wird Augustinus eines der Hauptstigmen des Sündenfalls sehen (diese unfreiwillige Bewegung reproduziert im menschlichen Körper die Revolte des Menschen gegen Gott); die Pastoral wird anhand eines präzisen Kalenders und einer detaillierten Morphologie der Akte die Ökonomieregeln festlegen, denen diese zu unterwerfen sind; schließlich wird die Lehre von der Ehe dem Fortpflanzungszweck die zweifache Rolle zuweisen, das Überleben oder gar die Vermehrung des Volkes Gottes zu sichern und die Individuen davor bewahren zu können, ihrer Seele mit dieser Aktivität dem ewigen Tod zu weihen. Hier handelt es sich um eine juridisch-moralische

6 Die körperliche Lust wird also nicht von vornherein als unrein verdammt, vielmehr ist sie notwendig, um hinter sich gelassen werden zu können.

7 Foucault 1989: Bd. II.

8 Foucault versteht diese Technik ausdrücklich als Lebenskunst, mithin als Ästhetik. Vgl. Foucault 1989: II, S. 315.

> Kodifizierung der Akte, der Momente und der Absichten, die eine mit negativen Werten behaftete Tätigkeit legitimieren; diese Akte werden auf zwei Ebenen kodifiziert, in den Institutionen von Kirche und Ehe. Die Beachtung des Ritus und der legitimen Fortpflanzung können diesen Akten ihren sündhaften Charakter nehmen. Bei den Griechen haben dieselben beunruhigenden Themen (Gewaltsamkeit, Verausgabung und Tod) zu einer Reflexion geführt, die weder auf Kodifizierung noch auf die Entstehung einer ars erotica hinausläuft, sondern auf Einrichtung einer Lebenstechnik. Diese Technik verlangt nicht, daß man den Akten ihre Natürlichkeit nimmt; sie nimmt sich auch nicht vor, ihre Lustwirkungen zu vergrößern; [...i]n dieser techné geht es um die Möglichkeit, sich selber als Herr-Subjekt seines Verhaltens zu konstituieren, das heißt, sich [...] zum geschickten und klugen Führer seiner selbst zu machen.[9]

Um sich selbst führen zu können, bedarf es im antiken Griechenland vor allem eines Wissens und einer Klugheit bezüglich der Umstände und der Wissenformen, die mit einer Befehlskompetenz verbunden sind. Man bezieht sich auf sie, wenn jemand die Prinzipien oder die Autorität sucht, die ihm helfen, "sich zu führen".[10] Im Unterschied zum Christentum gilt:

> Die in der Konstitution des Subjekts als Herr seiner selbst enthaltene Forderung nach Zucht stellt sich nicht in der Form eines universalen Gesetzes dar [...]; sondern eher als ein Prinzip der Stilisierungen des Verhaltens für diejenigen, die ihrer Existenz die schönste und vollendetste Form geben wollen, die nur möglich ist.[11]

Mit anderen Worten: Antike und moderne Lustorganisation ist grundlegend different. Man kann sie nicht schon deshalb in eins setzen, weil beide in ihrer Diätik, ihrer Ökonomik und ihrer Erotik Formen der Mäßigung kennen. Vielmehr gilt es, die spezifischen Ausprägungen zu untersuchen. Dabei ist deutlich zu erkennen, daß die griechische Männergesellschaft die Stilisierung von Subjektivität wesent-

---

9 Foucault 1989: Bd. II, S. 177/8.

10 ebenda: S. 178, Anm. 93.

11 Foucault 1989: Bd. II, S. 315.

lich in Formen freien Wettkampfes gefaßt hat. Nach außen hin als Wettkampf gleichberechtigter und politisch freier Bürger, nach innen als ein Wettkampf mit sich selber. Ein freier Wettkampf ist aber nur unter Gleichberechtigten möglich: Sklaven, Frauen und Kinder sind aufgrund ihrer Unfreiheit unakzeptable Gegner. Daß sich die Knabenliebe zu einer Art Zentrum griechischer Erotik entwickelte, ist unter diesen Umständen außerordentlich einleuchtend. Denn der Jüngling wird nach antikem Verständnis einst ein freier Mann sein, ist also bereits von einem zukünftigen Modus bestimmt. Mit seiner zu erwartenden politischen Stellung (z. B. derjenigen eines Subjektes im freien Redewettstreit) verträgt sich aber nicht die Vorstellung einer erotischen Erniedrigung zum bloßen Liebesobjekt. Von daher ist es auch nicht weiter erstaunlich,

> [...] daß das Verhältnis mit den Knaben im griechischen Denken den delikatesten und aktivsten Brennpunkt der Reflexionsarbeit bildet; hier verlangt die Problematisierung nach der subtilsten Form der Strenge. Im Laufe einer sehr langen Entwicklung sollte sich dieser Brennpunkt aber verschieben: allmählich sollten sich die Probleme um die Frau herum zentrieren [...]: sei es in Form des Themas der Jungfräulichkeit, der Bedeutung des ehelichen Verhaltens oder des Wertes symmetrischer und gegenseitiger Beziehungen zwischen den Gatten. Eine neuerliche Verschiebung des Problematisierungsherdes (diesmal von der Frau zum Körper) kann man übrigens darin sehen, daß sich seit dem 17. und 18. Jahrhundert das Interesse auf die Sexualität des Kindes und überhaupt auf die Beziehungen zwischen Sexualverhalten, Normalität und Gesundheit verlagert hat. Gleichzeitig mit diesen Verschiebungen sollte sich eine gewisse Vereinheitlichung der Elemente vollziehen, die auf die verschiedenen "Künste", die Lüste zu gebrauchen, verteilt waren. Es fand eine Vereinheitlichung der Lehre statt - für die Augustinus einer der Operatoren war -, die in einem einzigen Theoriegefüge das Spiel zwischen Tod und Unsterblichkeit, die Institution der Ehe und die Bedingungen des Zugangs zur Wahrheit denkbar machte. Es gab auch eine Vereinheitlichung, die man "praktisch" nennen könnte und die die Verschiedenen Künste der Existenz um die Selbstdifferenzierung, um Reinigungsprozeduren und Kämpfe gegen die Begehrlichkeit rezentriert hat. Mit einem Mal stand im Zentrum der Proble-

matisierung des Sexualverhaltens nicht mehr die Lust mit der Ästhetik des Gebrauchs, sondern das Begehren und seine reinigende Hermeneutik.[12]

Für die erste der hier genannten Verschiebungen (also diejenige von der Antike zum Christentum) ist die Eroskonzeption Diotimas außerordentlich signifikant. Denn Platon zeigt im Symposion erstmalig den epochemachenden Übergang einer Erotik, die am Werben des Liebhabers und an der Freiheit[13] des Umworbenen orientiert ist, zu einer Erotik, die sich um eine Askese des Subjekts und um einen gemeinsamen Zugang zur Wahrheit dreht.[14] Mit Blick auf "Symposion" und "Phaidros" schreibt Foucault:

> In einer zunächst überraschenden Weise sieht man in der griechischen Kultur im Zusammenhang mit der Knabenliebe einige Hauptelemente einer Sexualethik entstehen, die diese Liebe gerade im Namen dieses Prinzips verwerfen sollte.[15]

Unter dem Aspekt, daß Platons Symposion selber zwei differente Epochen miteinander vermittelt, ist die in ihr dargestellte und bereits angesprochene Vermittlungstätigkeit des Eros doppelt interessant. Diotima setzt den Eros als konstitutiv für den Zugang zur Wahrheit, und der von ihr vorgeschlagene aufsteigende Weg

---

12 Foucault 1989: Bd. II, S. 318.

13 Daran, daß es sich bei dieser Freiheit um eine reine Männerfreiheit handelt, läßt Foucault nicht den geringsten Zweifel. Vgl. Foucault 1989: II, S. 33.

14 Foucault 1989: II, S. 308.

15 Um Mißverständnissen vorzubeugen, sei an dieser Stelle folgender Passus ergänzt: "Man würde das Wesentliche verfehlen, wenn man dächte, daß die Liebe zu den Knaben ihr eigenes Verbot herbeigeführt, oder daß eine der Philosophie eigene Zweideutigkeit ihre Realität nur akzeptiert hätte, um ihre Überwindung zu fordern. Man muß im Auge behalten, daß dieser "Asketismus" die Liebe zu den Knaben nicht disqualifizieren sollte; es ging im Gegenteil darum, sie zu stilisieren und sie also, indem man ihr Form und Gestalt gab, aufzuwerten. Gleichwohl bleibt es dabei, daß auch die Forderung nach gänzlicher Enthaltung laut wurde und man der Frage des Begehrens besondere Beachtung schenkte." (Vgl. Foucault 1989: II, S. 310)

führt von der Liebe zu *einem* schönen Jüngling über die Liebe zu allen Jünglingen bis zur Liebe des Schönen an sich.

Das eigentlich Interessante daran ist: Die Mitte in dieser Abfolge, d. h. die Vermittlung zwischen der Liebe zum Körper mit der Liebe zur Idee, ist in ihrer Konzeption außerordentlich prekär. Liebe hängt hier einerseits noch am Körper, hat sich andererseits aber bereits von diesem gelöst. Mindestens ebenso prekär ist dabei die Verkörperung des Eros selber, den man mit Fug und Recht als ein 'in jeder Hinsicht mittleres Wesen' bezeichnen kann. Denn:

Erstens ist Eros kein Gott, sondern ein Dämon, d.h. ein Mittelwesen zwischen Gott und Mensch.

Zweitens ist er ein Mittleres sowohl zwischen Gut und Schlecht, als auch zwischen Häßlich und Schön.

Und drittens ist Eros Kind der Götter Poros (Reichtum, Jagd, List) und Penia (Armut, Bedürftigkeit). Die gegensätzlichen Eigenschaften seiner Eltern sind in ihm vereinigt. Er selbst ist daher auch ein Mittleres zwischen Unweise und Weise, und somit als einer, der das Schöne, Weise und Gute begehrt, gleichzeitig Philosoph. Diese Bestimmungen reklamieren laut Sokrates Notwendigkeit, da folgende Prämissen gelten: 1) Götter haben die Eigenschaft der Vollkommenheit. 2) Liebe ist nicht denkbar ohne einen Objektbezug. 3) Begehren, respektive lieben kann man aber nur etwas, das man nicht besitzt. Daraus folgt für Eros: Er begehrt etwas, das ihm mangelt. Da Eros das Schöne und Gute begehrt, ergibt sich, daß er selbst die Eigenschaften gut und schön nicht besitzen kann, mithin weder vollkommen noch Gott sein kann.

An dieser Stelle verwickeln sich die Vermittlungen des Diotima-Eros in parallele Widersprüche .

Ist es das persönliche Problem des Eros, das universale Prinzip ruhmsüchtiger Kinderliebe, aus seiner väterlichen Herkunft nicht motivieren zu können,[16] so ist

16 Vergleiche hierzu genau Graefe 1989: S. 123-199. Allgemein gilt: Je konkreter man die Vater/Sohn Beziehung zwischen Poros und Eros untersucht, desto problematischer wird sie. Poros müßte als Gott eigentlich der Status der Vollkommenheit zukommen, dann könnte er aber als Besitzer der Wahrheit kein Wahrheitssuchender mehr sein. Ebenso unklar ist, wie zwei

es das Problem der Stufenkette, genau an der Stelle, an der die Möglichkeit einer antiken 'Don-Juan-Figur' sichtbar werden könnte, eine Art Kastration vornehmen zu müssen. Es muß nämlich,

> [...] wer den richtigen Weg zu diesem Ziele wählt, als Jüngling fürs erste allerdings den schönen Leibern nachgehen[17] und zwar zunächst, wenn der Führer ihn richtig leitet, e i n e n solchen Leib lieben und in ihm den Sinn für das Edle und Schöne wecken, dann aber zu der Erkenntnis kommen, daß die Schönheit in jedem einzelnen Körper der in jedem anderen Körper verschwistert ist und daß, wenn es gilt, der Schönheit der sichtbaren Gestalt nachzugehen, es einen großen Mangel an Einsicht verraten würde, wenn er nicht die Schönheit an allen Körpern als die eine und gleiche anerkennen wollte. Ist er aber zu dieser Ansicht gelangt, dann muß er sich in alle schönen Körper verlieben und nachlassen von der ungestümen Leidenschaft für einen einzigen [...] [G,58]

Was bis zu dieser Stelle in lustvoller Schönheitssammlung hätte enden können, wird mit einer Wendung abgeschnitten, die, nebenbei bemerkt, im Text aus dem Jüngling einen Mann macht. Diese Wendung heißt nicht nur Verzicht, sie bewirkt auch noch ein weiteres: Aus "schön" wird "gut":[18]

> Weiterhin muß er der *geistigen Schönheit* einen höheren Rang zuerkennen als der körperlichen, so daß, wenn einer bei ausreichender Seelen*güte* auch noch so wenig körperlichen Reiz hat, ihm dies genügt und er ihn liebt. [G,58]

Götter einen Sohn haben können, der selber kein Gott ist. An dieser Stelle genügt festzuhalten: Auch der Dämon Eros hat ein Vater/Sohn-Problem.

17 Diese "Nachgehen" ist ähnlich problematisch wie das oben zitierte "Nachsinnen"; genau wie dieses erinnert es nur an eine schwindende Kenntnis.

18 Die Schleiermacherübersetzung spricht an dieser Stelle noch von einer "Schönheit der Seelen", daß die grundsätzliche Zielrichtung aber auch dort auf das Gute geht, und daß die Schönheit der Leiber "klein und geringfügig" ist, ist auch bei ihr unumstritten. Vgl. Platon 1958: 210b, 207a und Graefe 1989: S. 241. Bereits hier läßt sich allerdings kritisch nachfragen, warum der Mensch gemeinhin durch das Schöne, nicht aber durch das Gute körperlich stark erregt wird.

Die 'Samen', die bei dieser "Veranstaltung" zur Wirkung kommen, erfahren ebenfalls eine spezifische Metamorphose. Der Liebende wird nämlich exakt darauf verpflichtet, daß er nunmehr lediglich,

> durch die wohlgewählten Samenkörner seiner Rede bessernd auf die Jünglinge einwirkt. So soll er gezwungen werden, auch auf das Schöne im tätigen Leben sowie den Gesetzen zu achten und einzusehen, daß das alles eng miteinander verwandt ist. Das soll dazu führen, daß er dem körperlich Schönen nur einen geringfügigen Wert beizumessen lernt, [...] hinaus soll er auf das weite Meer des Schönen und es überschauend viele schöne und herrliche Reden und Gedanken gebären in unerschöpflichem Weisheitstrieb. [G,58]

Diese Figur einer Entkörperung von Liebe und Samen wiederholt sich, gemäß der Platonische Ideenlehre (nach der auch unsere Reden bestenfalls Schatten wahrer Ideen sind), in der nun folgenden Schau des absolut reinen, immateriellen Urschönen. Die Wendung, mit der diese höchste Stufe eingeführt wird, feiert ausdrücklich noch einmal all die Materialverluste, die selbstredend keine sein sollen:

> Auch wird sich dies Schöne dem Beschauer nicht darstellen als ein Gesicht oder in der Gestalt von Händen oder von sonst etwas Körperhaftem, ebensowenig aber auch als irgendeine Art von Rede oder wissenschaftlicher Erkenntnis, auch nicht als etwas, das in irgendeinem anderen ist [...] sondern rein für sich und mit sich in unabänderlicher Daseinsform verharrend; [...] nämlich so, daß [...] jenes Schöne keinerlei Wechsel unterworfen ist, weder durch Zunahme noch durch Abnahme oder sonst irgendwelche Veränderung seines Zustandes. [G,58]

Ein derartiges Nur-für-Sich ist mehr als heikel: Was der Beschauer sehen soll, ist ein 'Bild' ohne Material,[19] eine Idee, von der man strenggenommen auch nichts mehr berichten kann, weil sie die Rede bereits hinter sich gelassen hat. Genau mit dieser Bestimmung aber schneidet sich Diotima ins eigene Fleisch: Wenn der

19 Vergleiche G,60: "[...] ohne jede Spur von Fleisch, von Farben und sonstigem Tand."

Weg zum Urschönen über die notwendige Stufe homosexueller Knabenliebe führt, woher weiß eine Frau eigentlich davon? Und auch ihr Versprechen, durch Eros ein "Gottgeliebter" zu werden, entpuppt sich als eines des doppelten Wortsinn: Wenn man nur das liebt, was einem selbst mangelt, so kann der Beschauer der reinen Schönheit (welcher dadurch gleichzeitig mit der vollen Wahrheit in Verbindung steht und wahre Tugend gebiert)[20] eben genau eines nicht werden: Gottgeliebter. Denn es war schließlich das jeglichen Mangel ausschließende Attribut göttlicher Vollkommenheit, das Eros die Fähigkeit zur Liebe, aber damit auch notwendig den Verlust des Gottesstatus einbrachte. Im Klartext: Götter lieben nichts, weil ihnen nichts mangelt.

Eine Lehre, die im Dienste der Liebe jegliche Materialität zugunsten der Idee auszutreiben sucht, ist also so gesehen außerordentlich widersprüchlich. Sie als Legitimationsbasis etablieren zu wollen, erscheint völlig absurd. Explizit gegen den Vielzitierer Roger Willemsen[21] sei hier gesagt, daß sie selbst in ihrer plotinischen Modifikation vollkommen ungeeignet ist, Robert Musils Unternehmen des "anderen Zustands" zum gängigen "Erlösungsmodell" zu vereinheitlichen. Der MoE entwickelt in einer spezifischen Aneignung des Symposions weniger eine stufenweise Versöhnung, als vielmehr einen analytischen Blick auf das bei Platon

---

20 G,60.

21 Willemsen 1984: S. 48/9: "Der ekstatische Aufschwung ist, das verweist auf Platons Anamnesis Begriff, nur kraft der Wiedererinnerung ursprünglicher Einheit möglich. Die Idee der Körperwelt bringt das Bewußtsein zur reinen Anschauung geläutert in die Gotteserfahrung ein. Die neuplatonische, die romantische und Musils Kunsttheorie liefern Erlösungsmodelle, die aus der Einsicht in den gegebenen dissoziierten Zustand des Bewußtsein eine stufenweise Versöhnung mit dem "anderen" anstreben." Auch die Einschätzung von Schmidt 1975: S. 82 kann in der vorliegenden Arbeit nicht geteilt werden: "Das Gespräch (MoE 1152ff.) wiederholt nicht nur besonders deutlich die auch in anderen Unterhaltungen Ulrichs mit Agathe zu beobachtende Gestaltung des sokratischen Dialogs, wo der Gesprächspartner des Sokrates dessen ausführliche Darlegungen lediglich durch kurze Fragen und Einwürfe unterbricht und gliedert: es übernimmt auch, in einem wichtigen Teil, Grundzüge der platonischen Ideenlehre." Auch wenn es bei Schmidt in erster Linie um einen Nachlaßtext geht: Musil schließt sich der platonischen Ideenlehre nicht an, er dekonstruiert sie.

figurierte Moment der Vermittlungen, welche bereits dort einen wie auch immer gearteten Verkehr konstituieren sollen.

Es ist, nebenbei bemerkt, eine unbestreitbare Qualität des platonischen Textes, die Vermittlungsleistungen zwischen den Prinzipien von Idee und Erscheinung, Vaterschaft und Abkömmling, bzw. Körper und Geist, dadurch zu destruieren, daß in ihm mehr oder weniger versteckt Gegenstrategien enthalten sind. Allerdings bedarf es zu deren Aufdeckung einer spezifischen Lektüre. Die Betonung in der obigen Formulierung liegt daher auch mit guten Gründen auf dem Begriff des Textes: Nur auf Basis der Schrift kennt die Nachwelt ja die platonische Apologie der wohlgewählten Redesamen. Das Bild des Redesamens ist dem Symposion übrigens zeitlich vorgeordnet. Es entstammt dem Schriftbild eines Dialoges, der den Namen eines der Symposionteilnehmer trägt: "Phaidros". Mit anderen Worten: Im Phaidros wird die im Symposion so konstitutive Verdrängung des (Schrift)Körpers penibel vorbereitet. Dazu wird die Schrift im Gespräch zwischen Sokrates und Phaidros zunächst einmal zur Täuschung degradiert. Insbesondere dann, wenn sie keinen Vater hat, gebärdet sie sich überaus unordentlich:

> Denn das ist ja wohl das Bedenkliche beim Schreiben und gemahnt wahrhaftig an die Malerei:[22] auch die Werke jener Kunst stehen vor uns als lebten sie; doch fragst du sie etwas, so verharren sie in gar würdevollem Schweigen.[23] Ebenso auch die Worte eines Aufsatzes [...] einmal niederge-

---

22 Im "Nachlass zu Lebzeiten", nach Pietsch 1988: S. 8-21 ein Titel, der die Abwesenheit des Autors von der Schrift thematisiert, findet sich auch bei Musil eine Analogie zwischen Schreiben und Malen. Allerdings gilt die Analogie 'der Malsteller' quasi mit umgekehrtem Vorzeichen. Laut Musil ist das eigentliche Problem das technische Malen (und Schreiben), d.h. so malen zu können, wie es auch ein anderer könnte. Das hat signifikante Folgen für das Verhältnis von Original und Kopie, die Wiederholung wird dem Original nicht angetan, sie ist dessen Bedingung: "Alles in allem ist es ein historischer Irrtum zu glauben, daß die Meister Schule machen, die Schüler machen sie." [VII,510]

23 Umgekehrt findet sich in Musils Schreiben auch eine Gemahnung an die Malerei, die Nachlaßreflexion zum Stilleben: "Sie [Agathe] dachte daran, daß alle wahren Stilleben diese glückliche unersättliche Traurigkeit erregen können. Je länger man sie ansieht, desto deutlicher wird es, daß die von ihnen dargestellten Dinge am bunten Ufer des Lebens zu stehen scheinen, das

> schrieben, treibt sich jedes Wort allenthalben wahllos herum, in gleicher Weise bei denen, die es nichts angeht, und weiß nicht zu sagen, zu wem es kommen sollte und zu wem nicht. Wenn es dann schlecht behandelt und ungerechterweise geschmäht wird, so bedarf es immer seines Vaters,[24] der ihm helfen sollte: denn selbst kann es sich weder wehren noch helfen. [P,104]

Darauf folgt, quasi spiegelverkehrt, eine Apologie des "lebendigen und beseelten Wort[es] des Wissenden". Und diese liest sich wie ein exakter Kommentar der "Redesamen" Diotimas:

> S o k r a t e s: [W]ird wohl ein verständiger Landwirt den Samen, an dem ihm etwas liegt und von dem er Frucht erwartet, im Ernst zur Sommerzeit in die Furchen der Adonisgärten legen und sich darüber freuen, wenn er sieht, wie derselbe binnen acht Tagen schön aufgeht? Oder mag er das wohl, wenn er das tut, einmal als Spielerei und des Festes wegen so machen, um dagegen, wo es ihm ernst ist, nach den Kunstregeln der Landwirtschaft den Samen in den geeigneten Boden zu säen und zufrieden zu sein, wenn im achten Monat seine Saat zur Reife kommt? [P,105]

Auge voll Ungeheurem, und die Zunge gelähmt." [Vgl. IV,1230] Diese seltsame Sprachlosigkeit ist auch für die liebenden Geschwister Ulrich und Agathe signifikant: "Denn sich auskömmlich über die Kunst des Stillebens oder der Nature morte zu äußern, war ihnen beiden deren seltsame Ähnlichkeit mit ihrem eigenen Leben hinderlich." [IV,1231] Eine solche Ähnlichkeit ist darin zu erblicken, daß die Geschwister nach dem Versterben des Vaters, auf eine Art Spiegelmodell ihrer Identität angewiesen sind. Als Verkörperung der Eigenliebe [III,899], bzw. traumhafte Veränderung und Wiederholung des jeweils anderen [III,694], gilt für sie die gleiche Bestimmung wie für das Stilleben: "Das Stilleben aber, ist sein seltsamer Reiz nicht auch Spiegelfechterei?" [IV,1231]. Dieses Problem von Vater- und Sprachlosigkeit ist generell vergleichbar der Frage nach dem Sprachursprung. Deren Unentscheidbarkeit findet sich im Stillebenkonzept ebenfalls gespiegelt. Auch hier ist es meines Erachtens nicht unbedingt richtig, Musils Bestimmungen (der Eindeutigkeit zuliebe und der Bibel entsprechend) um einen Tag vordatieren zu wollen: "Eigentlich malen alle Stilleben die Welt vom sechsten Schöpfungstag; wo Gott und die Welt noch unter sich waren, ohne den Menschen!" [III,1230]

24 Diesem Verhältnis zwischen Vater und Mittler entspricht im Symposion das Verhältnis von Poros zu Eros.

Phaidros bestätigt selbstredend die Handlung ernsthafter Landwirte. Sokrates aber wird nahezu polemisch:

> Und wer vom Gerechten und Guten und Schönen Sachkenntnis besitzt, wollen wir annehmen, daß dieser für die Behandlung seines Samens weniger Verständnis habe als der Landwirt? Phaidros: Keineswegs. Sokrates: Dann wird er ihn auch nicht durch die Rohrfeder aussäen und in schwarzes Wasser schreiben mit Worten, die nicht fähig sind, sich selbst redend zu helfen, und unfähig, die Wahrheit ordentlich zu lehren. [P,105]

Dem Gärtner Sokrates gilt Schreiben generell als unernste Tätigkeit, kaum schöner als ein Trinkgelage:[25]

> [...] Doch wird er, dünkt mich, wenn er schreibt, zur Spielerei das Gartenland der Schrift besäen und beschreiben, für sich selbst Erinnerungen aufspeichernd auf die Zeit, da er das vergeßliche Greisenalter erreichen wird, und für jeden der derselben Spur folgt; [...] Wenn andere andere Unterhaltungen pflegen, an Gelagen sich erquickend und den anderen Genüssen verwandter Art, dann wird, dünkt mich, er inzwischen anstatt dessen mit diesem Spiel sich unterhalten. Phaidros: Ein Spiel gar schöner Art ist es, Sokrates, das du einem geringen gegenüberstellst: darin bestehend, daß *einer* in Worten *sich* unterhalten kann, indem er plaudert über Gerechtigkeit und die anderen Themen, von denen du sprichst. [P,105/6]

Schrift, so die überraschende Pointe, funktioniert weniger inter- als vielmehr rein subjektiv: Der Schreiber spielt mit sich. Was hier einerseits anzüglich, andererseits außerordentlich modern klingt, gilt Sokrates durchgängig als wenig attraktiv:

> Sokrates: [A]ber noch viel schöner, meine ich, ist es, im Ernst sich damit zu beschäftigen: indem ein Mann, der eine geeignete Seele gefunden, nach den Kunstregeln der Dialektik in ihr mit Sachkenntnis Worte

25 Immerhin birgt diese Beurteilung eine Einsicht in den Suchtcharakter des Schreibens.

pflanzt und sät, die sich selbst und dem der sie gepflanzt zu helfen im Stande sind und nicht ohne Ertrag bleiben, sondern Früchte bringen, aus denen immer wieder neue Saat an Worten in neuen Herzen sprießt, die das überlieferte Gut unsterblich zu erhalten vermag [...]. P h a i d r o s: Ja, das ist noch viel schöner. [P,106]

Es wäre auch noch schöner, wenn man im Besitze der Wahrheit spräche und die Kenntnis "über Gerechtes, Schönes und Gutes" dadurch - so eine Formulierung supplementärer Logik,[26] "wirklich in eine Seele eingeschrieben" würde. Denn dann könnte der Redner Vater heißen:

[S]olche Worte dürfe der Mann gleichsam als seine echten Söhne bezeichnen, vor allem das innerlich in ihm etwa vorhandene, das von ihm erdacht worden, sodann die etwaigen Abkömmlinge und Brüder davon, die in anderen Seelen in gebührender Weise gezeugt wurden [P,108].

Als Bestimmung literarischer Vaterschaft gilt letztlich mit Bezug auf die Schreibspielerei:

Ist der Verfasser im Besitz des Wissens um die Wahrheit der Sache, versteht er nachzuhelfen, wenn er ins Verhör kommt über den Inhalt des Geschriebenen und ist fähig, selbst, indem er spricht, die geschriebenen Texte als minderwertig zu erweisen,[27] dann soll man ihn nicht mit einem Namen bezeichnen, der von diesen [den Dichtern bzw. Schriftstellern] hergenommen ist, sondern vielmehr von dem, was er als ernste Beschäftigung getrieben hat. [P,108/9]

---

26 Derrida 1983: S. 244-82.

27 Musils Versuche, seinen Schriften als Vater "helfend" zur Seite zu treten, waren mehr oder weniger erfolglos: Dichter und Werk blieben zu Musils Lebzeiten weitgehend unbekannt. Insbesondere die Vorlesung am 29.01.1940 in Winterthur geriet zum Desaster. Das geringe Schweizer Publikum hatte einen österreichischen Heimatdichter erwartet. Der schwer gekränkte Musil hat danach nie wieder öffentlich aus seinen Werken vorgelesen. Kieser 1984: S. 106-108.

Derartig vorbildliche Menschen sollte - nach Sokrates - besser das Prädikat 'Freund der Weisheit' (Philosophen) vorbehalten sein. Sie als weise zu bezeichnen, wäre Blasphemie, weil Weisheit, da vollkommen, nur einem Gott zustehe. Die darauf folgende Bestimmung des Dichters allerdings wäre, wenn man von ihrem denuziatorischen Charakter absehen könnte, Robert Musil geradezu auf den Leib geschrieben:

> Sokrates: Andererseits den, der nichts Kostbareres hat als seine Komposition und Schriftstücke, die er unter langem Hin- und Herwenden, Aneinanderfügen und Ausstreichen zustande gebracht hat, wirst du den wohl mit Recht einen Dichter [oder Schriftsteller oder Gesetzesschreiber] nennen? Phaidros: O ja. [P,109]

Gut zwei Jahrtausende nach Platons Tod gilt für den Dichter Schriftsteller und promovierten Ingenieur Robert Musil aber eine spezifische Verkehrung. Bereits bei den Vorarbeiten zum "Spion" notiert Musil:

> Alles wird falsch gemacht. Von den falsch gesehenen Klassikern und Philosophen angefangen. Man erliegt der Autorität nicht der Toten, sondern der tausende lebender Vermittler. [TB,412]

Und im September 1931 notiert der gleiche Schreibende in seinen Aufzeichnungen zu "Literat und Literatur" über die Tradition der 'Schrift stellenden'.

> Historisch hat der Typus des Humanisten [...] mit klassischen und Bibelzitaten begonnen, und wenngleich dieses Zitieren äußerlich jetzt wohl etwas aus der Mode gekommen ist, so hat es sich doch bloß ins Innere zurückgezogen, und die ganze schöne Literatur gleicht einem Zitatenteich, worin sich die Strömungen nicht nur sichtbar fortsetzen, sondern auch in die Tiefe sinken und aus ihr wieder aufsteigen [VIII,1206]

Wer in die unsichtbaren Strudel des Zitatenteichs gerät, dem droht große Gefahr, im (schwarzen) Wasser der Schrift unterzugehen. Dem hilft auch keine Rohrfeder mehr. Es fällt vielmehr außerordentlich schwer, (s)ich zu behaupten. Nützlich beim Überleben wird eine "Kunst und Moral des Crawlens"[28].

Robert Musils Interesse an Dichtung, so viel konnte im Verlaufe dieser Arbeit bereits gezeigt werden, ist eines, welches sich in signifikanter Weise auf Vermittlungen richtet.[29] Und wenn im Zeitalter väterlich gefaßter Autorität des Gesagten die Körper hinter *der* Schönheit und die Schriften hinter *der* Idee verschwinden, so ist dem Medienzeitalter allemal eine Perspektive angemessener, welche Idee und Bild an die Bedingung ihres Auftretens, das bei Platon unterdrückte Material, bindet. Es könnte sich dabei allerdings herausstellen, daß die wahrheitsweisenden Ideen von "Ursprung" und "Schau" mit (den Veranstaltungen modernen Amüsierbetriebes) ent-stammenden Vorstellungen von "Sprung" und "Show" kontaminiert werden.[30] Mit andere Worten: Ist es um 300 v. Chr. noch möglich, eine Apologetin geistiger Vaterschaft als besonders avanciert zu etablieren, so kann im zwanzigsten Jahrhundert keine Rede mehr davon sein.

In dem Teppichgewebe, das der Text[31] des MoE laut Eigenbekunden darstellen soll, sind nichtsdestotrotz Fäden platonischen Materials eingewoben. Und um im Bild zu bleiben: Das Webmuster ist getragen von einem platonischen Interesse bezüglich Fragen der Vermittlung (=Eros).[32]

---

28 So der Titel eines nahezu zeitgleich (Juni 1932) zum obengenannten Aufsatz abgefaßten Prosastücks in Briefform, das sich vorgeblich mit der heutzutage allgemein bekannten Schwimmtechnik befaßt. Genau gelesen birgt es jedoch einige interessante Bemerkungen zur Situation des modernen Dichters und dessen Produkten. Insbesondere in seiner Fragestellung, ob es sich beim Crawlen um eine Kunst oder eine Wissenschaft handele. (Vgl. VII,694-99)

29 Diese Erkenntnis ist gleichzeitig Movens des (in dieser Arbeit häufiger auftauchenden) Verbindungsstriches, der das "Inter" vom "esse" trennt, um es als Dazwischensein zu bestimmen.

30 D. h. auch: Begriffe der Ordnung und des Vaters werden bis an den Rand der Auflösung pluralisiert.

31 "Text" meint bereits dem Wortsinn nach soviel wie "Gewebe".

32 Innerhalb eines Romans impliziert dies selbstverständlich ein Interesse an Schrift. Das wird pointiert in einer lapidaren Bemerkung Ulrichs deutlich. Agathes Anspielung auf eine Regierung der Weisen, eine Art herrschende Akademie, beantwortet Ulrich mit einem deutlichen "Das schreibt sich von

Der Ehrgeiz der Diotima Platons zielte auf "ideale Liebe". Wer als Mann den richtigen und verbindlichen Weg zu diesem Ziel ging, dem vermittelte Eros die Schau des Schönen. Angesichts des Schönen zeugt der Liebende Tugend, Wahrheit und Moral. Ein "Gottgeliebter", im Sinne eines wissenden und richtig handelnden Mannes, kann mit vollem Recht aber auch als ein 'Herr im Haus' bezeichnet werden.[33]

Im MoE konzentriert sich der Ehrgeiz Hermine Tuzzis ebenfalls auf das Ideale. Ihr 'Namenwechsel' gibt darauf bereits erster Hinweise:

> [Ulrich] nahm [...] sich vor, seiner "großen" Kusine den ihm von seinem Vater empfohlenen Besuch zu machen, weil ihm daran gelegen war, sie einmal mit eigenen Augen zu sehn. [...] Er hatte sich [...] schon oft nach den besondren Eigenschaften dieser Frau erkundigt, aber niemals darauf eine befriedigende Antwort erhalten. Es hieß entweder: "Sie hat eine unbeschreibliche geistige Anmut" oder: "Sie ist unsere schönste und gescheiteste Frau" und manche sagen einfach: "Sie ist eine ideale Frau!" - "Wie alt ist denn diese Person?" fragte Ulrich, aber niemand wußte es, und gewöhnlich war der Befragte darüber erstaunt, daß er selbst noch nicht darauf gekommen sei, sich das zu fragen. "Und wer ist denn nun eigentlich ihr Geliebter?" fragte Ulrich schließlich ungeduldig. "Ein Verhältnis?" Der nicht ganz unerfahrene junge Mann, zu dem er so sprach, staunte. "Sie haben ganz recht. Kein Mensch käme auf diese Vermutung. "Also eine geistige Schönheit" sagte sich Ulrich; "eine zweite Diotima" Und von diesem Tag an nannte er sie in Gedanken so, nach jener berühmten Dozentin der Liebe.[I,91/2]

Daß Ulrich nicht ohne Motivation nach Körper und Liebhaber seiner Kusine fragt, soll weiter unten genauer untersucht werden. Hier genügt festzuhalten: Der

---

Platon her". Im Anschluß erläutert der Mann ohne Eigenschaften seiner Schwester, wie in der wissenschaftlichen Tradition die Vatergeneration gegen diejenige der Söhne zu kämpfen haben. [III,1254/55]

33 Foucault 1989 konnte für die Selbsttechniken des antiken Griechenlandes nachweisen, daß sie modellhaft um den Pol häuslicher Herrschaft zu zentrieren sind.

Name "Diotima" macht Schule.[34] Nicht nur Ulrich, General Stumm, Agathe und der Erzähler[35] benutzen ihn, auch Graf Leinsdorf macht ihn sich zu eigen [I,231].

Ebenfalls zu erwähnen ist, daß nicht nur Diotimas Name einem platonischen Kontext entstammt. Wichtige Züge ihrer idealen Gesinnung lassen sich überhaupt nur von einer Verdrängung des Körpers her begreifen. Insbesondere die Ausrichtung des Eros auf geistige Dinge ist ein wichtiger Wesenszug der Sektionschefsgattin.

> Koketterie war ihr nicht fremd, denn sie gehörte zu den gesellschaftlichen Aufgaben, die eine junge Dame beherrschen muß; auch war es ihr nie entgangen, wenn die Blicke der jungen Männer dabei etwas anderes als Ehrfurcht für sie ausdrückten, ja sie hatte das sogar gern, weil es sei die Macht sanfter weiblicher Zurechtweisung fühlen ließ, wenn sie den wie die Hörner eines Stiers auf sie gerichteten Blick eines Mannes zwang, sich idealen Ablenkungen zuzuwenden, die ihr Mund äußerte. [I,279]

Die Ablenkungen ins Ideale gehorchen auch in dieser Passage präzise einer Logik, die vom Mund geäußert wird. Dieser Logik hat sich Ulrich nicht verschrieben, ganz im Gegenteil:

> Aber Ulrich, gedeckt durch die verwandtschaftliche Nähe und die Selbstlosigkeit seiner Mithilfe an der Parallelaktion, beschützt auch durch das zu seinen Gunsten errichtete Kodizill, erlaubte sich Freiheiten, die das verästelte Geflecht ihres Idealismus senkrecht durchdrangen. [I,279/80]

Bereits beim ersten Zusammentreffen der "feindlichen Verwandten" [II,465] gewinnt Ulrich "den bestimmten Eindruck, daß sie auserwählt seien, einander große Unannehmlichkeiten durch Liebe zu bereiten" [I,95]. Der weitere Verlauf der

---

34 Im dreifachen Sinn: Der Name wird bekannt, Bonadea eilt gemäß einer Formulierung von [I,892] in Diotimas Liebesschule und schließlich erschien wie bereits angemerkt 1930 eine "Schule der Liebe" in Buchform, Verfasserin war eine gewisse Diotima.

35 Der Erzähler übernimmt Ulrichs platonischen Namensvorschlag nicht nur, sondern wendet ihn ebenfalls auf Diotimas Geschlechtsleben an. Vgl. I,105 und I,281.

Beziehung bestätigt diese Vorahnung. Die Prämissen bleiben diametral: Ulrich initiiert dezente Körperkontakte, Diotima ist tiefer berührt [I,279]. Diotima fragt: "Wer hat dich du schöner Wald aufgebaut so hoch da oben?" Ulrich antwortet: "Die Niederösterreichische Bodenbank." [I,280] Diotima spricht von der Liebe, Ulrich erinnert an Geburten- und Sterbeziffern. Die "materialistischen Einwände" [I,280] Ulrichs folgen einer Methode: Der weiter oben gestellten Frage, wie Platons Diotima an die Wahrheit ihrer Aussagen gekommen sein will, wenn der Weg dazu über die homosexuelle Knabenliebe führt, entspricht im MoE eine Strategie, welche die 'Idealfrau' bei ihrem eigenen Körper 'anspricht'. Die Schmähungen von Diotimas Geistesvermögen und die für so manchen Interpreten ärgerlichen Tiermetaphoriken haben somit konzeptionelle Legitimation: Sie wenden sich gegen einen Grundzug von über 2000 Jahren europäischer Schriftstellerei, den Phonozentrismus platonischer Herkunft.

Daß die Liebeskonzeption der Diotima dysfunktional ist, wird im MoE überaus deutlich. Am körperlichen Scheitern ihrer Idealvorstellung wird letztlich ebensowenig Zweifel gelassen, wie an deren körperlicher Herkunft.[36]

Gegen diesen Phonozentrismus versucht Ulrich, eine Art Grammatologie zu setzen. Das unterstreicht ein Blick auf diejenige Szene, in der Ulrich Diotima ein Liebesmodell vorschlägt, welches sich ausdrücklich nicht am Gespräch, sondern als Theorie des Lesens am materiellen Medium des Buches orientiert. Selbstverständlich geht dieser Antiplaton zu Lasten der "ganzen" Idee:[37]

---

36 Das Ende der Ideale kündigt sich bereits im Kapitel I.45 in Diotimas Verhältnis zu Arnheim an. Der Verklärung der großen Idee, entspricht dabei die Abwesenheit gemeinsamen Geschlechtsverkehrs genauso wie der Verklärung einer immateriellen Seele das Schweigen der Berggipfel. Am Ende dieser Beziehung gelangt Diotima zwar auch zu den Körpern, aber nur zu denjenigen der Rede: In Kap III.17 ist die liebeskranke Diotima im Bett anzutreffen, umgeben von einer Unmenge sexualkundlicher Schriften, deren Titel nicht mehr zu entziffern sind. Deutlicher Ausgangspunkt aller Ideale und Eroskultivierung aber ist das immer wiederkehrende Erlebnis Tuzzischer Sexualitätsanfälle. [I,105],

37 Das heißt, er nimmt Auslassungen vor und ist zudem undialogisch abgefaßt (Ulrich gibt sich seine Antworten explizit selbst).

> [E]r fragte kurzweg: "Wollen sie es mit mir versuchen?" "Mit ihnen?" antwortete Diotima gedehnt, sie suchte sich durch harmlosen Spott zu schützen: "Wollen sie mir vielleicht ein Offert darüber machen, wie sie sich das eigentlich vorstellen?" "Ohne weiteres!" erbot sich Ulrich ernst. "Sie lesen doch sehr viel, nicht wahr?" "Gewiß."[38] "Was tun sie da? Ich will gleich die Antwort geben: Ihre Auffassung läßt aus, was ihnen nicht paßt. Das gleiche hat schon der Autor getan. Ebenso lassen sie im Traum oder in der Phantasie aus. Ich stelle also fest: Schönheit oder Erregung kommt in die Welt, indem man fortläßt. Offenbar ist unsere Haltung inmitten der Wirklichkeit ein Kompromiß, ein mittlerer Zustand, worin sich die Gefühle gegenseitig an ihrer leidenschaftlichen Entfaltung hindern und ein wenig zu Grau mischen. Kinder, denen diese Haltung noch fehlt, sind darum glücklicher und unglücklicher als Erwachsene. und ich will gleich hinzufügen, auch die Dummen lassen aus; Dummheit macht ja glücklich. Ich schlage also als erstes vor: Versuchen wir einander zu lieben, als ob sie und ich die Figuren eines Dichters wären, die sich auf den Seiten eines Buches begegnen. Lassen wir also jedenfalls das ganze Fettgerüst fort, das die Wirklichkeit rund macht. [II,573]

Ein materieller Blick auf die Schrift macht allerdings der Eindeutigkeit des Redens zu schaffen. Und zwar in zweierlei Hinsicht:

Erstens ist die Unterscheidung zwischen Wirklichkeit und Literatur, wenn von einer Buchfigur vorgenommen, die gleichzeitig vorschlägt, so zu leben[39] (und zu

38 Diotimas Lesehaltung bezeugt, daß die Konzeption großer und körperloser Ideen durchaus in der Lage ist, menschliche Körper zu domestizieren: "Wenn sich Diotima zum Lesen ihrer Bücher hinsetzte, so strich sie das schöne Haar aus der Stirn, was ihr ein logisches Ansehen gab, und sie las mit Verantwortungsbewußtsein und in dem Bestreben, sich aus dem, was sie Kultur nannte, eine Hilfe in der nicht leichten gesellschaftlichen Lage zu bilden, in der sie sich befand." [I,332]

39 So die Überschrift von Kapitel II.114. In Erinnerung an die hier untersuchte Diotima-Episode faßt Ulrich das Gespräch später wie folgt zusammen: "[Man hätte] am Ende vielleicht so zu leben [...], als wäre man kein Mensch, sondern bloß eine Gestalt in einem Buch, von der alles Unwesentliche fortgelassen ist, damit sich das übrige magisch zusammenschließ[t]." [II,592] Diese Zusammenfassung ist zumindest einseitig, wie noch zu zeigen sein wird, umfaßt sie nur die "Auslassungen" des Autors.

lieben), wie man liest, selbstimplikativ problematisch. Das gilt, Reinhard Pietsch[40] hat es eindrucksvoll gezeigt, insbesondere im Zusammenhang mit folgender Stelle:

> Es ist unmöglich den Gedanken eines Buchs aus der Seite zu lösen, die ihn umgibt. Er winkt uns wie das Gesicht eines Menschen, das in einer Kette anderer an uns vorbeigerissen wird und für eine kurze Weile bedeutungsvoll auftaucht. Ich übertreibe wohl wieder ein wenig; aber ich möchte sie fragen: was geschieht denn in unserem Leben anderes als das, was ich beschrieben habe? Ich will schweigen von den genauen, meß- und definierbaren Eindrücken, aber alle anderen Begriffe, auf die wir unser Leben stützen, sind nichts als erstarren gelassene Gleichnisse. Zwischen wie viel Vorstellungen schwankt und schwebt nicht schon ein so einfacher Begriff wie der von der Männlichkeit. Das ist wie ein Hauch, der mit jedem Atemzug seine Gestalt ändert, und nichts ist fest, kein Eindruck und keine Ordnung. Wenn wir also, wie ich gesagt habe, in der Dichtung einfach auslassen, was uns nicht paßt, so tun wir damit nichts anderes, als daß wir den ursprünglichen Zustand des Lebens wiederherstellen. [II,574]

All diese Oppositionen von Buch und Leben, Figur und Mensch, lebenden und erstarrtem Gleichnis sind in dem Augenblick, wo Ulrich so tut, als sei das Leben wie die Literatur, nur noch Papiereffekt. Diotima hat so gesehen ganz recht, wenn sie sagt, das alles käme ihr gegenstandslos vor.

Die elementare Bestimmung, daß ein Buch dadurch entsteht, daß der Autor im Sinne eines Foucaultschen Diskursbegrenzers[41] Auslassungen vornimmt, gilt nämlich nur dann, wenn man einen wichtigen Teil des Textes vergißt. Was immer auch Interpreten mit dieser Stelle anfangen mögen, ein Problem wird dabei gern übersehen: die Auslassungen des Lesers. Diese Ausklammerungen klammert ein Blick, der Schrift nur als Autorenabwesenheit betrachtet, vollständig aus. Eine Theorie des Lesens etabliert dagegen die Schrift genau in der Mitte zwischen Au-

---

40 Pietsch 1988: S. 61-65.

41 Vgl. Meisel 1991: S. 123.

tor und Leser, erkennt Schrift einerseits als Vehikel des Ideentransports, andererseits als notwendigen Einbruch von Nicht-Sinn.[42]

Derartig positioniert macht eine solche Theorie auch ein platonisches Vater/Sohn-Verhältnis undenkbar: Einmal aufgeschrieben, verlieren die Gedanken der Dichter an Rigorosität und Eindeutigkeit.

> Lassen sie uns etwa an große Schriftsteller denken. Man kann sein Leben nach ihnen richten, aber man kann nicht Leben aus ihnen keltern.[43] Sie haben das, was sie bewegte, so fest gestaltet, daß es bis in die Zwischenräume der Zeilen wie fest gepreßtes Metall dasteht. Aber was haben sie eigentlich *gesagt*? Kein Mensch weiß es. Sie selbst haben es niemals ganz in einem gewußt. Sie sind wie ein Feld, über dem die Bienen fliegen; zugleich sind sie selbst ein Hin- und Herfliegen. Ihre Gedanken und Gefühle haben alle Grade des Überganges zwischen Wahrheiten oder auch Irrtümern, die sich zur Not nachweisen ließen, und wandelbaren Wesen, die sich uns eigenmächtig nähern oder entziehen, wenn wir sie beobachten wollen. [II,574]

Die angeführten Zitate sollen vor allem eins deutlich machen: Der MoE modifiziert im Verhältnis Ulrich/Diotima das platonische Symposion dahingehend kritisch, daß eine Theorie des Liebens mit einer Theorie der Schrift und des Lesens (und nicht des Redens und Hörens, bzw. der Idee und ihrer Schau) gekoppelt wird. Der Zusammenhang zu Platon wird also nicht nur durch den Auftritt einer homonymen Figur hergestellt.

Ist Diotima für die Dauer des ersten Buches ein möglicher Bezugspunkt für das Begehren des Mannes ohne Eigenschaften, so ist es im zweiten, das bekanntlich mit einem Tod des Vaters einsetzt, die bis dato vergessene Schwester Agathe.

---

42 Damit verbietet sich auch eine verklärende Einbeziehung des Lesers in die Sache des Autors wie bei Jankovic 1982: S. 222: "Offensichtlich konnte dieses für die hier gemeinte Lösung unabdingbare 'Morallaboratorium' erst dadurch zustande kommen, daß in diesem dichterischen Kalkül der Leser als Instanz der Erzählstruktur exakt miteinberechnet wurde, daß das Lösungsprogramm erzähllogisch in ein streng berechnetes Wirkungskonzept umstrukturiert wurde."

43 Vgl. das Moosbrugger-Kapitel der vorliegenden Arbeit.

Auch in dieser Beziehung findet sich das Motiv des vergessenen Körpers in einer Weise dargestellt, die ohne eine Platonlektüre im obigen Sinne gänzlich unverständlich bliebe. Zeigen läßt sich dies an einer Passage aus Kapitel I.10. Gemäß der oben gewonnen Bestimmung, daß Schrift exakt zwischen Autoren und Leserwillkür steht, mithin Autonomie und Fremdbestimmung gleich radikal für sich beanspruchen kann, ist der Schauplatz der betreffenden Szene weder das eigene Haus,[44] noch das väterliche.[45] Vielmehr handelt es sich um das Haus eines unbekannten, weil namenlosen Anderen:[46] Anläßlich eines gemeinsamen Ausflugs führen die Geschwister ein längeres Gespräch. Wegen ungünstiger Witterungsverhältnisse wird eine Verständigung allerdings zunehmend schwieriger. Die Worte werden mehr und mehr ganz buchstäblich vom Winde verweht [III,733]. Agathe und ihr Bruder sind gezwungen, sich während des Gehens, aus 'purer' Rücksicht auf das flüchtige Lautmaterial Sprache, gegenseitig ins Ohr zu schreien. Dabei kommt es zu ersten Körperberührungen, durch welche die Geschwister zwischenzeitlich in einen bis dato unbekannten Zustand buchstäblicher Leidenschaft geraten [III,733/4]. Um die Unterhaltung trotz des 'betäubenden' Wetters fortsetzen zu können, kehren beide in ein nahe gelegenes Schäferhaus ein, dessen Herren eine deutsch/slawische Mischsprache sprechen.[47] Der Mann mit dem 'Hausherrschernamen' Ulrich weiß, wie man sich in fremden Häusern zu benehmen hat. Er trägt eine Bitte um Aufnahme, Nahrung und Wärme vor. [III,738]

> [U]nd unterstützte das so freiwillig mit einem Stück Geld, daß die unfreiwillige Wirtin entsetzt darüber zu jammern begann, daß sie in ihrer abstoßenden Armut "so schöne Gäste" nicht besser aufnehmen könne. [...] Agathe hatte sich aber gleich am Tisch vorbei ans Fenster gezwängt und allen diesen Umständen keine Beachtung geschenkt, so als verstünde es

---

44 Dem entspräche: Ulrich als der Herr im Haus.

45 Dem entspräche: Ulrich als Wiederholung seines nunmehr toten Vaters.

46 Es handelt sich genauer gesagt um das Haus eines betagten Schäfers und einer vierzigjährigen Häuslerin. [Vgl. III,743]

47 Für die Geschwister also ein Grenzbereich zwischen eigener und fremder Sprache.

sich von selbst, daß man irgendwo Obdach finde, und sei gleichgültig, wo. [III,738]

Agathe, die sich in allen Häusern wie selbstverständlich als Herr gebärdet, bestätigt durch die Wertschätzung ernster Rede Platons Einschätzung von der Schriftspielerei quasi im Umkehrschluß. Sie fragt ihren Bruder in deutlicher Klarheit:

"Warum sprichst Du nie ernst mit mir?!" [III,739]

Die Antwort gibt Ulrichs Körper:

Wie hätte Ulrich richtiger darauf antworten können als durch ein flüchtiges Aufblicken, das Unschuld und Überraschung darstellen sollte?! Er war damit beschäftigt, Schinken, Wurst und Eier auf einem Blatt Papier zwischen sich und seiner Schwester auszubreiten. [I,739]

Doch Agathe akzeptiert kein Papier zwischen sich und ihrem Bruder, und sei es auch nur in Form einer Tischdecke.[48] Materialität ist ihr gleichbedeutend mit Schmerz:

---

48 Schließlich ist es nach III,895 auch eine Tischdecke, auf welcher der Hausherr Ulrich, dem Besuch seiner Schwester durch eine 'schriftliche' Umgestaltung seines Hauses Rechnung zu tragen versucht: "Ulrich hatte indes einen Bleistift genommen und entwarf damit auf dem Tischtuch den Grundriß des Hauses und eine Neueinteilung der Räume. Das ging leicht und war so rasch getan, daß Agathes hausmütterliche Bewegung, das Tuch zu schützen, zu spät kam und zwecklos auf seiner Hand endete. Die Schwierigkeiten stellten sich erst wieder bei den Grundsätzen der Einrichtung ein. 'Wir haben nun einmal ein Haus' verwahrte sich Ulrich 'und müssen es für uns beide anders einrichten; aber im ganzen ist diese Frage heute überholt und müßig. 'Ein Haus machen' täuscht eine Schattenseite vor, hinter der sich nichts mehr befindet; die sozialen und persönlichen Verhältnisse sind nicht mehr fest genug für Häuser.'" Das Problem, Hausherr zu sein, taucht für Ulrich bereits in I.5 auf: "[Ulrich fühlte] sich von der Verantwortung, sich ein Haus einrichten zu dürfen, gewaltig aufgerüttelt, und die Drohung 'Sage mir, wie du wohnst und ich sage dir, wer du bist', die er wiederholt in Kunstzeitschriften gelesen hatte, schwebte über seinem Haupt." [I,20] Trotz des Beschlusses den "Ausbau seiner Persönlichkeit in die eigene Hand zu nehmen" [I,20], gelingt dem Mann ohne Eigenschaften keine befriedigende Lösung, er über-

> Agathe fuhr aber fort: "Wenn man unversehens an deinen Körper stößt, so tut man sich weh und erschrickt über den gewaltigen Unterschied. Wenn ich dich aber etwas Entscheidendes fragen will, löst Du dich in Luft auf!" Sie rührte den Mundvorrat nicht an, den er ihr hinschob, ja sie hatte sich in ihrer Abneigung so aufgerichtet, daß sie nicht einmal den Tisch berührte. [III,739]

Der 'Aufgelöste' beginnt von seinem entschiedenen Lieblingsthema zu sprechen. Er hält Agathe einen Vortrag über Fragen der Moral. Und kurz nachdem Ulrich dabei seiner Schwester die Prädikate "jung" und "schön" zugeteilt hat, entwickelt sich eine außerordentlich bezeichnende Szene: Bei dem platonischen Thema, wie man denn auf richtige Weise "gut" zu sein habe (wie man der Tatkraft einen Sinn zuordnen, wie eine Ordnung des Guten (Moral) aussehen könnte), beginnt Ulrich selbstvergessen mit einer Tätigkeit, die man im Wortsinn als charakterisierend,[49] mithin buchstäblich als ich-bildend, bezeichnen könnte. Nur stiften die Spiele fremder Körper an sich betrachtet keinen Sinn. Sie folgen darin, paradox genug, den Begriffen einer Signifikantenlogik.

> Sie hatte, wie man weiß, ein Vorurteil gegen allgemeine Untersuchungen und hielt jede Anstrengung, die sozusagen über ihre Haut hinausging, ziemlich für aussichtslos; mit Sicherheit tat sie es, insofern sie sich selbst bemühen sollte, aber mit Wahrscheinlichkeit dehnte sie es auch auf die allgemeinen Behauptungen anderer aus. Dennoch verstand sie Ulrich recht gut. Es fiel ihr auf, daß ihr Bruder, während er seinen Kopf gesenkt hielt und leise gegen die Tatkraft sprach, mit der Klinge des Taschenmessers, das er, ohne davon zu wissen, nicht aus den Fingern ließ, Schnitte und Striche in die Tischplatte kerbte, und es waren an seiner Hand alle Sehnen gespannt. Die gedankenlose, aber beinahe leidenschaftliche Bewegung dieser Hand, und daß er von Agathe so aufrichtig gesagt hatte, sie sei jung und schön, *das war ein sinnloser Zwiegesang über dem Orchester der an-*

---

läßt das Problem schließlich folgerichtig dem Genie seiner Lieferanten [I,21].

49 Das Wort "Charakter" entstammt dem Griechischen. Das zugrunde liegende Verb heißt dort soviel wie "einritzen".

> *deren Worte*, dem sie auch keinen Sinn verlieh, außer daß sie hier saß und zusah. [III,741]

Weil der Zwiegesang selbstvergessener 'Charakterisierung' sinnlos bleibt, wendet sich Agathes Ideen-Ernst vom Schreibspiel des Bruders auf ihr "wildes Bedürfnis, plötzlich etwas zu tun" [III,742].

> Nach einer kleinen Weile fragte sie ihn: "Würdest du mir böse sein, wenn ich ein Verbrechen beginge?" "Was soll ich nun wohl darauf antworten?!" meinte Ulrich, der sich wieder über sein Messer gebeugt hatte. "Gibt es keine Entscheidung?" "Nein, es gibt heute keine wirkliche Entscheidung." Danach sagte Agathe: "Ich möchte Hagauer umbringen." Ulrich zwang sich, nicht aufzublicken. Die Worte waren leicht und leise durch sein Ohr gegangen, aber als sie vorbei waren, ließen sie im Gedächtnis etwas zurück wie eine breite Radspur. Er hatte die Betonung sofort vergessen, er hätte das Gesicht sehen müssen, um zu wissen, wie die Worte zu verstehen seien [III,742].

Ulrich antwortet aber auch ohne zu verstehen. Agathes Äußerung ist für ihn Problem der Vermittlung.[50] Der Ehrgeiz seiner Schwester interessiert sich aber (noch) nicht für Vermittlung, er zielt auf die Vernichtung des Körpers.

> Ich möchte ihn also vielleicht nicht umbringen. Aber auslöschen möchte ich ihn! In kleine Stücke zerreißen, sie in einem Mörser zerstampfen und den Staub ins Wasser schütten: das möchte ich! Ganz und gar alles Gewesene vernichten!" [III,743]

Die Gefahr für Ulrich, unfreiwillig in einen Kriminalfall hineingezogen zu werden, nimmt stetig zu. Agathe erinnert Ulrich an sein Versprechen, ihr gegen Hagauer zu helfen und entwickelt umstandslos einen konkreten Plan. Sie schlägt vor, sich ein Auto zu beschaffen und über Umwege zu "ihr" zu fahren, um Hagauer einen nächtlichen Mordbesuch abzustatten. Ulrich hat aber glücklicherweise

---

50 Vgl. III,742: "Da, siehst du, stimmt etwas nicht; an dieser Grenze zwischen dem, was in uns vorgeht, und dem, was außen vorgeht, fehlt heute irgendeine Vermittlung."

Verkehrsprobleme: Sowohl die Herrschaft des Hauses als auch die Handhabung der Verkehrsmittel bereiten hilfreiche Schwierigkeiten:

> "Und die Hausangestellten?[51] Zum Glück kann ich überhaupt nicht einen Wagen bedienen!"[52] [III,744]

Nach diesem Eingeständnis an die Widerständigkeit des Materials mündet die Motivkonstellation von Schrift, Liebe, Schönheit, Gutherzigkeit und Vermittlung in eine ironischen Bankrotterklärung an den platonischen Kardinalbegriff:

> Ulrich lachte, aber dann schüttelte er unwillig den Kopf: "Das sind so Ideen von heute!" [III,744]

Die Szenerie figuriert deutlich: Den Ideen von heute ist ihr Vermittlungscharakter nicht mehr auszutreiben. Und wenn Musil den psychologisierenden Interpreten von Romanfiguren vorwarf, sie glichen den Affen, die in den Spiegel griffen, so verweist diese Art zu "Begreifen" eben auch auf das zugrundeliegende Material des Bildes. Mit anderen Worten: Es ist gewissermaßen Un-Sinn, den Spiegel zu vergessen, der Bild und Selbstbild des Menschen überhaupt erst konstituiert, auch und gerade dann, wenn das Spiegelmaterial seine Ganzheit stiftende Funktion nicht mehr befriedigend[53] wahrnehmen kann. Das gilt für Clarisse[54] ebenso wie für die beiden verbrecherischen Geschwister:

---

51 Agathe hat explizit vorgeschlagen, "zu mir [zu] fahren" [III,744], insofern sind es auch ihre Hausangestellten, die dafür sorgen, daß Agathe dort nicht das tun kann, was sie tun möchte.

52 Ulrichs Vorschlag die Parallelaktion in ein Generalsekretariat der Genauigkeit und Seele zu überführen [II,596/7], erhält hier eine ironische Replik. Denn die Parallelaktion in ihrer bekannten Form war folgendermaßen gekennzeichnet: "Ein Apparat war da, und weil er da war, mußte er arbeiten, und weil er arbeitete, begann er zu laufen, und wenn ein Automobil in einem weiten Feld zu laufen beginnt und es säße selbst niemand am Steuer, so wird es doch einen bestimmten, sogar sehr eindrucksvollen Weg zurücklegen." [I,225]

53 So gelten Spiegel in Arnheims Schriften gewissermaßen als unauthentisch: "In einem seiner Bücher stand, daß ein Mann, der seinen Anzug im Spiegel

> "Wenn du so mit mir hin und her redest," stieß Agathe leise hervor "ist mir, als sähe ich mich in den Scherben eines Spiegels: man erblickt sich bei dir nie in ganzer Figur!" "Nein," erwiderte Ulrich, der ihre Hand nicht losließ "man erblickt sich heute nicht in ganzer Figur, und man bewegt sich nie in ganzer Figur: das ist es eben!" [III,744]

Agathe tritt dieser Partialisierungserfahrung mit einer Erinnerung an eine Art Idealbild entgegen, der Vision eines Heiligen auf einem überfließenen Brunnen. Allerdings: Der Text des MoE stattet Agathes "Einbildung" der Ganzheit mit zwei bemerkenswert ironischen Voraussetzungen aus: Dem "Verlust" körperlicher Vollständigkeit entspricht ein Status des Effektes fremder Rede:

> *Agathe* gab nach und *ließ plötzlich von ihrem Arm ab.* "Ich bin gewiß das Gegenteil von heilig" erklärte sie leise. [...] "Aber *wie du* das von dem Heiligen zum erstenmal *gesagt hast*, es ist schon recht eine Weile her, *da habe ich etwas* 'in ganzer Figur' *gesehen* [...] [III,744]

Ulrich indes imaginiert andere Bilder, und die Charakterisierung seiner selbst erinnert an den zerschnittenen Eßtisch:

> [Er] dachte: "Ist sie mir wirklich ähnlich?" Wieder kam ihm vor: vielleicht so wie ein Pastell einem *Holzschnitt*. Er hielt sich für den Festeren. Und sie war schöner als er. So angenehm schön. Er griff jetzt vom Finger nach ihrer ganzen Hand; es war eine warme, lange Hand voll Leben. [...] Er stand auf und gab den Schäfersleuten noch ein Stück Geld für den zerschnittenen Tisch. [...] [III,745]

überwache, zu einer ungebrochenen Handlungsweise nicht fähig sei. Denn der Spiegel, ursprünglich zur Freude geschaffen, so führte er aus, sei zu einem Instrument der Angst geworden." [I,177]

54 Der Toilettenspiegel der verrückten Clarisse ist insbesondere dadurch charakterisiert, daß er "trotz der im neuen Geschmack sich krümmenden Umrahmung ein verzerrtes, untiefes Bild aus dem billigen, wahrscheinlich blasigen Glas zurück[wirft]." [II,605]

Der Aufbruch aus dem fremden Haus steht letzten Endes deutlich im Zeichen des Körpers: Man hält die scheidenden Geschwister an der Grenze des Hauses, nicht ganz zu Unrecht, für ein Liebespaar [III,745].

> "Du solltest mir einen Kuß geben!" verlangte sie [Agathe] und preßte lachend Ulrichs Arm an ihren Körper, als sie auf der Schwelle der Hütte standen und die niedere Tür sich in das Dunkel des Abends öffnete. [III,745]

Hier gilt es festzuhalten: Im Morallaboratorium MoE gibt es keine glücklichen Experimente des Körpers. Die beiden Geschwister werden für ein Liebespaar *gehalten*: Der geforderte Kuß bleibt aus. Und nicht nur auf einen Kuß wartet der gespannte Leser vergeblich. Das Verhältnis der Geschwister wird während des ganzen Romans niemals in die zu erwartende Eindeutigkeit geläufiger Liebesgeschichten überführt: Geschlechtsverkehr, schicksalhafte Trennungen, bereits ein einfaches "Ich liebe dich" sucht man im MoE vergeblich.[55] Und das mit guten Gründen: Ein erzählter Inzest[56] käme einer Auflösung geltender kultureller Ordnung gleich. Der Roman trägt durch die Auslassung körperlicher Vereinigung dem (weiter oben anhand der Schrift aufgewiesenen) Fakt Rechnung, daß 'Körperlichkeit an sich' sinnlos ist: Gehalt, Aussage, Inhalt erhalten Körper erst, wenn sie auf einen Begriff gebracht werden. Diesem 'auf einen Begriff bringen', haftet eine Willkür an, die herrenloses 'ein' unter der Hand zum beherrschenden 'sein' macht. Fragwürdig wird damit insbesondere ein Diskurs, der menschliche Natur auf ihren Begriff zu bringen sucht. So gerät beispielsweise der gesamte kul-

---

55 Diese Apodiktik gilt selbstverständlich nur für die Beziehung zwischen Ulrich und Agathe.

56 Vgl. Mayer 1982: S. 284/5: "Die Musil-Forschung hat heute und mit recht festgestellt, daß nichts in dem vorliegenden und vom Verfasser für gültig erklärten Text dazu berechtigt, eine körperliche Vereinigung der Geschwister zu vermuten. Ich erinnere mich, Musil gefragt zu haben, ob es auf Vollzug des Inzests hinauslaufe. Er antwortete, so habe er in der Tat ursprünglich den Roman angelegt, sei aber zu einer Änderung des Konzepts genötigt worden. 'Die Gestalten wollen es nicht.' Den Klang dieser Worte habe ich noch im Ohr."

tursoziologische Streit um die Inzestproblematik bei menschlichem und tierischem Körper in eine reflektorische Schwebe. Der MoE trägt dieser Bewegung in einer Formulierung Rechnung, die jedem Korrekturleser nur als logischer Fehler in den Blick käme:

> "Ob sie am Ende schön ist?" fragte sich Ulrich in einer etwas wunderlichen Weise. Denn diese Frage fiel ihm nicht leicht, obwohl Agathe, wenn man alles Konventionelle beiseite ließ, eine fremde Frau für ihn war. Ein inneres Verbot, eine Blutsverwandte *nicht* mit männlicher Liebe anzusehen, gibt es ja nicht, das ist nur Sitte oder auf Umwegen der Moral und Hygiene begründbar [...]. [III,897]

Die generelle Willkür eindeutiger Begriffsbestimmung tritt insbesondere dann deutlich hervor, wenn man das Zentrum gängiger Literaturbetrachtung, den Sinn des Gesagten, auf die Materie verweist, mit welcher er präsentiert wird. Augenfällig wird dieses in besonderem Maße am (an sich sinnlosen) Material der Schrift: Sechsundzwanzig Buchstaben[57], welche zur Idee, die auf ihrem Rücken errichtet wird, in einem Verhältnis völliger Gleichgültigkeit stehen. Das Faktum Schrift ist radikal zweideutig: Blendet man ihren Stellvertretungscharakter aus, wird sie zur Willkür[58], klammert man ihre Materialität aus, verflüchtigt sie sich zur Metaphysik. Vom Standpunkt der Idee handelt es sich bei der Schrift lediglich um Projektionsfläche. Dabei wird gern die absolute Mehrdeutigkeit dieser Fläche übersehen. Die paradoxe Tatsache, daß Mehrdeutigkeit die Möglichkeitsbedingung sogenannter Eindeutigkeit ist, wird vom Wahrheitswillen hartnäckig unterschlagen. Diese Unterschlagung produziert im MoE eine Fülle ironischer Effekte, denn die Thematisierung des Schriftkörpers vom Standpunkt *der eindeutigen Idee*, treibt die merkwürdigsten Konzepte hervor. So etwa das Konzept Großschriftsteller, das seinen Titel auch im buchstäblichen Sinne verdient.[59] Claris-

---

57 Zuzüglich Umlaute, Satzzeichen und, nicht zu vergessen, Lücken.

58 Im Sinne von Eigenmächtigkeit, Fremdheit und Sinnlosigkeit.

59 Der Großschriftsteller Arnheim, vertritt nicht nur die "beinahe schon in der Mehrheit befindliche Auserlesenheit" einer Nation [II,429], sein geschäftstätiges Leben gerät buchstäblich zur Zusammenstellung von großer

sens monotone Einleitung ihrer belehrenden Nietzschezitate mit einem über die maßen deutlichen "Nietzsche sagt..."[60] verdrängt hingegen konsequent die Vermittlungsleistungen der Schrift.[61] Diejenige Passage, in der Walter und Clarisse bei einem Streit um den gedruckten Nietzsche [II,606] in einen handfesten körperlichen Zweikampf geraten [608/9], läßt sich daher durchaus als eine Wiederkehr des Verdrängten lesen. Und letztlich sind auch die beiden folgenden aporetischen Konzepte charakteristisch für einen nur vorgeblich eindeutigen Ideenblick auf das Faktum Schrift:

> Ein anderer [Besucher] kam zu [... Ulrich] und erzählte folgendes: Wenn er durch die Straßen gehe noch viel aufregender sei es aber, wenn man auf der Elektrischen fährt -, zähle er schon seit Jahren an den großen lateinischen Buchstaben der Geschäftsschilder die Balken (A bestehe zum Beispiel aus dreien, M aus vieren) und dividiere ihre Zahl durch die Anzahl der Buchstaben. Bisher sei das durchschnittliche Ergebnis gleichbleibend zweieinhalb gewesen; ersichtlich sei dies aber keineswegs unverbrüchlich und könne sich mit jeder neuen Straße ändern: so wird man von großer Sorge bei Abweichungen, von großer Freude beim Zutreffen erfüllt, was den läuternden Wirkungen ähnle, die man der Tragödie zuschreibt. Wenn man dagegen die Buchstaben selbst zähle, so sei, wovon sich der Herr nur überzeugen möge, die Teilbarkeit durch drei ein großer Glücksfall, weshalb die meisten Aufschriften geradezu ein Gefühl der Nichtbefriedigung hinterlassen, das man deutlich bemerkt, bis auf jene, die aus Massenbuchstaben, das heißt aus solchen mit vier Balken, bestehn, zum Beispiel WEM, die unter allen Umständen ganz besonders glücklich ma-

---

Schrift: "[Arnheim] entdeckte [...] alsbald, daß das schaffende und recht beschaffene Leben beiweitem ein größeres Gedicht sei als alle, die Dichter in ihren Schreibstuben ersannen, und das war nun etwas ganz anderes. [...] Denn das Gedicht des Lebens hat vor allen übrigen Gedichten voraus, daß es gleichsam in großen Buchstaben gesetzt ist, wie immer sein Inhalt sonst beschaffen sein möge." [II,387]

60 Vgl. I,49; II,356, 440, 435, 607; III,980. Gegen den "sagenden Philosophen vgl. Ulrichs: "[...] Nietzsche schreibt den 'freien Geistern' vor, um der Freiheit des Inneren willen gewisse äußere Regeln zu achten!" [III,794/5]

61 Leistungen, denen sich Nietzsche, nach Kittler 1985: S. 202, durchaus bewußt war.

chen. Was folge daraus, fragte der Besucher. Nichts anderes, als daß das Minister für Volksgesundheit eine Verordnung herausgeben müsse, die bei Firmenbezeichnungen die Wahl von vierbalkigen Buchstaben begünstige und die Verwendung einbalkiger wie O, S, I, C möglichst unterdrückte, denn sie machten durch ihre Unergiebigkeit traurig! [II,348/9]

Mit dem gleichen (Ausblendungs-)Recht kann sich ein anderer Besucher[62] aber auch für eine Ökonomie der verkürzten, weil einbalkigen, Schrift verwenden.

Er [fragte Ulrich ...], ob er Stenograph sei; was dieser verneinte, und also wurden ihm die geistigen Vorzüge einer Kurzschrift auseinandergesetzt. Zeitersparnis, Ersparnis geistiger Energie; was er wohl glaube, welche Menge geistiger Arbeitsleistung täglich an diese Häkelchen, Weitschweifigkeiten, Ungenauigkeiten, verwirrenden Wiederholungen ähnlicher Teilbilder, Vermengung von wirklich ausdrückenden, signifikanten Schriftbestandteilen mit lediglich floskelhaften und persönlich willkürlichen verschwendet werde?- Ulrich lernte zu seinem Erstaunen einen Mann kennen, der die scheinbar harmlose Alltagsschrift mit einem unerbittlichen Haß verfolgte. [...] Die Langohr-Schrift, wie man sie nach des Oberoffizials bitterem Ausdruck wegen ihrer sinnlosen Schlingen füglich nennen dürfte, verleite zur Ungenauigkeit, Willkür, Verschwendungssucht und nachlässigem Zeitgebrauch, wogegen die Kurzschrift zu Präzision, Willensanspannung und männlicher Haltung erziehe. [II,350]

Solche Kritik am angeblich eindeutigen Ideenstandpunkt läßt sich konsequenterweise weniger eindeutig aussprechen als vieldeutig aufschreiben. Denn die Abwe-

62 Bereits die Einleitung zu den Ausführungen der Kurzschriftökonomie, verweist auf das Verhältnis von Idee und Körper. Ulrich, der den meisten seiner Besuchern erstmal den Rat gibt, einen Verein zu gründen, stellt zu seinem Ärger fest: "Die meisten hatten aber schon einen Verein, und da war die Sache anders. Verhältnismäßig einfach, wenn ein Fußballverein anregte, seinem Rechtsaußen einen Professortitel zu verleihen, um die Wichtigkeit der neuzeitlichen Körperkultur zu dokumentieren; denn da war immerhin Entgegenkommen in Aussicht zu stellen. Schwieriger jedoch in Fällen wie dem folgenden, wo der Besuch eines etwas fünfzigjährigen Mannes zu empfangen war, der sich als Kanzleioberoffizial vorstellte, der sich erlaube, das Interesse des Sekretärs der großen patriotischen Aktion [=Ulrich] auf das Kurzschriftsystem "Öhl" zu lenken. [II,350]

senheit des Autors ist mit und gegen Platon Bedingung für einen Blick auf Mehrdeutigkeit und Mittelstellung der Schrift.[63] *Auch die Schrift ist ein in jeder Hinsicht mittleres Wesen.* Als ein Mittleres zwischen Beliebigkeit und Eindeutigkeit bzw. Interpret und Urheber, dekonstruiert sie die Kausalbeziehung zwischen Dichtervater und Lesersohn vollständig.[64] Damit zerlegt das Spiel des Schreibens gleichzeitig traditionelle Methoden der Selbstwerdung. Die ironische Replik auf die platonische Vermittlungsidee des Eros, zeugt im MoE daher auch keine Söhne mehr. In einer Logik der Nachträglichkeit konstruieren die Beteiligten beispielhaft das Ende jener Geschichte, welche von dem diffizilen Verhältnis des Künstlers und seinem Publikum handelt.[65] Ulrich, Meingast, Clarisse und Walter beobachten, ungesehen - da vom dunklen Zimmer aus, einen Exhibitionisten, dem seine Befriedigung im letzten Moment immer wieder mißlingt:

> Dieser verhältnismäßig arglose und komische Ausgang bedeutete eine Erleichterung für die Menschlichkeit der Zuschauer, die diesmal wohl Partei genommen hätte, wäre der Auftritt nicht auf solche Weise verflüchtigt worden; und unter diesem Eindruck stehend, bemerkten sie kaum, wie die Angelegenheit unten zu Ende kam, sie mußten sich, daß es geschehen sei, erst an der Beobachtung bestätigen, daß die männliche "Hyäne", wie Walter dann sagte, mit einemmal verschwunden bleib. *Es war ein in jeder Hinsicht mittleres Wesen*, an dem des Mannes Vorsatz gelang, sah ihn *entgeistert* und mit Widerwillen an, hielt unwillkürlich einen Augenblick erschrocken im Gehn inne und suchte dann so zu tun, als ob es nichts bemerkt hätte. In dieser Sekunde fühlte er [der Exhibitionist] sich samt dem Blätterdach [seines Versteckes] und der ganzen umgestülpten Welt, aus der er hervorgegangen war, tief in den widerstrebenden Blick der Wehrlosen

---

63 Daß die Sprache nach Wilhelm von Humboldt wesensgemäß "notwendig zweien" angehört, ist also im Sinne einer Minimalbestimmung nicht eigentlich falsch, aber beileibe nicht ausreichend. Vgl. Humboldt 1903: Bd. V, S. 388, Bd. VI, S. 180, Bd. VII, S. 63 sowie Simon 1981, S. 91.

64 Vgl. Culler 1988: S. 95-99. Seine Bestandsaufnahme der Dekonstruktion beginnt mit einer Einführung, die den Leser ganz formal in die keinesfalls unlogische Umkehrung gewohnter Kausalitätsbeziehungen einübt.

65 Das entsprechende Kapitel ist überschrieben mit "Neues bei Walter und Clarisse. Ein Schausteller und seine Zuschauer". [III,780]

> hineingleiten. So mochte es gewesen sein oder auch anders. Clarisse hatte nicht achtgegeben. [III,791/2]

Die Szene kündet vom Schicksal eines Darbietenden und seines Mittelwesen in der Moderne: Die Zuschauer entwerfen umstandslos Rezeptionstheorien, selbstredend kontroverse. Clarisse, erkennt - in festem Glauben an die Idee - eine "auf sie gemünzte Bedeutung" nach dem Modell der "Braut" und des "Ständchens" [III,792]. Dem Zensor Walter fällt ein, daß man verpflichtet sei, die Polizei zu holen [III,790]. Der Wissenschaftler Meingast bemerkt lediglich, daß dem Sexuellen hier zuviel Bedeutung zugemessen wird, und Ulrich äußert, für den Leser des Autoren Musil außerordentlich interessant:

> Es ist doch eigentlich ein lächerlich verzwickter Gedanke, daß diesem Burschen der ganze Spaß verdorben wäre, wenn er bloß wissen könnte, daß er ohne sein Wissen beobachtet wird! [III,792]

Über die Beobachtungen und Auslassungen des Leser gegenüber der Schrift, dem "in jeder Hinsicht mittlere[n] Wesen" [III,792], an welchem der Autor seine Idee demonstriert sieht, kann der Dichter nur Mutmaßungen anstellen. Daß die Aktionen des Lesers den Gedanken an eine per Kunst eindeutig zu vermittelnden Idee per se unterlaufen, wird an dieser Stelle (der Logik der Äußerung zum Trotz) zumindest spürbar. Es ist dies ein überaus wichtiger Schrifteffekt des MoE gegen die Suche "der wahren Idee".

Bereits das platonische Symposion enthält eine Gegenrede zum Konzept der Diotima, die Rede des Aristophanes. Diese Gegenrede erhält ihren vollen Status aber erst dann, wenn man die übliche Hierarchisierung der Teilnehmerbeiträge nicht mehr mitmacht. Der überwiegende Teil der Platoninterpreten geht davon aus, daß die zeitliche Reihenfolge der Reden im Symposion eine qualitative Steigerung darstellt. Dieses Verfahren ist zwar legitim, gewinnt seine Legitimation aber mittels eines Taschenspielertrickes: Der Inhalt der letzten Rede,[66] d.h. die stufenweise Verbesserung zur Wahrheit (nach Art der Diotima), wird dem Text

---

66 Genau genommen müßte man sagen: Der letzten nüchtern gehaltenen Rede, das letzte Wort hat der völlig betrunkene Alkibiades.

als Gesamtkonzept untergeschoben, um auf diese Weise als die angemessenste präsentiert zu werden: Es ist aber nur die letzte Rede, die behauptet, die letzten Reden seien die besten. Dem ist mit Blick auf die Schrift, die im Gegensatz zur Rede ein zeitlich ungebundeneres Hin- und Herspringen erlaubt,[67] entgegenzuhalten, daß der platonische Text dem Gedanken einer per Redeabfolge begründeten Wahrheitsklimax Sokrates/Diotima mehrere Widerhaken einverleibt.[68] Denn erstens ist die Abfolge außerordentlich willkürlich gewählt.[69] Zweitens wird die Aristophanesrede zwischenzeitlich aus dem gewiß nicht geistig zu nennenden Grund verschoben, daß der antike Dichter[70] von einem Schluckauf befallen ist. Und drittens will Aristophanes im Anschluß an die Rede des Sokrates gerade mit deren Widerlegung beginnen, als er durch eine plötzlich auftauchende Horde lärmender und völlig betrunkener Nachtschwärmer daran gehindert wird.

Angesichts dieser Feststellungen erfährt die Rede des Aristophanes bereits innerhalb des Symposions eine deutliche Aufwertung. In der hier dargelegten Perspektive des MoE kommt ihr diese ohnehin zu. Denn Aristophanes' Beitrag zeichnet sich durch ein außerordentliches Interesse an Fragen der Körperlichkeit aus.[71]

---

67 Eine feste Lesereihenfolge also nicht von vornherein als notwendig etabliert.

68 Der Gedanke, daß die Schrift eine gewisse Eigenmächtigkeit beanspruchen kann, findet in Musil einen beredten Anwalt: "Kein Mensch weiß darum, wieviel er von dem, was er schreibt, auch genau so meint, und beim Schreiben verdrehn die Menschen beiweitem nicht so die Worte wie die Worte den Menschen." [Vgl. VII,510]

69 Die Ankömmlinge setzten sich gerade dort hin, wo zufällig ein Platz frei wird.

70 Exakterweise sollte man hinzufügen: "platonischer Provenienz".

71 Der 'Idealübersetzer' Apelt findet dies natürlich unnatürlich. Seiner Verteufelung der Knaben- und Männerliebe als "unseligen Parasiten am Schönheitskultus der Hellenen" [G,XX], entspricht seine Charakterisierung der Aristophanischen Rede: "Die Rede selbst behandelt das Thema nicht nach Seiten irgendwelcher höheren Bestimmung des Menschen, sondern ausschließlich nach der irdischen Seite seines natürlichen Paarungsbedürfnisses."

Der von Aristophanes erzählte platonische Mythos der Kugelgestalten setzt bereits mit einer Wendung ein, die wie eine Attacke auf das Selbsterhaltungskonzept Diotimas wirkt.[72] Aristophanes berichtet:

> Ehedem nämlich war unsere Natur nicht die nämliche wie jetzt, sondern andersartig. Zunächst nämlich gab es damals drei Geschlechter von Menschen [männlich/männlich, weiblich/weiblich und männlich /weiblich,] [...]. Ferner war damals die ganze Gestalt eines jeden Menschen rund, indem Rücken und Seiten eine Kugel bildeten; Hände aber hatte ein jeder vier und ebenso viele Füße und zwei einander völlig gleiche Gesichter auf einem kreisrunden Halse, für beide einander entgegengesetzt liegende Gesichter aber einen gemeinsamen Kopf, zudem vier Ohren und zwei Schamglieder und alles andere wie man es sich hiernach wohl ausmalen kann. Man ging nicht nur aufrecht wie jetzt beliebig in der einen oder anderen Richtung, sondern, wenn sie es eilig hatten, machten sie es wie die Radschlager, die mit gerade emporgestreckten Beinen sich im Kreise herum schwingen [G,26/7].

Die drei Geschlechter dieser beschleunigten Verkehrsteilnehmer werden bei Aristophanes im Sinne der Natur kosmogonisch motiviert: Die Mannmänner sind der Sonne, die Fraufrauen der Erde und die Mannfrauen dem Mond als Kinder zugeteilt,[73] woraus sich auch ihre kreisförmige Gestalt erklärt. Die 'kugelrunden Naturkinder' "von gewaltiger Kraft und Stärke" kommen allerdings mit dem gültigen kulturellen Herrschaftsmodell in Konflikt: Sie gefährden den vaterrechtlich geordneten Götterhimmel. Ein solcher Frevel bedroht insbesondere den mächtigsten aller Väter:

> *[S]ie machten sich daran*, sich den Weg zum Himmel zu bahnen, um *den Göttern zu Leibe zu gehen*. Da hielten Zeus und die übrigen Götter Rat, wie sie mit ihnen fertig werden sollten und waren in nicht geringer Verle-

---

72 Das nach der widersprüchlichen Logik "eines Neuen von gleicher Art" [G,55] funktioniert.

73 Zum Mondmotiv im MoE vgl. Pott 1984: S. 120-131 und Willemsen 1984: S. 296.

> genheit; denn einerseits waren sie nicht in der Lage sie zu töten und ihr[74] ganzes Geschlecht zu vernichten durch Blitzschlag wie die Giganten - denn dann wäre es vorbei gewesen mit den Ehrenbezeugungen und Opfern von seiten der Menschen - anderseits konnte sie auch ihrem Frevelmut nicht freien Raum lassen. [G,27]

Vatergott Zeus steckt damit in einem geradezu idealtypischen Dekonstruktionsdilemma, das die Götter als Kategorie wirkender Ursache in ihrer Identität von den Folgen ihrer Wirkung abhängig macht: Denn wenn ein Gott, um überhaupt Gott sein zu können, auf die Opfer und Ehrbezeugungen der Menschen angewiesen ist, sind letztlich die Menschen die Ursache für sein Gottsein, d.h. auch göttliche Vollkommenheit hat einen Mangel. Da dies auch und vor allem für den obersten Repräsentanten der betreffenden Götterordnung gilt, ist es nur folgerichtig, daß die Lösung des Dilemmas erstens von 'Göttervater' Zeus stammt und zweitens darauf abzielt, eigene Autorität zu potenzieren:

> Ich werde jeden in zwei Hälften zerschneiden, und die Folge wird sein, daß sie *nicht nur schwächer sondern auch uns nützlicher werden*, weil sie an Zahl dann mehr geworden sind. Fortan werden sie aufrecht gehen auf zwei Beinen. Sollten sie aber weiter noch sich der Zuchtlosigkeit geneigt zeigen und nicht gewillt, Ruhe zu halten, so werde ich sie abermals in zwei Hälften zerschneiden, so daß sie auf einem Beine hüpfen müssen wie die Schlauchhüpfer. [G,27]

Die penible Schilderung der väterlichen Einschnitte hat etwas vom liebevollen Verhältnis des Handwerkers zu ausgewähltem Material:

> Gesagt, getan: er schnitt die Menschen in zwei Hälften, wie wenn man Arlesbeeren zerschneidet, um sie einzumachen, oder Eier mit Haaren. Und immer, wenn er einen zerschnitten hatte, wies er den Apollo an, ihm das Gesicht und die Halshälfte nach der Schnittfläche umzudrehen, auf daß der

---

74 Das deutsche Personalpronomen in dieser Übersetzung birgt ein im Sinne der Dekonstruktion außerordentlich verkehrendes Potential. Das Geschlecht der Menschen wird in dieser Passage auch sprachlich fest mit dem der Götter verknüpft.

> Mensch angesichts der vollzogenen Zerschneidung sittsamer würde; im übrigen ließ er Apollo die Heilung vollziehen. Dieser drehte ihnen das Gesicht um, zog von allen Seiten die Haut über der jetzt Bauch genannten Fläche zusammen und band sie dann auf der Mitte des Bauches zusammen wie einen Schnürbeutel, indem er eine Öffnung ließ, die man jetzt Nabel nennt. Und die meisten sonstigen Falten glättete er und fügte die Brust zusammen mit Hilfe eines Werkzeuges wie es ähnlich die Schuster haben, wenn sie über dem Leisten die Falten des Leders glätten; nur einige wenige ließ er zurück am Unterleib und Nabel, als Denkzeichen des ehemaligen Zustands. [G,28]

Die 'zusammengeschusterten' Werkstücke erweisen sich aber in der Praxis als lebensunfähig, ihre Liebesgewohnheiten bringen sie um:

> Als nun so ihre ursprüngliche Gestalt in zwei Teile gespalten war, ward jede Hälfte von Sehnsucht zur Vereinigung mit der anderen getrieben: sie schlangen die Arme umeinander und schmiegten sich zusammen, voll Begierde zusammenzuwachsen. So starben sie vor Hunger und sonstiger Erschlaffung infolge ihrer Unlust irgend etwas getrennt voneinander zu tun; und immer, wenn eine der Hälften dahinstarb, und die andere noch übrigblieb, suchte die zurückbleibende eine andere, mit der sie sich umarmte, gleichviel ob es die Hälfte eines Doppelweibes war, die wir jetzt Weib nennen, oder eines Mannes, und so gingen sie zugrunde. [G,28]

Auch in diesem Fall "wäre es aus mit den Ehrenbezeugungen und Opfern der Menschen" [G,27], welche die Götter so notwendig brauchen. Daher manipuliert Zeus noch ein weiteres Mal in (selbst)helfender Gebärde am Menschen. Der Vater verabreicht den Kindern ihre spezifische Sexualität:

> Da erbarmte sich Zeus und schuf auf andere Weise Abhilfe, indem er ihre Schamteile nach vorn versetzte; denn bisher hatten sie auch diese nach außen und zeugten und gebaren nicht ineinander sondern in die Erde wie die Zikaden. Diese Verlegung nach vorn und die damit verbundene Erzeugung ineinander durch das Männliche in dem Weiblichen bewerkstelligte er deshalb, damit, wenn ein Mann bei der Umarmung ein Weib träfe, zugleich eine Zeugung erfolgte zur Fortpflanzung des Geschlechtes, wenn aber ein Männliches auf ein Männliches, das Zuammensein wenigstens zu

> einer Befriedigung führte[75] und sie sich beruhigten und sich wieder der Werktätigkeit zuwendeten und sich der Sorge für die anderen Lebensbedürfnisse widmeten. Erst so lange ist es her, daß die Liebe zueinander den Menschen eingeboren ward, zusammenführend die ursprüngliche Natur und bestrebt aus Zweien Eins zu machen und der menschlichen Natur Heilung zu schaffen. [G,28/9]

Ein Mythos spricht Klartext: (Doppel)Menschen, die nicht nach außen zeugen, sondern in die Erde, begehen erstens eine Art Inzest mit ihrer Mutter.[76] Zweitens haben autarke Erdzeuger keine Verwendung für die real existierenden Verfechter des Vaterrechts. Die gewissermaßen vaterlosen Kugelgestalten agieren für göttliche Überväter vielmehr mit außerordentlich bedrohlicher Selbständigkeit. Den höchsten Repräsentanten vaterrechtlicher Ordnung gehen sie daher auch weniger an den Geist als vielmehr zu Leibe. Die Zeussche Reaktion auf diese Bedrohung lehrt hinreichend deutlich: Durch Zerschneiden vormals 'ganzer' Natur läßt sich Vaterrecht einsetzen und am Leben erhalten. Einzig durch einen buchstäblichen 'Abschnitt' läßt sich das auch im modernen Sinne *eigentümliche* Liebeskonzept erstellen, das um den Mangel zentriert ist.[77] Und nur bei einer derartigen Lustorganisation treten Konzeptionen von Werktätigkeit[78] und väterlicher Sorge um legitime, kindgerechte Bedürfnisse auf den Plan göttlicher Ordnung.

---

75 Die Befriedigung der Frauen untereinander schließt der Text, darin selbst Kind einer Männerordnung an dieser Stelle aus. Weiter unten akzeptiert er ein solches Verhältnis aber immerhin: "Alle Weiber dagegen, die Halbteile von ursprünglichen Weibern sind, wollen mit Männern überhaupt nichts zu schaffen haben, richten vielmehr ihren Sinn auf die Weiber, und dieses Geschlechtes Vertreterinnen sind die Tribaden." (G,29)

76 Auf G,27 war es das doppelt feminine Geschlecht, welches als Abkömmling der Erde ausgewiesen wurde.

77 Das Streben nach Eigentum (respektive Besitz) dessen, was einem mangelt, wird folgerichtig von Sokrates als das "wahre" (und vorgeblich geschichtslose) Liebeskonzept etabliert.

78 Die Zurichtung der Sexualität in ein Poduktionsverhältnis ist im MoE signifikant umrissen. In III.25 geht es exakt um das Motiv des Abschneidens: "'Wahrscheinlich verändert sich in den Jahren der Geschlechtsreifung unsere Eigenliebe' sagte er ohne Übergang. 'Denn da wird eine Wiese von Zärtlichkeit abgemäht, um Futter für einen bestimmten Trieb zu gewinnen.' 'Damit

An väterlichen Lebensentwürfen haben der Hausherr Ulrich und seine Schwester Agathe wenig Interesse. Vom Vater per Testament explizit auf die Weiterführung seines Schriftwerkes über die Gesetze verpflichtet,[79] brechen sie diese, indem Agathe die Handschrift des Vaters kopiert.[80] Nach identischer Logik funktioniert die Idee der "siamesischen Zwillinge" [III,899], welche die beiden Geschwister im Haus des toten Vaters entwickeln. Wie im Mythos die Anwesenheit des Göttervaters für die Zerteilung autonomer Kugelgestalten einsteht, so soll für Ulrich und Agathe die Abwesenheit des Vaters für ein Zusammenwachsen zu "siamesischen Zwillingen" bürgen. Es ist daher auch keineswegs zufällig, daß Ulrich von seiner Schwester ausgerechnet in dem Kapitel, welches mit "Die siamesischen Zwillinge" überschrieben ist, folgendes gefragt wird:

---

die Kuh Milch gibt!' ergänzte Agathe nach einer kleinsten Zeit ungezogen und würdevoll, aber ohne die Augen zu öffnen. 'Ja, das hängt wohl alles zusammen' meinte Ulrich und fuhr fort: 'Es gibt also einen Augenblick, wo unser Leben fast alle Zärtlichkeit verliert, und diese zieht sich auf jene einzige Ausübung zusammen, die dann damit überladen bleibt,[...]'" [III,901]

79 Vgl. III,697: "In feierlichen Worten [...] verpflichtete er seine Kinder, sein Werk nicht verfallen zu lassen, und namentlich seinen Sohn, die Beziehungen zu maßgebenden Kreisen, die er dank der nimmermüden Ermahnungen seines Vaters gewonnen habe, zu nutzen, um die Hoffnungen des Professor Schwung auf Verwirklichung seiner Bestrebungen gründlich zunichte zu machen."

80 Gleichzeitig mit diesem Emanzipationsakt von der väterlichen Schrift geht Ulrich die Fähigkeit verloren, Moralbriefe nach Art "nimmermüder Ermahnungen" [III,697] zu schreiben. Die Überschrift von III.18 spielt darauf an, sie lautet "Schwierigkeiten eines Moralisten beim Schreiben eines Briefes". Die Schwierigkeiten, Agathe für ihre Attacke auf die väterliche Schrift zu rügen, erweisen sich letztlich als unüberwindbar: "Lächelnd nahm er das Blatt Papier, auf dem er seiner Schwester zu schreiben begonnen hatte, und zerriß es, ehe er das Zimmer verließ, langsam in kleine Stücke." [III,827] Umgekehrt bildet für den ebenso mahnenden wie schreibenden Denker Paul Arnheim das Streben nach väterlichem Lob einen quasi stofflichen Hintergrund seiner Reflexionen: "Dieses Verhältnis zwischen Vater und Sohn hatte immer bestanden, und in einer dritten Gedankenschicht, gleichsam in der Leinwand dieser Erinnerungsbilder, kontrollierte es Arnheim auch jetzt." [II,545/6]

> "Kennst du den Mythos, den Platon *irgendwelchen älteren Vorbildern*[81] nacherzählt, daß der ursprüngliche ganze Mensch von den Göttern in zwei Teile geteilt worden sei, in Mann und Weib?" Sie hatte sich auf den Ellbogen aufgerichtet und wurde unerwartet rot, denn sie kam sich nachträglich mit der Frage, ob Ulrich diese wahrscheinlich allgemein bekannte Geschichte kenne, etwas unklug vor. Kurz entschlossen, fügte sie darum hinzu: "Nun stellen die unseligen Hälften allerhand Dummheiten an, um wieder ineinander zu fahren: Das steht in allen Schulbüchern für den höheren Unterricht;[82] leider steht nicht darin, warum es nicht gelingt!" [III,903/04]

Ulrich ist um eine Antwort nicht verlegen, die von Zeus so geschätzte Quantität halbierter Menschen gilt ihm als ursächlich:

> "Das kann ich dir sagen" fiel Ulrich ein, glücklich zu erkennen, wie genau sie verstanden habe. "Kein Mensch weiß doch, *welche von den vielen* umherlaufenden Hälften die ihm fehlende ist. Er ergreift eine, die ihm so vorkommt, und macht die vergeblichsten Anstrengungen, mit ihr eins zu werden, bis sich endgültig zeigt, daß es nichts damit ist. Entsteht ein Kind daraus, so glauben beide Hälften, durch einige Jugendjahre, sie hätten sich wenigstens im Kind vereint; aber das ist bloß eine dritte Hälfte, die bald das Bestreben merken läßt, sich von den anderen möglichst weit zu entfernen und eine vierte zu suchen. So hälftet sich die Menschheit physiologisch weiter, und *die wesenhafte Einung steht* wie der Mond *vor dem Schlafzimmerfenster*." [III,904]

Daß unter der hier anvisierten 'wesenhaften Einung' hinter dem Schlafzimmerfenster nicht unbedingt eine Seelenverwandtschaft nach dem (Nachlaß-)Modell eines geistigen Wollens verstanden zu werden braucht, läßt sich durch Reflexionen des neuen Hausherren belegen.

---

81 Nach dem bisher Gezeigten ist es überaus logisch, daß der Mythos der Kugelgestalten im platonischen Sinne 'vaterlose Schrift' sein muß.

82 Was in diesem Falle als ein Trainingsprogramm vaterrechtlich produktiver Sexualität verstanden werden kann.

> [Ulrich suchte] sich mit großer Teilnahme auszumalen [...], wie es wäre, mit einem andern Menschen wirklich zusammengewachsen zu sein. Er war wenig davon unterrichtet, wie solche zwei Nervensysteme arbeiten, die wie zwei Blätter an einem Stiel sitzen und nicht nur durch ihr Blut, sondern mehr noch durch die Wirkung der völligen Abhängigkeit miteinander verbunden sind. Er nahm an, daß jede Erregung der einen Seele von der andern mitgefühlt werde, während sich der hervorrufende Vorgang an einem Körper vollziehe, der in der Hauptsache nicht der eigene sei. [III,908/9]

Ulrichs Gedankenspiel erschöpft sich nicht in ungeschlechtlicher Wesensreflexion: Es geht deutlich auch um sexuelle Fragen. Und ebenso einprägsam wird an genau diesem Thema ein Zerfallen 'väterlicher' Besitzordnung spürbar: Das Desaster der traditionellen Kleinfamilie, die Erregung, die sich die Tochter durch einen ungeliebten Fremden verschafft, erlebt eine angewachsene männliche Seite 'brüderlich'.

> "Eine Umarmung zum Beispiel: du wirst im andern umarmt" dachte er. "Du bist vielleicht nicht einmal einverstanden, aber dein anderes Ich wirft eine übermächtige Welle des Einverständnisses in dich! Was geht dich an, wer deine Schwester küßt? Aber ihre Erregung, die mußt du mit ihr lieben! Oder du bist es, der liebt, und nun mußt du sie irgendwie daran beteiligen, du kannst doch nicht bloß sinnlose physiologische Vorgänge in sie werfen...!?" Ulrich fühlte einen starken Reiz und ein großes Unbehagen von diesen Gedanken; es kam ihm schwer vor, hier die Grenze zwischen neuen Ansichten und Verzerrung der gewöhnlichen richtig zu ziehen. [III,909]

Derartig zugespitzt ist das Vereinigungsmodell der Geschwister Quintessenz von Utopie.[83] Es hat keine andere Möglichkeit, als innerhalb von Lebenspraxis zu scheitern. Die "Reise an den Rand des Möglichen" [III,761] würde eben diese Grenze hinter sich lassen müssen, um die Körper der Geschwister ineinanderwachsen lassen zu können. Ein trotz aller Abwegigkeit großes Interesse, das Ro-

---

83 Die Vermittlung wäre dem Wortsinn nach notwendig ortlos, also unerreichbar.

bert Musil solchen Fragen körperlich zusammengesetzter Identität entgegenbrachte, ist bereits in einem Brief vom Juni 1908[84] unschwer auszumachen:

> Liebe Liesl. [...] Weißt Du, was eine Transplantation ist? Die Mediziner nennen das, wenn ein Mensch ein Stück seiner Haut hergibt, damit es einem anderen an einer wunden Stelle eingesetzt werde. Das wächst dann mit diesem u[nd] wird ein Teil von ihm und bleibt doch schließlich auch ein Teil vom Leib des anderen. Für Philosophen, die sich mit dem Problem der Individualität befassen, wäre das eine Magisterfrage. Davon abgesehen ist es aber eine ganz reizende Vorstellung. [B I,55]

Im MoE ist die Engführung von Schrift, Körper und Identität aufschlußreich in einer Szenerie umrissen, welche zugleich die Widerständigkeit der Sprache gegen ihre Beherrschung[85] verdeutlicht. Zunächst geht es dabei allerdings weniger um Schrift als vielmehr um die staatstragenden Zeichen kakanischer Ordnung: Eine Regelung über den Verbleib der väterlichen Auszeichnungen zu treffen, gestaltet sich außerordentlich schwierig:

> "Aber ich habe doch gelesen, daß die Orden zurückgegeben werden müssen?" fragte Agathe. "Die Orden müssen von den Erben der kaiserlichen Kanzlei zurückgestellt werden. Darum hat sich Papa Duplikate angeschafft. Aber die beim Juwelier gekauften scheinen ihm wohl doch nicht die rechten Orden zu sein, und er will, daß wir den Umtausch auf seiner Brust erst vollziehen, wenn der Sarg geschlossen wird: das ist eine Schwierigkeit! Wer weiß, vielleicht ist das *ein stummer Protest gegen die Vorschrift*, den er nicht anders aussprechen wollte." "Aber bis dahin werden hundert Leute hier sein, und wir werden es vergessen!" befürchtete Agathe. [III,695]

Die Geschwister beschließen, den Ordenswechsel entgegen des väterlichen Willens bereits vorzeitig durchzuführen. Zunächst fällt dabei auf: Der Umtausch vollzieht sich stumm.

---

84 Vgl. zu dieser Passage die lacanitisch inspirierte Lektüre von Meisel 1990.

85 Auch dieses etwas neurotische Ideal paßt in alle "Schulbücher[....] für den höheren Unterricht" [IV,904].

> [Agathe] aber wurde [...] ernst und schweigsam, sagte kein Wort mehr und ging die Orden holen. So machten sich die Geschwister also daran, dem letzten Willen ihres Vaters entgegen zu handeln. Agathe führte es aus. [III,705]

Die Ausführung erinnert an die Rede des Phaidros, der im Symposion bezeichnenderweise als Vater des Erosthemas eingeführt wird.[86] Phaidros hatte seinen Zuhörern während des Gastmahls erläutert:

> Ich behaupte nämlich, daß ein Mann, welcher liebt, wenn er dabei betroffen würde, etwas Schimpfliches zu tun [...] weder durch des Vaters noch der Genossen noch sonst irgend jemandes Blick sich so schmerzlich getroffen fühlen würde als durch den des Geliebten: [...] mehr als vor jedem anderen schämt er sich vor seinen Liebhabern, wenn er bei irgendetwas Schimpflichen erblickt wird. [G,11]

Der Mann ist im Falle des MoE eine Frau, und damit sieht die Sache radikal anders aus:

> An Ulrich zeigte sich eine Scheu, den hilflos daliegenden Alten zu berühren, aber Agathe hatte eine Art, Unrecht zu tun, die den Gedanken an Unrecht nicht aufkommen ließ. Die Bewegungen ihres Blickes und ihrer Hände ähnelten dabei denen einer Frau, die einen Kranken versorgt, und zuweilen hatten sie auch das urwüchsig Rührende junger Tiere, die in ihrem Spiel einhalten, um sich zu vergewissern, ob ihnen der Herr zusehe.[87]

---

86 Die entsprechende Formulierung auf G,9 lautet: "Den Anfang aber soll Phaidros machen, denn er liegt obenan und ist zudem der eigentliche Vater der Aufgabe." Sie ist zugleich eine Anspielung auf das Motiv der 'vaterbedürftigen' Schrift, welches - wie weiter oben gezeigt - im Dialog mit dem Namen 'Phaidros' entwickelt wird.

87 Nicht nur bei diesem Unrecht ist der Blick des Geliebten relevant. Auch die Änderung des väterlichen Testamentes, bei welcher Agathe die Schrift des Vaters kopiert, hält den Blicken des liebenden Bruders stand: "Er vermochte nicht, dem Gedanken Raum zu geben, daß dieser Mensch, der ganz offen begriffen war, eine schlechte Handlung zu begehn, ein schlechter Mensch sein könne, und mußte dabei zusehn, wie Agathe ein Papier nach dem anderen aus dem Schreibtisch nahm, durchlas, zur Seite legte und ernstlich nach

> Dieser nahm die abgelösten Orden in Empfang und reichte die Ersatzstücke. [III,705/6]

Nachdem der Vater der Insignien seiner Macht beraubt ist, entsteht

> ein beinahe ausdehnungsloses und darum ganz unbeschaffen starkes Gefühl von ihrer beider Dasein. Da unterbrach sich Agathe und war fertig. Nur irgend etwas war noch nicht geschehen [III,706].

Was in dieser Szenerie noch fehlt, ist die Einführung des platonischen Zielbegriffs eines "Schönen", allerdings, und das ist die eigentliche Crux, in Verbindung mit der Schrift.

> [U]nd nach einer kleinen Weile des Nachdenkens sagte sie lächelnd: "Wollen wir nicht *etwas Schönes auf einen Zettel schreiben*?" Diesmal wußte Ulrich gleich, was sie meinte, denn solcher gemeinsamen Erinnerungen gab es nicht viele, und es fiel ihm ein, wie sie in einem bestimmten Alter eine große Vorliebe für traurige Verse und Geschichten besessen hatten, in denen jemand starb und von allen vergessen wurde. Es war vielleicht die Verlassenheit ihrer Kindheit, die das bewirkte, und oft dachten sie sich auch gemeinsam eine Geschichte aus; Agathe aber neigte schon damals dazu, solche Geschichten auch auszuführen, während Ulrich bloß in den männlicheren Unternehmungen führte, die verwegen und herzlos waren. Darum ging der Beschluß, den sie einmal faßten, daß sich jeder einen Fingernagel abschneiden solle, um ihn im Garten zu begraben, von Agathe aus, und sie tat auch noch von ihrem blonden Haar ein kleines Bündel zu den Nägeln. [III,706]

---

bestimmten Aufzeichnungen suchte. [...] Agathe war jetzt im Begriff, das Gebiet der moralischen Umfriedung zu verlassen [...]. Sie führte das so aus, wie sie seinerzeit die Orden aus seiner zögernden Hand genommen hatte, um sie zu vertauschen, und in diesem Augenblick liebte er sie [...]. Ulrich bemerkte, daß sie ein Blatt Papier genommen hatte und Versuche anstellte, die Handschrift ihres Vaters nachzuahmen. [III,797/8]."

Gelten bei Platon die Haare ebenso wie Kot oder Schmutz als geistlos, weil bar jeder Idee,[88] so steht Ulrichs Kinderwunsch deutlich im Zeichen geistiger Selbsterhaltung durch unsterbliche Nachkommenschaft, vergleichbar nur dem Wunsch nach einem Werk.[89]

> Ulrich erklärte stolz, daß in hundert Jahren vielleicht jemand daraufstoßen und sich verwundert fragen werde, wer das wohl gewesen sein möge, und er war dabei von der Absicht beeinflußt auf die Nachwelt zu kommen; der kleinen Agathe dagegen kam es mehr auf das Vergraben als solches an, sie hatte das Gefühl, einen Teil von sich selbst zu verstecken und dauernd der Aufsicht der Welt zu entziehen, von deren pädagogischen Forderungen sie sich eingeschüchtert fühlte, ohne viel von ihnen zu halten. [III,706]

Aber wie sich die Motivation im einzelnen auch immer zusammensetzt, was die Geschwister am meisten affiziert, ist die Deponierung namentlich verbürgter Schrift in den Mauern eines werdenden Hauses:

> Und weil damals gerade das kleine Wohnhaus für die Dienstleute am Rand des Gartens erbaut wurde, verabredeten sie, etwas Ungewöhnliches zu tun. Sie wollten wundervolle Verse auf zwei Zettel schreiben und hinzusetzen, wer sie seien, und das sollte in das Haus eingemauert werden: aber als sie die Verse zu schreiben begannen, die so besonders schön sein sollten, fielen ihnen keine ein, einen Tag um den andern, und die Mauern wuchsen schon aus der Baugrube hinaus. [III,706/7]

Die Zeit drängt. Die Gefahr, daß das Haus vollständig von anderen gebaut werden könnte, steigt mit jeder einzelnen Stunde. Agathes Notprogramm erinnert an die platonische Spätphilosophie,[90] der bedrängte Ulrich indes gibt seine Identität preis:

---

88 Platon 1988: S. 57.

89 Pietsch 1988: S. 23-28.

90 Vgl. Martin 1969: S. 65.

> Da schrieb Agathe schließlich, als die Stunde drängte, einen Satz aus dem Rechenbuch hin, und Ulrich schrieb: "Ich bin -", und dann folgte sein Name.[91] Trotzdem bekamen sie furchtbares Herzklopfen, als sie sich im Garten an die zwei Maurer heranschlichen, die dort bauten, und Agathe warf einfach ihren Zettel in die Grube, worin sie standen und lief davon. [III,707]

Ulrich hingegen zögert, sein Einsatz ist ungleich höher:

> Ulrich, der sich [...] fürchtete, daß ihn die Maurer anhalten und erstaunt fragen könnten, was er wolle, vermochte vor Erregung überhaupt weder Arm noch Bein zu rühren, so daß Agathe, mutiger geworden, weil ihr nichts geschehen war, schließlich zurückkehrte und auch seinen Zettel an sich nahm. [III,707]

Aufgrund völliger Erstarrung muß Ulrich untätig zusehen, was andere mit seinem an Selbstbestimmung erinnernden Namen veranstalten.

> [Agathe] ging jetzt als arglose Spaziergängerin[92] damit vor, besichtigte am äußersten Ende einer soeben gelegten Reihe einen Ziegel, lüpfte ihn und hatte Ulrichs Namen schon in die Mauer geschoben, ehe sie einer wegweisen konnte, während ihr Ulrich selbst zögernd folgte und im Augenblick der Tat fühlte, wie sich die Beklemmung, die ihn schrecklich einzwängte, in ein Rad mit scharfen Messern verwandelte, die sich so rasch in seiner Brust drehten, daß im nächsten Augenblick eine spritzende Sonne daraus wurde, wie man sie beim Feuerwerk abbrennt. [III,707]

---

91 An dieser Stelle wird deutlich, wie außerordentlich präzise Musil artikuliert. Möglich wäre auch folgende Formulierung: "Ich bin Ulrich -." Diese Form der 'Nachnamensauslassung' findet sich zu Beginn des MoE [I,18]. An dieser Stelle wird es aber darum gehen, wie der etymologische Gehalt des Wortes 'Ulrich' vollständig in der Mauer des Hauses verschwindet, der auslassende Bindestrich ist also die wesentlich präzisere Formulierung.

92 Den Gestus des Spaziergängers hat sich der Mann ohne Eigenschaften später zu eigen gemacht. Insbesondere die im Bezug auf die Möglichkeiten von Sprache und Schrift so wichtigen Kapitel II.83 und II.122 welche die genui-

Ulrichs durchaus körperliche Reaktion ist mitnichten übertrieben: Das Entsetzten eines Menschen, dessen Name auf die Herrschaft über Häusermauern anspielt, kann gar nicht groß genug sein, wenn eben dieser Name in einer Mauer verschwindet und damit selbst zur Hausmauer wird. Insbesondere dann, wenn es sich, wie der Text außerordentlich präzise nachweist, gar nicht um das eigene Haus, sondern um dasjenige von Dienstleuten, also der väterlichen Hausangestellten handelt. Die Machtverhältnisse haben sich hier dahingehend verkehrt, daß sich legitimerweise nur noch doppeldeutig von einer 'Herrschaft des Hauses' sprechen läßt. Genau diesen Status erhält aber auch die Sprache,[93] denn Ulrichs Name steckt explizit als Sprachkörper auf einem Zettel in der Mauer, niedergeschrieben mit dem ausdrücklichen Wunsch, "auf die Nachwelt zu kommen" [II,706].

Sichtbar wird eine 'Weder-Noch-Alternative' und ein Mittleres: Wenn eine Ideenlehre an ihrer Immateralität scheitert, die Materie der Körper aber auch nicht sinnlos zusammenzuwachsen vermag, so bleibt als Rest, Dazwischen-Sein und Vermittlung nurmehr die Herrschaft des Hauses. Sprache, das legt die oben zitierte Passage nahe, folgt diesem Muster.

Ein letzter 'Antiplaton' macht diese Positionierung der Schrift im Verkehr noch deutlicher: Der MoE greift jene merkwürdige Introduktion des Symposions auf, an der Sokrates den uneingeladenen Aristodemos[94] überredet, mit ihm zum Gastmahl des Agathon zu gehen [G,4/5]. Am Haus des Agathon angelangt, muß Aristodemos, der die ganze Zeit über im festen Glauben war, Sokrates gehe hinter ihm, peinlicherweise feststellen, daß Sokrates verschwunden ist. Ein ausgesandter

---

ne Roman-Problematik des Erzählens thematisieren, zeigen einen laufenden bzw. sich verlaufenden Ulrich.

93 Die Bestimmung, auf ein sinnloses Material angewiesen zu sein, gilt selbstverständlich auch für die gesprochene Sprache. Gegenüber Phonemen sind Grapheme aber augenfälliger.

94 Aristodemos ist die Quelle, auf die sich Appolodoros, der Erzähler des Symposions, beruft. Diese Introduktion des Symposion gestattet es, sowohl die lange Reihe der Vermittler dem Wert des Erzählten positiv zuzuschlagen, als auch auf die Unwahrheit und Lückenhaftigkeit des Berichtens zu schließen. Besonders deutlich wird dies, als in G,1/2 ausgeführt wird, daß Aristodemos offenkundig zwei verschiedene Versionen des Gastmahls erzählt hat.

Sklave[95] stellt fest, daß Sokrates in Gedanken versunken vor der Tür des Nachbarhauses steht, und sich zunächst partout nicht bewegen läßt, am Gastmahl teilzunehmen.

Nach dem oben entwickelten Gedankengang wird deutlich, daß es sich hierbei nicht um Selbstvergessenheit handelt: Zum einen ordnet Sokrates dort seine Gedanken, zum anderen aber wartet er ab, bis die Sitzordnung der Gäste festliegt und er den freien Platz an Agathons Seite zugewiesen bekommt. Durch diese Position ist er gleichzeitig letzter Redner im Lob des Eros. Als letzter Redner aber wird seine Rede die "Wahrste" sein.

Das planvoll denkende Verharren am "falschen" Hauseingang wird im MoE präzise umgekehrt. Ausgehend von dem bewußten Wunsch, an die Tür seines Elternhauses zu gelangen, verläuft sich Ulrich, ausgestattet mit "ziemlich viel" Schriftverkehr, außerordentlich signifikant:

> [Ulrich war] langsam in die fremd vertraute Stadt hineingegangen, die sich vor ihm auftat. er ließ einen Wagen mit seinem Gepäck, unter das er im letzten Augenblick vor der Abreise noch ziemlich viel Bücher getan hatte, und mit dem alten Diener folgen, der, schon zu seinen Kindheitserinnerungen gehörend, ihn abgeholt hatte und das Hausmeister- mit dem Hausmeier- und dem Universitätsdieneramt in einer Art vereinte, über deren innere Grenzen mit den Jahren Ungenauigkeit gekommen war. Wahrscheinlich war es dieser bescheiden-verschlossene Mann, dem Ulrichs Vater die Todesdepesche in die Feder gesagt hatte,[96] und Ulrichs Füße gingen verwundert angenehm den Weg, der sie nach Hause führte, während seine Sinne jetzt wach und neugierig die frischen Eindrücke aufnahmen, mit denen jede Stadt überrascht, wenn man sie lange nicht gesehen hat. [III,674]

---

95 Auch hier: Ein Bediensteter des Hausherren.

96 Vom Diener geschrieben handelt es sich auch hier um eine Umkehrung von Herrschaft. "[Ulrich] trug das sonderbare Telegramm seines Vaters in der Tasche und kannte es auswendig: 'Setze dich von meinem erfolgten Ableben in Kenntnis' hatte der alte Herr ihm mitteilen lassen - oder sollte man sagen mitgeteilt?" [III,672]

Ulrichs Gedanken sind ebensowenig um erschöpfende Einschätzung bemüht, wie sie sich auf den von ihm zu gehenden Weg richten:

> An einer bestimmten Stelle, deren sie sich früher entsannen als er, bogen Ulrichs Füße mit ihm vom Hauptweg ab, und er fand sich nach kurzer Zeit in einer schmalen nur von zwei Gartenmauern gebildeten Gasse. Schräg stand dem Kommenden das knapp zweistöckige Haus mit dem höheren Mittelbau gegenüber, den alten Pferdestall zur Seite, und, noch immer an die Mauer des Gartens gedrückt, stand das kleine Häuschen, wo der Diener mit seiner Frau wohnte; es sah aus, als hätte sie trotz allen Vertrauens der ganz Alte möglichst weit von sich fortgeschoben und sie doch mit seinen Mauern umspannt. Ulrich war in Gedanken an den verschlossenen Garteneingang gelangt und hatte den großen Klopfring, der dort statt einer Glocke an der niederen altersgeschwärzten Tür hing, aufschlagen lassen, ehe sein Begleiter gelaufen kam und den Irrtum berichtigte. [III,674]

Dieser "Irrtum" ist gleichzeitig keiner, denn: Ulrich steht an der Mauer, die seinen Namen trägt, aber nicht die des eigenen Hauses ist. Gegen die platonische Vernunftherrschaft über sich selbst akzentuiert der MoE ein anderes Modell. Für dieses Modell gibt es keine präzisere Formulierung als eine im Modus des Genetivs. Formulierung wie Modell bahnen dabei sicherlich allerhand Verkehrungen den Weg. Ein 'zuwendendes Abwenden' ist aber immer schon etymologischer Bestandteil des Verkehrens gewesen. Wenn auch zugestanden werden kann, daß der Genetiv als objektiver Subjektivus für den um Exaktheit bemühten Literaturwissenschaftler allemal angenehmer sein mag als ein rein subjektiver Objektivus, so gilt dennoch: Der MoE artikuliert Modelle einer Herrschaft des Hauses.

7. Siglenverzeichnis

G - Platon, Gastmahl. Zitiert nach: Platon (1988) Sämtliche Dialoge. Band III der Gesamtausgabe in sieben Bänden, hrsg. von Otto Apelt. Hamburg.

H - Shakespeare, Hamlet. Prinz von Dänemark. Zitiert nach: Shakespeare, William (1969/90/92) Hamlet. Prinz von Dänemark. Übersetzt von August Wilhelm Schlegel. Herausgegeben von Dietrich Klose. Stuttgart.

P - Platon, Phaidros. Zitiert nach: Platon (1988) Sämtliche Dialoge. Band II der Gesamtausgabe in sieben Bänden, hrsg. von Otto Apelt. Hamburg.

WM - Goethe, Johann Wolfgang von, Wilhelm Meisters Lehrjahre. Zitiert nach: Goethe (1982) Werke. (Hamburger Ausgabe in 14 Bänden). Bd. 7. Hrsg. von Erich Trunz. München.

8. Literaturverzeichnis

Adorno, Theodor W. (1970) Ästhetische Theorie. Frankfurt/M.

Alleman, Beda (1956) Ironie und Dichtung. Pfullingen.

Alt, Peter-André (1985) Ironie und Krise. Ironisches Erzählen als Form ästhetischer Wahrnehmung in Thomas Manns "Der Zauberberg" und Robert Musils "Der Mann ohne Eigenschaften". Frankfurt/M.

Andrée, Louis, [i.e. Oskar Panizza] (1978) Das Schwein in poetischer, mythologischer und sittengeschichtlicher Beziehung. In: Jürgen Harten und Horst Kurnitzky (Hrsg.), Museum des Geldes. Über die seltsame Natur des Geldes in Kunst, Wissenschaft und Leben. Ausstellungskatalog Bd. I. Düsseldorf, S. 140-169.

Arntzen, Helmut (1970) Satirischer Stil bei Robert Musil. Bonn.

\- (1982) Musil-Kommentar zum Roman "Der Mann ohne Eigenschaften". München.

Aspetsberger, Friedbert (1980) Anderer Zustand, Für - In. Musil und einige Zeitgenossen. In: Uwe Baur und Elisabeth Castex (Hrsg.), Robert Musil. Königstein. S. 46-66.

Auerochs, Bernd (1991) Aura, Film, Reklame. Zu Walter Benjamins Aufsatz "Das Kunstwerk im Zeitalter seiner technischen Reproduzierbarkeit". In: Theo Elm und Hans H. Hiebel (Hrsg.), Medien und Maschinen. Freiburg/Br., S. 107-127.

Bahr, Ehrhard (1989) Erläuterungen und Dokumente. Johann Wolfgang Goethe. Wilhelm Meisters Lehrjahre. Stuttgart.

Beard, Phillip Harper (1971) Der "andere Zustand" im "Mann ohne Eigenschaften" und in der Musil-Kritik. Stanford.

\- (1976) Clarisse und Moosbrugger vs. Ulrich/Agathe: Der "andere Zustand" aus neuer Sicht. In: Modern Austrian Literature 9, S. 114-130.

Benjamin, Walter (1963) Das Kunstwerk im Zeitalter seiner technischen Reproduzierbarkeit. Drei Studien zur Kunstsoziologie. Frankfurt/M.

\- (1971) Versuche über Brecht. Frankfurt/M.

Berghahn, Wilfried (1963) Robert Musil. Reinbek.

Beyer, Manfred (1981) Die Spiele im Hamlet als Formen der Handlung. In: Shakespeare-Jahrbuch West.

Bleuler, Eugen (1916) Lehrbuch der Psychatrie. Berlin.

Böhme, Hartmut (1982) Der Mangel des Narziß. Über Wunschstrukturen und Leiberfahrung in Robert Musils "Der Mann ohne Eigenschaften. In: Dieter P. Farda und Ulrich Karthaus (Hrsg.), Sprachästhetische Sinnvermittlung. Frankfurt/M., S. 45-82.

Brecht, Bertolt (1982) Bertolt Brechts Dreigroschenbuch. Band I und II. Frankfurt/M.

Brod, Max (1966) Franz Kafka. Frankfurt/M.

Bruford, Walter H. (1975) Die gesellschaftlichen Grundlagen der Goethezeit. Frankfurt/M./Berlin/Wien.

Charrière-Jacquin, Marianne (1984) "Der Mann ohne Eigenschaften" als Suche nach einer hermaphroditischen Sprache: Wechselspiel des Konvexen und Konkaven. In: Josef und Johann Strutz (Hrsg.), Musil-Studien 12. München, S. 73-90.

Cometti, Jean-Pierre (1985) Psychoanalyse und Erzählung. In: Josef und Johann Strutz (Hrsg.), Musil-Studien 13, München, S. 153-165.

Corino, Karl (1972) Ödipus oder Orest? Robert Musil und die Psychoanalyse. In: Uwe Baur, Dietmar Goltschnigg (Hrsg.), Musil Studien 4. München, S. 123-235.

- (1987) Robert Musil. In: Carl Corino (Hrsg.), Genie und Geld. Vom Auskommen deutscher Schriftsteller. Nördlingen, S. 424-447.

- (1987a) Ein Mörder macht Literaturgeschichte. Florian Großrubatscher, ein Modell für Musils Moosbrugger. In: Josef Strutz (Hrsg.), Musil-Studien 11. München, S. 130-147.

- (1988) Robert Musil. Leben und Werk in Bildern und Texten. Reinbek.

Culler, Jonathan (1988) Dekonstruktion. Derrida und die poststrukturalistische Literaturtheorie. Reinbek.

Derrida, Jacques (1983) Grammatologie. Frankfurt/M.

Dinklage, Karl (1985) Ende der "Schwärmer" - Ende des "Mann ohne Eigenschaften. In: Josef und Johann Strutz (Hrsg.), Musil-Studien 13, München, S. 227-244.

Diotima [i.e. Leonore Kühn] (1930) Schule der Liebe. Jena.

Döblin, Alfred (1990) Berlin Alexanderplatz. Die Geschichte vom Franz Biberkopf. München.

Dresler-Brumme, Charlotte (1987) Nietzsches Philosophie in Musils Roman "Der Mann ohne Eigenschaften". Frankfurt/M.

Düsing, Wolfgang (1991) Goethe in ironischer Beleuchtung. Zur Klassik-Rezeption in Musils "Mann ohne Eigenschaften". In: Jahrbuch der deutschen Schillergesellschaft, Nr. 35, S. 257-274.

Elm, Theo und Hiebel, Hans H. (1991) Buchstaben, Medien, Maschinen. In: Theo Elm und Hans H. Hiebel (Hrsg.), Medien und Maschinen. Freiburg/Br., S. 9-18.

Eisele, Ulf (1979/82) Ulrichs Mutter ist doch ein Tintenfaß. Zur Literaturproblematik in Musils "Mann ohne Eigenschaften". In: Renate von Heydebrand (Hrsgin.), Robert Musil. Wege der Forschung. Band 588. S. 120-159.

Erhart, Claus (1991) Der ästhetische Mensch bei Robert Musil. Vom Ästhetizismus zur schöpferischen Moral. Innsbruck.

Feld, Willi (1981) Funktionale Satire durch Zitieren in Robert Musils Roman "Der Mann ohne Eigenschaften". mit Exkursen zu Büchner und Frisch. Münster.

Fischer-Lichte, Erika (1989) Der Körper des Schauspielers im Prozeß der Industrialisierung. Zur Veränderung der Wahrnehmung im Theater des 20. Jahrhunderts. In: Götz Großklaus und Eberhard Lämmert (Hrsg.), Literatur in einer industriellen Kultur. Stuttgart, S. 468-486.

- (1990) Geschichte des Dramas. 2 Bände. Tübingen.

Foucault, Michel (1989) Der Gebrauch der Lüste. Sexualität und Wahrheit, Band II. Frankfurt/M.

Frank, Armin Paul (1978) Zur historischen Reichweite literarischer Ironiebegriffe. In: Zeitschrift für Literaturwissenschaft und Linguistik, Heft 30/31, S. 84-104.

Freud, Siegmund (1960-1987) Gesammelte Werke. Frankfurt/M.

- (1969-1975) Studienausgabe. Hrsg. von Alexander Mitscherlich, Angela Richards, James Strachey. Frankfurt/M.

Fuder, Dieter (1979) Analogiedenken und anthropologische Differenz. Zur Form und Funktion der poetischen Logik in Robert Musils "Der Mann ohne Eigenschaften". München.

Goethe, Johann Wolfgang v. (1982) Werke. (Hamburger Ausgabe in 14 Bänden). Hrsg. von Erich Trunz. München.

Goltschnigg, Dietmar (1974) Mystische Tradition im Roman Robert Musils. Martin Bubers "Ekstatische Konfessionen" im "Mann ohne Eigenschaften". Heidelberg.

- (1983) Die Rolle des geisteskranken Verbrechers in Robert Musils Erzählung "Die Vollendung der Liebe" und im "Mann ohne Eigenschaften". In: Gudrun Prokoph-Mauch (Hrsg.), Beiträge zur Musil-Kritik. Bern, S. 149-161.

Graefe, Steffen (1989) Der gespaltene Eros - Platons Trieb zur "Weisheit". Frankfurt/M.

Graf, Günther (1969) Studien zur Funktion des ersten Kapitels von Robert Musils Roman "Der Mann ohne Eigenschaften". Ein Beitrag zur Unwahrhaftigkeits-Typik der Gestalten.

Graf, Werner (1981) Erfahrungskonstruktion. Eine Interpretation von Robert Musils Roman "Der Mann ohne Eigenschaften". Berlin.

Grathoff, Dirk (1985) Rezension: Helga Gallas, Das Textbegehren des Michael Kohlhaas. In: Kleist-Jahrbuch 1985. Berlin, S. 170-177.

Grimm, Jacob und Grimm, Wilhelm (1956) Deutsches Wörterbuch. Leipzig.

Großklaus, Götz und Lämmert, Eberhard (1989) Vorbemerkungen der Herausgeber. In: Götz Großklaus und Eberhard Lämmert (Hrsg.), Literatur in einer industriellen Kultur. Stuttgart, S. 7-19.

Hansen, Olaf und Villwock, Jörg (1987) Einleitung. In: Volker Bohn (Hrsg.), Romantik. Literatur und Philosophie. Internationale Beiträge zur Poetik. Band I, Frankfurt/M. S. 9-23.

Harten, Jürgen und Kurnitzky, Horst (Hrsg.) (1978) Museum des Geldes. Über die seltsame Natur des Geldes in Kunst, Wissenschaft und Leben. Ausstellungskatalog Bd. I und II. Düsseldorf.

Harten, Jürgen (1978) Die vitale Mumie. Konzept für Vergleichsmöglichkeiten zwischen Kunst und Geld. In: Jürgen Harten und Horst Kurnitzky (Hrsg.), Museum des Geldes. Über die seltsame Natur des Geldes in Kunst, Wissenschaft und Leben. Ausstellungskatalog Bd. I. Düsseldorf, S. 48-73.

Hartinger, Ingram (1984) Der Besuch im Irrenhaus oder Lang ersehnte Annäherung an Latein-Amerika (zu einem Tagebuchtext Robert Musils). In: Josef und Johann Strutz (Hrsg.), Musil-Studien 12. München, S. 220-239.

Hassler-Rütti, Ruth (1990) Wirklichkeit und Wahn in Robert Musils Roman "Der Mann ohne Eigenschaften". Bern/Frankfurt/M./New York/Paris.

Heftrich, Eckhard (1986) Musil. Eine Einführung. München/Zürich.

Heine, Heinrich (1974) Sämtliche Schriften. München.

Heller, Heinz-B. (1987) "Wir bemühten uns, kinematographisch zu sehen": Schriftsteller als Drehbuchautoren. In: Norbert Oellers (Hrsg.), Neue Technologien und Medien in Germanistik und Deutschunterricht. Akten des Deutschen Germanistentages 1987 in Berlin/West, Bd IV, S. 135-146.

Henninger, Peter (1980) Der Buchstabe und der Geist. Unbewußte Determinierung im Schreiben Robert Musils. Frankfurt/M.

- (1981) Grauauge Selbdritt oder: Musilkritik und Psychoanalyse. In: Wolfgang Freese (Hrsg.), Musil-Studien 7. München/Salzburg, S. 81-110.

Heydebrand, Renate v. (1963) Zum Thema Sprache und Mystik in Robert Musils Roman "Der Mann ohne Eigenschaften". In: Zeitschrift für deutsche Philologie 82, S. 249-271.

Hochstätter, Dietrich (1972) Sprache des Möglichen. Stilistischer Perspektivismus in Robert Musils "Mann ohne Eigenschaften". Frankfurt/M.

Hönig, Christoph (1970) Die Dialektik von Ironie und Utopie und ihre Entwicklung in Robert Musils Reflexion. Berlin.

Hörisch, Jochen (1975) Selbstbeziehung und ästhetische Autonomie. Versuch über ein Thema der frühromantischen Poetologie und Musils "Mann ohne Eigenschaften". In: Euphorion, Bd. 69.

- (1979) Das Sein der Zeichen und die Zeichen des Seins - Marginalien zu Derridas Ontosemiologie = Vorwort des Übersetzers zu Jaques Derrida: Die Stimme und das Phänomen. Frankfurt/M.

- (1983) Gott, Geld und Glück. Zur Logik der Liebe in den Bildungsromanen Goethes, Kellers und Thomas Manns. Frankfurt/M.

- (1992) Brot und Wein. Die Poesie des Abendmahls. Frankfurt/M.

Hornbostel, Erich Maria v. (1922) Über optische Inversion. In: Psychologische Forschung. Zeitschrift für Psychologie und ihre Grenzwissenschaften, Bd. 1.

Howald, Stefan (1984) Ästhetizismus und ästhetische Ideologiekritik. Untersuchungen zum Romanwerk Robert Musils. München.

Hüppauf, Bernd-Rüdiger (1971) Von sozialer Utopie zur Mystik. München.

Humboldt, Wilhelm v. (1903) Gesammelte Schriften in 17 Bänden. Berlin.

Jakob, Michael (1987) Von der "Frau ohne Eigenschaften" zum "Mann ohne Eigenschaften". Anmerkungen zu "Clarisse". In: Josef Strutz (Hrsg.) Musil-Studien 15. München, S. 116-133.

Janik, Allan/Toulmin, Stephen (1987) Wittgensteins Wien. München.

Jankovic, Svetomir (1982) Utopie als Wirkungskonzept. Methodischer Vesuch zu dem im "Mann ohne Eigenschaften" strukturierten utopischen Konzept am Beispiel der "Urlaubsmetapher". In: Dieter P. Farda und Ulrich Karthaus (Hrsg.), Sprachästhetische Sinnvermittlung. Frankfurt/M., S. 197-228.

Japp, Uwe (1983) Theorie der Ironie. Frankfurt/M.

Kafka, Franz (1983) Gesammelte Werke. Hrsg. von Max Brod. Frankfurt/M.

Kaiser, Gerhard R. (1972) Proust, Musil, Joyce. Zum Verhältnis von Literatur und Gesellschaft am Paradigma des Zitats. Frankfurt/M.

Karthaus, Ulrich (1965) Der Andere Zustand. Zeitstrukturen im Werke Robert Musils. Berlin.

Kieser, Rolf (1984) Erzwungene Symbiose. Thomas Mann, Robert Musil, Georg Kaiser und Bertolt Brecht im Schweizer Exil. Bern/Stuttgart.

Kim, Rae-Hyeon (1986) Robert Musil. Poetologische Reflexionen zur Geschichtlichkeit der Literatur. Bonn.

Kittler, Friedrich A. (1978) Über die Sozialisation Wilhelm Meisters. In: Gerhard Kaiser und Friedrich A. Kittler (Hrsg.), Dichtung als Sozialisationsspiel, Göttingen, S. 13-124.

- (1985) Aufschreibesysteme 1800 * 1900. München.

- (1985a) Romantik - Pychoanalyse - Film: Eine Doppelgängergeschichte. In: Jochen Hörisch und Georg Christoph Tholen (Hrsg.) Eingebildete Texte. Affairen zwischen Psychoanalyse und Literaturwissenschaft. München, S. 118-135.

Kittler, Friedrich und Neumann, Gerhard (1990) Franz Kafka: Schriftverkehr. Freiburg/Brsg.

Klein, Holger (1990) Nachwort. In: Hamlet (hrsg. von Dietrich Klose), Stuttgart, S. 125-157.

Knopf, Jan (1980) Brecht-Handbuch. Theater. Stuttgart.

Kripke, Saul (1981) Name und Notwendigkeit. Frankfurt/M.

- (1987) Wittgenstein über Regeln und Privatsprache. Frankfurt/M.

Küchenhoff, Joachim und Warsitz, Peter (1989) Sprachkörper und Körpersprache. Psychoanalytische Psychosentheorie nach Lacan. In: Friedrich A. Kittler und Georg Christoph Tholen (Hrsg.), Arsenale der Seele. Literatur und Medienanalyse seit 1870. München, S. 117-137.

Kümmerling, Bettina (1987) 'Märchenreize'. Zur Märchenthematik in Musils "Mann ohne Eigenschaften". In: Josef Strutz (Hrsg.) Musil-Studien 15. München, S. 95-115.

Kurnitzky, Horst (1974) Triebstruktur des Geldes. Ein Beitrag zur Theorie der Weiblichkeit. Berlin.

- (1978) Das liebe Geld - die wahre Liebe. In: Jürgen Harten und Horst Kurnitzky (Hrsg.), Museum des Geldes. Über die seltsame Natur des Geldes in Kunst, Wissenschaft und Leben. Ausstellungskatalog Bd. I. Düsseldorf, S. 30-45.

Laermann, Klaus (1970) Eigenschaftslosigkeit. Reflexionen zu Robert Musils Roman "Der Mann ohne Eigenschaften". Stuttgart.

Laplanche, Jean und Pontalis, Jean-Bertrand (1986) Das Vokabuar der Psychoanalyse. Frankfurt/M.

Lethen, Helmut (1987) Lob der Kälte. ein Motiv der historischen Avantgarde. In: Dietmar Kampre und Willem van Reijen (Hrsg.), Die unvollendete Vernunft. Moderne versus Postmoderne. Frankfurt/M., S. 282-325.

- (1987a) Geschichte zur kristallinen Zeit. In: Dietmar Kamper und Christoph Wulf (Hrsg.), Die sterbende Zeit. Zwanzig Diagnosen. Darmstadt/Neuwied. S. 83-99.

- (1988) Die Eisfabrik in den Tropen. Kältephantasien der europäischen Avantgarde und amerikanische Parodie. In: Erhard Schütz (Hrsg.), Willkommen und Abschied der Maschinen. Literatur und Technik - Bestandsaufnahme eines Themas. Essen, S. 100-121.

Lévi-Strauss, Claude (1971) Strukturale Anthropologie. Frankfurt/M.

- (1981) Die elementaren Strukturen der Verwandschaft. Frankfurt/M.

Lippowatz, Athanasios (1982) Diskurs und Macht. Jacques Lacan's Begriff des Diskurses. Ein Beitrag zur politischen Soziologie. Marburg/Lahn.

Luft, David S. (1980) Robert Musil and the Crisis of European Culture 1880-1942. Berkeley.

Maeterlinck, Maurice (1898) Der Schatz der Armen. In die deutsche Sprache übertragen durch Friedrich Oppeln-Bronikowski. Florenz/Leipzig.

Magris, Claudio (1981) Musil und die Nähte der Zeichen. In: Wolfgang Freese (Hrsg.), Philologie und Kritik. München/Salzburg, S. 177-194.

Marquard, Odo (1987) Transzendentaler Idealismus, Romantische Naturphilosophie, Psychoanalyse. Köln.

Marschner, Renate M. (1981) Utopie der Möglichkeit: Ästhetische Theorie. Dargestellt am "Mann ohne Eigenschaften" von Robert Musil. Stuttgart.

Martin, Gottfried (1969) Platon. Reinbek.

Mauthner, Fritz (1906) Beiträge zu einer Kritik der Sprache. Frankfurt/M./Berlin.

- (1906a) Die Sprache, hrsg. von Martin Buber. Frankfurt/M.

Mayer, Hans (1982) Ein Deutscher auf Widerruf. Band I, Frankfurt/M.

Meisel, Gerhard (1990) Transplantation und Metamorphose. Das Motiv der Haut bei Kafka und Musil. In: Josef Strutz und Endre Kiss (Hrsg.), Musil-Studien 18. München, S. 171-190.

- (1991) Liebe im Zeitalter der Wissenschaften vom Menschen. Das Prosawerk Robert Musils. Opladen.

- (1991a) Verkehr und Entropie in Musils "Kakanien". In: Theo Elm und Hans H. Hiebel (Hrsg.), Medien und Maschinen. Freiburg/Br., S. 304-332.

Meister, Monika (1986) Der Fall Moosbrugger - Der Fall Franza. Machtstruktur und sanktioniertes Verbrechen bei Musil und Bachmann. In: Josef Strutz (Hrsg.), Musil-Studien 14, S. 63-80.

- (1987) Schwierige Meisterdenker auf der Bühne. Zum Diskurs der 'Helden' bei Musil und Hofmannsthal. In: Josef Strutz (Hrsg.), Musil-Studien 15. München, S. 182-194.

Menges, Martin (1982) Abstrakte Welt und Eigenschaftslosigkeit. Eine Interpretation von Musils Roman "Der Mann ohne Eigenschaften" unter dem Leitbegriff der Abstraktion. Frankfurt/M./Bern.

Miller, Norbert (1965) Die Rollen des Erzählers. In: Norbert Miller (Hrsg.), Romananfänge. Versuch zu einer Poetik des Romans. Berlin, S. 37-91.

- (1968) Der empfindsame Erzähler. Untersuchungen zu Romananfängen des 18. Jahrhunderts. München.

Möbius, Hanno (1989) Ruhe und Bewegung. 'Beobachtung' in Literatur und Wissenschaft im Prozeß der Technisierung des 19. Jahrhunderts. In: Götz Großklaus und Eberhard Lämmert (Hrsg.), Literatur in einer industriellen Kultur. Stuttgart, S. 431-444.

Monti, Claudia (1982) Musils "Ratioid" oder Wissenschaft als Analogie der Ratio. In: Dieter P. Farda und Ulrich Karthaus (Hrsg.), Sprachästhetische Sinnvermittlung. Frankfurt/M., S. 174-198.

Moser, Walter (1980) Diskursexperimente zu Robert Musils "Der Mann ohne Eigenschaften". In: Uwe Baur und Elisabeth Castex (Hrsg.), Robert Musil. Königstein. S. 170-197.

Müller, Gerd (1971) Dichtung und Wissenschaft. Uppsala.

Müller, Götz (1972) Ideologiekritik und Metasprache in Robert Musils "Der Mann ohne Eigenschaften". München/Salzburg.

Müller, Rudolf Wolfgang (1977) Geld und Geist. Zur Entstehungsgeschichte von Identitätsbewußtsein und Rationalität seit der Antike. Frankfurt/M.

Musil, Robert (1978) Gesammelte Werke in neun Bänden. Hrsg. von Adolf Frisé. Reinbek.

- (1981) Briefe 1901-1942. Hrsg. von Adolf Frisé. Reinbek.

- (1983) Tagebücher I und II. Hrsg. von Adolf Frisé. Reinbek.

Neumann, Gerhard (1981) Franz Kafka. "Das Urteil". Text, Materialien, Kommentar. München/Wien.

- (1982) Das Essen in der Literatur. In: Literaturwissenschaftliches Jahrbuch. Bd. 23., S. 173-190.

Nietzsche, Friedrich (1980) Sämtliche Werke. Kritische Studienausgabe in 15 Bänden, hrsg. von Giorgio Colli und Mazzino Montinari. München.

Pekar, Thomas (1989) Die Sprache der Liebe bei Musil. München.

Peyret, François (1980) Von jenen, die auszogen, den "Mann ohne Eigenschaften" zu verstehen. Zu Musils fragwürdiger Aktualität. In: Uwe Baur und Elisabeth Castex (Hrsg.), Robert Musil. Königstein. S. 31-45.

Pietsch, Reinhard (1988) Fragment und Schrift. Selbstimplikative Strukturen bei Robert Musil. Frankfurt/M.

Platon (1958) übers. von Friedrich Schleiermacher, hrsg. von Walter F. Otto, Ernesto Grassi und Gert Plamböck. Reinbek.

- (1988) Sämtliche Dialoge. Gesamtausgabe in sieben Bänden, hrsg. von Otto Apelt. Hamburg

Plett, Heinrich F. (1981) Hamlets Rede an die Schauspieler. Zur 'Actio' als Theorie des fiktionalen Handelns bei Shakespeare. In Shakespeare-Jahrbuch West.

Pott, Hans-Georg (1984) Robert Musil. München.

Puppe, Heinrich (1991) Muße und Müßiggang in Robert Musils Roman "Der Mann ohne Eigenschaften". Saarbrücken.

Rasch, Wolfdietrich (1982) "Der Mann ohne Eigenschaften". Eine Interpretation des Romans. In: Renate von Heydebrand (Hrsgin.), Robert Musil. Wege der Forschung. Band 588. S. 54-119.

- (1967) Über Robert Musils Roman "Der Mann ohne Eigenschaften". Göttingen.

Raupach, Hans (1964) Geschichte der Sowjetwirtschaft. Reinbek.

Reinhardt, Stephan (1968) Studien zur Antinomie von Intellekt und Gefühl in Musils Roman "Der Mann ohne Eigenschaften". Bonn.

Reis, Gilbert (1983) Musils Frage nach der Wirklichkeit. Königsstein/Ts.

Rinderknecht, Siegfried (1979) Denkphantasie und Reflexionsleidenschaft. Musils Formsynthese im Roman "Der Mann ohne Eigenschaften". Frankfurt/M.

Ritter, Joachim und Gründer, Karlfried (Hrsg.) (1984) Historisches Wörterbuch der Philosophie. Basel.

Rohlfs, Gilka (1986) Die gesellschaftliche Definition von Geisteskrankheit. Bonn.

Roth, Marie-Louise (1987) Gedanken und Dichtung. Essays zu Robert Musil. Saarbrücken.

Scheunemann, Dietrich (1991) Dokumente - Fiktionen. Zitierte Geschichte in Literatur und Film. In: Theo Elm und Hans H. Hiebel (Hrsg.), Medien und Maschinen. Freiburg/Br., S. 128-150.

Schlaffer Hannelore (1980) Wilhelm Meister. Das Ende der Kunst und die Wiederkehr des Mythos. Stuttgart.

Schlaffer, Heinz (1991) Kritik und Rettung der Bücher. Zum geschichtlichen Verhältnis von Naturwissenschaften und Geisteswissenschaften. In: Theo Elm und Hans H. Hiebel (Hrsg.), Medien und Maschinen. Freiburg/Br., S. 19-26.

Schmidt, Jochen (1975) Ohne Eigenschaften. Eine Erläuterung zu Musils Grundbegriff. Tübingen.

Schneider, Manfred (1989) Theater des Wahnsinns - Wahnsinn des Theaters. In: ARGO 1, Zeitschrift des Düsseldorfer Schauspielhauses.

Schneider, Peter-Paul (1987) "Montage-Zeit". In: Ulrich Ott (Hrsg.) Literatur im Industriezeitalter. Eine Ausstellung des Deutschen Literaturarchivs im Schiller-Nationalmuseum. Band II. Marbach/Neckar. S. 731-758.

Schütz, Erhard (1977) Einführung in die deutsche Literaturgeschichte des 20. Jahrhunderts. Band II. Opladen.

- (1988) Fließband - Schlachthof - Hollywood. Literarische Phantasien über die Maschine USA. In: Erhard Schütz (Hrsg.), Willkommen und Abschied der Maschinen. Literatur und Technik - Bestandsaufnahme eines Themas. Essen, S. 122-143.

Schuller, Marianne (1989) Hysterie als Artefaktum. Zum literarischen und visuellen Archiv der Hysterie um 1900. In: Götz Großklaus und Eberhard Lämmert (Hrsg.), Literatur in einer industriellen Kultur. Stuttgart, S. 450-454.

Schulte, Joachim (1989) Wittgenstein. Eine Einführung. Stuttgart.

Shakespeare, William (1969/90/92) Hamlet. Prinz von Dänemark. Übersetzt von August Wilhelm Schlegel. Herausgegeben von Dietrich Klose. Stuttgart.

- (1984) Hamlet. Deutsch/Englisch. Band 1: Text, Band 2: Kommentar. Stuttgart.

Simmel, Georg (1977) Philosophie des Geldes. Berlin.

Simon, Josef (1981) Sprachphilosophie. Freiburg/München.

Spinner, Hartmut F. (1989) Die Doppelvernunft der Moderne im Spiegel der Zwei Kulturen. Eine unerbetene Antwort auf die dritte Frage der 'Le Monde' nach der 'Vernunft heute'. In: Götz Großklaus und Eberhard Lämmert (Hrsg.), Literatur in einer industriellen Kultur. Stuttgart, S. 99-138.

Strutz, Josef (1984) Von der "biegsamen Dialektik". Notiz zur Bedeutung Kants, Hegels und Nietzsches zum Werk Musils. In: Josef und Johann Strutz (Hrsg.), Musil-Studien 12. München, S. 7-21.

Tewilt, Gerd-Theo (1990) Zustand der Dichtung. Interpretationen zur Sprachlichkeit des "anderen Zustands" in Robert Musils "Der Mann ohne Eigenschaften". Münster.

Thöming, Jürgen C. (1974) Zur Rezeption von Musil- und Goethe-Texten. Historizität der ästhetischen Vermittlung von sinnlicher Erkenntnis und Gefühlserlebnissen. München/Salzburg.

Venturelli, Aldo (1988) Robert Musil und das Projekt der Moderne. Frankfurt/M.

Virilio, Paul (1978) Fahren, fahren, fahren.... Berlin.

- (1980) Geschwindigkeit und Politik. Ein Essay zur Dromologie. Berlin.

Vogl, Joseph (1990) Ökonomien: Bendemann, Ödipus und Leviathan. In: Wolf Kittler und Gerhard Neumann (Hrsg.), Franz Kafka. Schriftverkehr. Freiburg/Br., S. 295-315.

Weber, Samuel M. (1978) Rückkehr zu Freud. Jacques Lacans Ent-stellung der Psychoanalyse. Franfurt/M./Berlin/Wien.

Willemsen, Roger (1984) Das Existenzrecht der Dichtung. Zur Rekonstruktion einer systematischen Literaturtheorie im Werk Robert Musils. München.

Wittgenstein, Ludwig (1984) Tractatus logico philosophicus. Werkausgabe Band 1. Frankfurt/M.

- (1984) Philosophische Untersuchungen. Werkausgabe Band 1. Frankfurt/M.

Zima, Peter V. (1985) Robert Musils Sprachkritik. Ambivalenz, Polyphonie und Dekonstruktion. In: Josef und Johann Strutz (Hrsg.), Musil-Studien 13. München, S. 185-203.